MANUAL DE ACTIVIDADES QUE ACOMPAÑA

Así lo veo

Gente • Perspectivas • Comunicación

Michael J. Leeser
Florida State University

Bill VanPatten
Texas Tech University

Gregory D. Keating
San Diego State University

With contributions from:
Anel Munive, Florida State University
Rosario Ramírez, Florida State University
Denise Callejas, Vanderbilt University
Andrew DeMil, Florida State University
Christine Weissglass, Florida State University

Connect
Learn
Succeed™

Manual de actividades que acompaña

Asi lo veo: Gente • Perspectivas • Comunicación

ISBN 978-0-07-329677-7
MHID: 0-07-329677-5

Vice President, Editorial: *Michael Ryan*
Director, Editorial: *William R. Glass*
Director of Development: *Scott Tinetti*
Developmental Editor: *Pennie Nichols*
Editorial Coordinator: *Margaret Young*
Production Editor: *Regina Ernst*
Production Supervisor: *Louis Swaim*
Photo Research Coordinator: *Natalia Peschiera*

http://www.mhhe.com

Contents

Preface

To the Student

Welcome to the *Manual de actividades que acompaña Así lo veo*! The *Manual*, a combined workbook and laboratory manual with additional listening and writing activities, contains exercises related to the vocabulary, the *Así lo veo* film, and the grammar presented in the lessons of your textbook.

- Each lesson of the *Manual* contains the sections **Así lo veo I, Así lo veo II,** and **Así lo veo III** that correspond to the same sections in your textbook. Each of these sections begin on an odd page, making it possible for you to tear out one section at a time to turn into your instructor, if necessary. Within each of these sections, you will find the following exercises and sets of exercises.
  - **Antes de comenzar:** a lesson opener "warm-up" activity that features the **Introducción** segment of the film and sets the stage for working with the topic of the lesson
  - **Vocabulario del vídeo:** a set of exercises that practice the active vocabulary
  - **Nuestros amigos hablan:** an exercise that tests comprehension of the film
  - **Gramática:** a set of exercises that provides additional practice with the structures presented in the textbook
  - *Así lo veo* **en resumen:** a culminating exercise following each **Gramática** section that synthesizes the vocabulary, structures, and film content
  - **Así lo veo yo preparación:** a writing worksheet at the end of each lesson

The **Nuestros amigos hablan** exercises provide opportunities to listen more closely to the views expressed by the speakers in the film. Because understanding authentic speech of real Spanish speakers is often challenging for students, these exercises allow you to listen to specific segments again to help you gain a deeper comprehension of the *Así lo veo* film. To do the listening exercises (indicated with a headphones icon in the margin), you must listen to the Laboratory Audio Program to accompany *Así lo veo*. This program is available for purchase on a set of audio CDs and is also available on the Online Learning Center (**www.mhhe.com/asiloveo**).

Each **Así lo veo** section ends with *Así lo veo* **en resumen,** which allows you to demonstrate your ability to integrate the vocabulary, grammar, and content from the film for that section.

At the end of every lesson, the **Así lo veo yo preparación** guided writing worksheet corresponds to the final composition activity of each lesson in the textbook, **Así lo veo yo.** This section in the *Manual* is designed to help you organize your ideas for this composition. The idea here is to get you to first think about what you want to say and organize your thoughts before actually writing the composition.

With very few exceptions, the exercises in the *Manual* have right and wrong answers so that you can check your work as you go.

LECCIÓN PRELIMINAR

¿Quién eres?

En esta lección vas a conocer a estos amigos.

Objetivos

En esta lección vas a seguir:

- practicando el vocabulario de la lección
- revisando el presente de indicativo, los contrastes principales entre **ser** y **estar,** y los artículos y géneros gramaticales
- escuchando lo que dicen nuestros amigos sobre quiénes son ellos

🎧 Antes de comenzar

Escucha la introducción de esta lección y escribe las palabras que faltan.

En *Así lo veo*, vamos a explorar temas tan diversos como _____,[1] los hombres

y las mujeres, _____[2] y los problemas sociales más graves de hoy. Para

ayudarnos en esta exploración tenemos a seis mexicanos: Gustavo Sanders, Yolanda Cortés,

Leticia García, Padre José Aguilar, Ruth Quintero y Ernesto Alvarado. Representando

diferentes _____,[3] diferentes perspectivas políticas, diferentes contextos

sociales y, _____,[4] diferentes experiencias personales. Cada uno va a

_____[5] con nosotros sus ideas y su filosofía acerca de los temas de *Así lo veo*.

ASÍ LO VEO I
Vocabulario del vídeo

A. Asociaciones. Empareja cada palabra con la definición correspondiente.

1. _____ el enojo
2. _____ la tristeza
3. _____ optimista
4. _____ huraño/a
5. _____ a lo mejor
6. _____ en cuanto a
7. _____ de repente
8. _____ tímido/a

a. actitud de la persona que ve o espera lo mejor de las cosas
b. indica una cosa que no es segura, pero es posible
c. que ocurre cuando no se espera, sin pensarlo
d. alguien que no tiene seguridad en sí mismo
e. alteración que causa en una persona una molestia o disgusto
f. alguien que evita (*avoids*) el trato con otras personas
g. expresión que equivale a «en relación con»
h. sentimiento de melancolía

B. ¡Busca el término opuesto! Indica la palabra que tiene un significado opuesto al de la palabra numerada.

1. liberal
   a. generoso
   b. conservador
   c. político

2. tímido
   a. analítico
   b. huraño
   c. extrovertido

3. la alegría
   a. el canto
   b. el baile
   c. la tristeza

4. transmitir
   a. recibir
   b. comunicar
   c. expresar

5. el familiar
   a. el tío
   b. el nieto
   c. el extraño

6. optimista
   a. pesimista
   b. oportunista
   c. egoísta

7. analítico
   a. huraño
   b. sentimental
   c. objetivo

C. Situaciones. Indica cuál es la reacción más apropiada ante cada situación.

1. Trabajas con una persona que es muy pesimista y se queja de (*complains about*) todo.
   a. La evitas si es posible para que su actitud no te contagie.
   b. Decides quejarte también para que no se sienta sola.

2. Tienes un amigo que está triste por la muerte de su gato.
   a. Le dices que debe tener una actitud optimista.
   b. Le preguntas en qué puedes ayudarlo.

3. Estás en una fiesta y ves a una amiga que es bastante tímida.
   a. Decides hablar con ella y le presentas a otros amigos tuyos.
   b. No te preocupas por ella.

4. Antes de ir al trabajo tienes una discusión con un amigo. Para no transmitir tu enojo en el trabajo, ...
   a. les cuentas a tus colegas lo que te pasó con tu amigo.
   b. intentas olvidar lo que pasó y te enfocas en el trabajo.

5. Tienes una amiga muy analítica a quien le cuesta (*it's hard for her*) tomar una decisión.
   a. Le dices que debe pensarlo más.
   b. La ayudas a tomar la decisión.

Nuestros amigos hablan.

Paso 1 A continuación hay algunas ideas de **Así lo veo I.** Ordena los segmentos de cada idea lógicamente.*

1. análisis de texto / dan / que se llama / me / una clase

   _____

2. la Ciudad de México / de profesión / nací / soy / en / bailarín (dos oraciones)

   _____

3. interactúa conmigo / cuando / lo que transmito / soy / una persona

   _____

4. muchas familias / vemos / como somos / que tienen / los problemas

   _____

5. una tienda / la Ciudad de México / de ropa interior / tengo / aquí en

   _____

Paso 2 Ahora, indica quién dice cada oración del **Paso 1.** Luego, escucha **Así lo veo I** para verificar si apuntaste bien las ideas y si indicaste bien quién expresó cada una.

1. Lo dice _____.   4. Lo dice _____.

2. Lo dice _____.   5. Lo dice _____.

3. Lo dice _____.

_____

*In these activities pauses and filler words from the interviews are omitted.

Gramática

EL PRESENTE DE INDICATIVO

A. ¿Qué hacen? Escoge las frases de la lista y conjuga el verbo en la forma apropiada para indicar lo que hacen las siguientes personas.

atender a sus pacientes
defender a sus clientes
diseñar edificios

enseñar en las escuelas
jugar partidos deportivos

oír muchos problemas emocionales
poner la casa en orden

1. Los maestros _____.

2. Los arquitectos _____.

3. Los futbolistas _____.

4. Un abogado _____.

5. Las amas de casa _____.

6. Los psicólogos _____.

7. Un médico _____.

B. ¿A quién describe? Indica a quién describe cada una de las oraciones a continuación: a Yolanda (**Y**), Gustavo (**G**) o Ernesto (**E**). Luego, escoge el verbo que complete mejor las siguientes oraciones y conjúgalo.

	Y	G	E
1. _____ (**Poder/Ser**) liberal en cuanto a sus ideas religiosas, sociales y temas familiares.	☐	☐	☐
2. _____ (**Empezar/Decir**) que es una persona alegre y sociable, pero a veces es huraña también.	☐	☐	☐
3. _____ (**Recordar/Poder**) que ha vivido problemas graves con sus amigos y su familia.	☐	☐	☐
4. _____ (**Poder/Perder**) bailar ballet clásico ya que es un bailarín profesional.	☐	☐	☐
5. _____ (**Contar/Entender**) que tiene una clase muy interesante donde analiza textos.	☐	☐	☐
6. _____ (**Preferir/Entender**) que no es bueno transmitirles a los demás la tristeza y el enojo.	☐	☐	☐
7. _____ (**Contar/Volver**) que además de bailar tiene una tienda de ropa interior.	☐	☐	☐

C. **El verbo correcto.** Complete cada oración con la forma apropiada de uno de los verbos de la lista.

despertarse
ir
mostrar
pedir
poder
saber
salir
venir
volver

1. Yo _____ temprano porque estudio mucho mejor por la mañana.

2. Mi novio siempre _____ el mismo plato cuando vamos a ese restaurante.

3. Los lunes yo _____ de mi casa a las 7:00 y no _____ hasta muy tarde porque tengo una clase por la noche.

4. ¿Me _____ (tú) las fotos de tu viaje? Quiero verlas.

5. Mis amigos y yo no _____ lo que _____ a hacer después de graduarnos.

6. ¿De dónde _____ Uds.? No reconozco su acento.

7. Ellos no _____ acompañarnos porque tienen otro compromiso (*commitment*).

***Así lo veo I* en resumen.** Completa el resumen de **Así lo veo I** con palabras de la lista. Usa la forma correcta de los sustantivos y adjetivos y conjuga los verbos cuando sea necesario. Los verbos se usan en el presente. **¡OJO!** Algunas palabras no se usan.

VERBOS	SUSTANTIVOS	ADJETIVOS	OTRAS PALABRAS
describir	actuación	alegre	a lo mejor
hacer	bailarín	familiar	de repente
tener	baile	huraño	en cuanto a
tratar de	ropa interior		
ver			
vivir			

En **Así lo veo I,** conocemos a tres de nuestros amigos: Yolanda, Ernesto y Gustavo. Yolanda

_____[1] en Xochimilco, que está al sur de la Ciudad de México. Ella se

_____[2] como una persona alegre y sociable, pero reconoce que a veces es

_____.[3]

Ernesto es estudiante de _____[4] y conjuga la actuación con el _____.[5] Dice que es una persona liberal _____[6] temas _____,[7] sexuales y de violencia intrafamiliar porque donde vive hay muchas familias y se puede ver los problemas que ellos _____.[8] Ernesto parece ser una persona analítica porque cuando tiene un problema, lo _____[9] analizar de una manera objetiva.

Finalmente, Gustavo es una persona de varios talentos. Es _____[10] de profesión, pero también _____[11] otras cosas, como comedia musical y televisión. Además, tiene una tienda de _____.[12] ¿Qué te parecen estos tres amigos? En las próximas lecciones, ellos van a compartir con nosotros sus ideas acerca de muchos temas y vamos a conocerlos mucho mejor.

ASÍ LO VEO II

Vocabulario del vídeo

A. Asociaciones. Empareja cada palabra con la definición correcta.

1. _____ el cuento
2. _____ el hogar
3. _____ el/la maestro/a
4. _____ las manualidades
5. _____ el quehacer
6. _____ el sacerdote
7. _____ el tejido

a. alguien que se dedica a enseñar, especialmente en una escuela
b. trabajo, en particular tarea doméstica como limpiar, hacer la cama, etcétera
c. miembro de la Iglesia católica que puede celebrar misa
d. lugar donde vive una persona, generalmente con su familia
e. trabajo en el que se entrelazan hilos (*threads*) para hacer suéteres, bufandas, calcetines, etcétera
f. trabajos que se hacen con las manos
g. narración de un suceso ficticio

B. ¿Qué verbo corresponde? Completa cada oración con uno de los verbos de la lista y conjúgalo en el presente de indicativo cuando sea necesario.

atender
dedicarse
hacer limpieza
inventar

1. —¿A qué _____ el Padre Aguilar?
   —Es sacerdote de profesión.

2. He decidido quedarme en casa para _____ a mi madre que está enferma.

3. Ana es muy creativa y le gusta _____ y hacer cosas nuevas para regalárselas (*give them as a gift*) a sus amigos.

4. Hay que _____ en esta casa porque está muy sucia.

5. Como maestro, Marcos _____ a enseñarles a los niños a leer y escribir.

6. Hay estudiantes que _____ excusas para justificar sus ausencias.

7. No entendemos por qué nadie nos _____ en este restaurante. Ya llevamos quince minutos esperando.

C. Le cuesta mucho (*It's hard for him/her*). Escoge la palabra que mejor complete el sentido de cada oración.

1. A una persona ＿＿ le cuesta mucho estar en un sólo lugar por largo tiempo porque se aburre facilmente.
   a. tranquila   **b.** inquieta

2. A mi hermano le cuesta mucho ir a las fiestas porque es ＿＿.
   a. reservado   **b.** sencillo

3. Me cuesta mucho mantenerme callado (*silent*) porque soy muy ＿＿ en cuanto a la política.
   a. apasionado   **b.** tranquilo

4. A mis padres les cuesta mucho levantarse temprano porque están ＿＿.
   a. alegres   **b.** jubilados

5. A mi amigo le cuesta mucho aceptar explicaciones superficiales porque es ＿＿.
   a. sencillo   **b.** intelectual

6. A algunos estudiantes les cuesta mucho estudiar para los exámenes porque son ＿＿.
   a. perezosos   **b.** serios

7. A una persona ＿＿ le cuesta mucho no hacer ejercicio todos los días.
   a. enérgica   **b.** sofisticada

Nuestros amigos hablan. Escucha otra vez lo que dice el Padre Aguilar, Ruth y Leticia en **Así lo veo II** y escribe las palabras que faltan a continuación.

Padre Aguilar:

« ... Es decir, _____[1] como muchas personas, alguien con _____[2]

profesión pero con muchos deseos de conocer y _____[3] todo lo que se pueda.

Bueno, yo me describiría como un niño que siempre quiere aprender, un niño que siempre quiere

_____[4] de todo lo que es el mundo, un niño que quiere inventar siempre cosas

_____[5] y un niño que quiere aprender a amar cada día en una forma distinta.»

Ruth:

«Soy _____.[6] Soy una señora muy inquieta. Me gustan mucho las manualidades.

_____[7] a mi esposo, a mi hija, el... el hogar, lo que es todo el hogar. Es guisar,

hacer _____,[8] atender al esposo. Hago ejercicio todos los días, y pues es una vida

normal, ¿no? _____[9] aquí en México. Soy una persona activa, me gusta eh... hacer

muchas cosas.»

Leticia:

«Yo soy... este... Leticia Aída García y... este... y yo _____[10] ama de casa, y trabajo

en casa. Es a lo que _____,[11] a trabajar en casa, a _____[12] [...] Diario

_____[13] elotes y esquites. Pues yo _____[14] ... este... buena, eh...

_____,[15] con mis hijos... este... tengo mucha... este... ¿cómo le diré?... comunicación.

O sea, yo así me describo.»

Gramática

SER Y ESTAR; EL GÉNERO, EL NÚMERO Y LOS ARTÍCULOS

A. ¿Dónde están? Termina cada oración con la forma correcta de **estar** y una frase de la lista.

en el aeropuerto   en el bar   en la biblioteca   en casa   en la iglesia   en la piscina   en la playa

1. Los nadadores _____ _____ entrenándose para la próxima competición.

2. Marta _____ _____ estudiando para el examen.

3. Mi familia y yo _____ _____ para el bautizo de mi sobrino.

4. Quiero _____ _____ tomando el sol.

5. Ellos _____ _____ tomando una cerveza.

6. ¿A qué hora _____ (tú) _____?

7. _____ (yo) _____ esperando mi vuelo para ir a Chile.

B. ¿Ser o estar? Completa la narración con **ser** o **estar**. Usa la forma correcta del presente de indicativo.

Me llamo Ana y _____[1] madre soltera. Vivo en Alcobendas, un pueblo que

_____[2] al norte de Madrid. Mis tres hijos _____[3] adolescentes así

que[a] _____[4] (yo) bastante ocupada con mi trabajo y cuidando a mis hijos. Mi hijo

mayor _____[5] un chico responsable y me ayuda en la casa. Él _____[6]

buen estudiante, y normalmente _____[7] en su cuarto trabajando. En cambio, los

otros dos siempre _____[8] fuera con sus amigos. A pesar de todo,[b] nosotros

_____[9] una familia muy unida.

[a]así... *therefore*   [b]a... *In spite of everything*

C. Los artículos y los adjetivos. Escoge el artículo correcto para cada oración. Luego, escribe la forma correcta del adjetivo más apropiado de la lista.

económico   entretenido (*entertaining*)   mexicano   serio   enérgico   izquierdo   reservado

1. ¿Cuando va a terminar _____ (**el/la**) crisis _____?

2. Marcos tiene _____ (**un/una**) problema muy _____ con el alcohol: no para de beber.

3. Nuestros amigos son _____ de _____ (**el/la**) Ciudad de México.

4. Ruth y Gustavo son extrovertidos, pero Leticia es _____ (**un/una**) mujer _____.

5. _____ (**Los/Las**) hijos de mi hermana son muy _____; juegan todo el día.

6. En tu opinión, ¿cuál es _____ (**el/la**) programa de televisión más _____?

7. A causa del accidente, ahora tengo que escribir con _____ (**el/la**) mano _____ y me resulta muy difícil.

D. ¿Cómo son? Para cada descripción, escriba la forma correcta del adjetivo más apropiado de la lista. **¡OJO!** No vas a usar todos los adjetivos.

conservador   generoso   intelectual   jubilado   mentiroso (*liar*)   optimista   perezoso   triste

1. Tus padres siempre votan en las elecciones por los candidatos republicanos.

   Tus padres son _____.

2. Teresa trabajó treinta años como ingeniera civil. Ahora ya no trabaja.

   Teresa está _____.

3. Mi tío ha publicado varios libros sobre teoría literaria.

   Él es _____.

4. Mis dos hermanas trabajan cuarenta horas a la semana para una firma comercial y tienen hijos pequeños.

   Mis hermanas no son _____.

5. Roberto siempre mantiene una actitud positiva a pesar de los problemas que tiene.

   Roberto es _____.

6. No creo nada de lo que dicen ellos porque no dicen la verdad.

   Ellos son _____.

7. Marta ofreció ayudarme con el trabajo aunque sé que no tiene mucho tiempo.

   Ella es _____.

Así lo veo II **en resumen.** Completa el resumen de **Así lo veo II** con palabras de la lista. Usa la forma correcta de los sustantivos y adjetivos y conjuga los verbos cuando sea necesario. Los verbos se utilizan en el presente o como infinitivo. **¡OJO!** Algunas palabras se usan más de una vez y otras no se usan.

VERBOS	SUSTANTIVOS		ADJETIVOS
atender	bordado	activo	otro
estar	maestra	inquieto	sencillo
hacer limpieza	quehacer	jubilado	trabajador
	sacerdote	nuevo	

En **Así lo veo II,** conocemos a los otros amigos. El Padre Aguilar es _____[1] de profesión, pero tiene mucho interés en _____[2] cosas. Por eso, se describe como un niño que quiere aprender e inventar cosas _____[3] Ruth Quintero trabajó durante treinta años como _____,[4] pero ahora _____[5] jubilada. Sin embargo, Ruth mantiene una vida muy _____[6] y no le gusta _____[7] en un solo lugar. De hecho, dice que es _____[8] _____[9] a su familia y al hogar, pero hace ejercicio todos los días y también hace _____,[10] tejido y pasteles. Leticia, como una persona de recursos mínimos, es muy _____[11] durante del día _____[12] y luego vende elotes y esquites en la calle. Ahora ya conoces a los seis amigos que van a acompañarnos durante el curso, ¿quién te cae mejor? ¿Es tu personalidad similar a la de alguno de ellos?

LECCIÓN 1

¿Qué es una buena persona?

¿Cómo describiría Don Quijote a una
buena persona?

Objetivos

En esta lección vas a seguir:

- practicando el vocabulario relacionado con las características personales
- usando los verbos reflexivos, los pronombres, los gerundios e infinitivos, y los objetos directos
- escuchando lo que dicen nuestros amigos sobre lo que es una buena persona y la importancia de ser una buena persona

🎧 Antes de comenzar

Escucha la introducción de esta lección. Luego, contesta las siguientes preguntas.

1. Para algunos ser _____ es bueno, pero para otros, es malo.
2. ¿Qué piensas tú?
   a. Creo que es una buena característica.
   b. Creo que es una característica negativa.
   c. Creo que depende mucho de la situación.

ASÍ LO VEO I

Vocabulario del vídeo

A. Asociaciones. Empareja cada palabra o expresión con la definición más apropiada.

1. _____ amable
2. _____ trabajador
3. _____ disciplinado
4. _____ egoísta
5. _____ generoso
6. _____ optimista
7. _____ prudente

a. hace lo que debe dentro de ciertas normas
b. ayuda a las personas que lo necesitan
c. piensa demasiado en sí mismo
d. ve las cosas de una manera favorable
e. nunca se arriesga (*risks*) y actúa con moderación
f. hace amigos con facilidad
g. muy dedicado y nada perezoso

B. ¿Cierto o falso? Indica si cada una de las siguientes oraciones es cierta (**C**) o falsa (**F**).

Una persona buena…

	C	F
1. … no tiene buen comportamiento.	☐	☐
2. … tiene características que los demás admiran.	☐	☐
3. … muestra comprensión y apoya a sus amigos.	☐	☐
4. … no se mete en situaciones donde puede ayudar con sus acciones.	☐	☐
5. … a veces sigue sus principios.	☐	☐
6. … es noble y busca lo bueno en las otras personas.	☐	☐
7. … respeta al prójimo.	☐	☐
8. … no está nunca dispuesta a ayudar.	☐	☐

C. Palabras engañosas (*apoyar/mantener*) y un amigo falso (*soportar*). Completa las oraciones con **apoyar, mantener** o **soportar**.

_____ las ideas progresistas de su hija.

. mientras estudia porque ella no tiene tiempo para

tudiante, y la van a _____ siempre que

_ es que ella comience a quejarse.

_____ una buena actitud hacia sus estudios.

_____ a su hija para dejarle todo el tiempo

e que sus padres pueden _____ sus deseos de

D. ¿Como reaccionas? Escoge la respuesta apropiada, según el contexto.

Tu amigo/a...

1. ... está muy estresado/a por todo el trabajo que tiene que hacer para mañana.
   a. Vas a ver una película con otro de tus amigos.
   b. Le ofreces ayuda a tu amigo/a.
   c. Vas a su casa para ver la tele.

2. ... tiene problemas de convivencia con su pareja.
   a. Exiges las razones por las cuales están peleando.
   b. Te metes en las cosas de la pareja para ayudarlo/a a tu amigo/a.
   c. Escuchas a tu amigo/a y le ofreces ayuda.

3. ... te llama egoísta.
   a. Calmadamente, le pides una explicación.
   b. Desesperadamente, le pegas.
   c. Encuentras a otro amigo (otra amiga) mejor.

4. ... está preocupado/a por la salud de su perro.
   a. Tú te preocupas por tu propio perro.
   b. Le dices que hay que ser optimista, que su perro se va a mejorar pronto.
   c. Le compras otro perro.

5. ... es exigente con los demás.
   a. Decides ser como tu amigo/a.
   b. Hablas con tu amigo/a sobre el respeto al prójimo.
   c. Decides no ser su amigo/a.

6. ... se mete en tus asuntos personales.
   a. Le das las gracias y te metes en los asuntos de tu amigo/a para vengarte.
   b. Le dices que si no deja de meterse en tus cosas que lo/la vas a reportar a la policía.
   c. Le das las gracias por preocuparse, pero le dices que si necesitas su ayuda, se la vas a pedir directamente.

7. ... no se preocupa por hacer la tarea de su clase.
   a. Haces la tarea de él/ella para ayudarlo/a.
   b. Hablas con su profesor para pedir una extensión.
   c. Le ofreces tu ayuda y estudias con él/ella.

E. ¿Qué falta? Completa las siguientes oraciones con las palabras o frases apropiadas de la lista.

apoyar   comunicarse   exigirles   hay que   meterse   respeto   sobre todo

1. Es importante _____ a un amigo o amiga cuando tiene problemas.

2. _____ ayudar a las personas de la comunidad para poder formar una comunidad más unida.

3. Sin embargo, es importante no _____ en los asuntos de los demás.

4. Hoy en día, muchas comunidades usan una página de Internet para _____.

5. Uno no debe _____ mucho a sus vecinos (*neighbors*) porque no siempre están de acuerdo con lo que uno piensa.

6. _____, es importante ser amigable y bueno con los demás.

7. En general, hay que tenerles _____ a todos los miembros de la comunidad.

Nuestros amigos hablan.

Paso 1 A continuación hay unas ideas de Ruth de **Así lo veo I.** Ordena los segmentos de cada idea lógicamente.

1. en una familia / mucha unión / yo siento que / debe haber / siempre

   _____

2. que respeta / en mi opinión / alguien / una buena persona / es

   _____

3. siempre / se respetan, se aman, se respetan / buena convivencia / si entre hermanos / vamos a tener

   _____

   _____

4. de las personas / en las familias de los vecinos / puedes estar a la orden / sin meterse, pues, / mucho en la familia,

   _____

   _____

5. por su prójimo / es / alguien / una buena persona / que se preocupa

   _____

Paso 2 Ahora, pon las ideas del **Paso 1** en el orden en que las exprese Ruth. Luego, escucha **Así lo veo I** para verificar si apuntaste bien sus ideas y si las tienes en el orden correcto.

_____   _____   _____   _____   _____

Gramática

LOS VERBOS REFLEXIVOS

A. Mi novia y yo. Completa el siguiente párrafo con la forma correcta de uno de los verbos entre paréntesis. **¡OJO!** ¡No olvides la forma correcta del pronombre!

Sobre todo, puedo decir que nosotros _____[1] (**amarse/meterse**) mucho. Nosotros

_____[2] (**ayudarse/respetarse**) cuando hay un problema. Yo _____[3]

(**apoyarse/preocuparse**) cuando ella está pasando por una etapa difícil, e igualmente, ella también

_____[4] (**ayudarse/preocuparse**) por mí. Siempre procuramos tratarnos con cortesía:

nosotros _____[5] (**comunicarse/respetarse**). Ella siempre sabe cuando estoy nervioso

o enojado, pero en vez de hacer caso omiso[a] del problema, yo _____[6] (**amarse/

comunicarse**) con ella, y ella conmigo. Al final, yo siempre cuento con ella, y ella siempre puede

contar conmigo; nosotros _____[7] (**apoyarse/meterse**) mutuamente.

[a]hacer... *ignore*

B. Una buena pareja. Escoge la respuesta más apropiada para cada oración sobre Arturo y Paula, una buena pareja de enamorados.

1. Arturo y Paula se abrazan _____ todo el tiempo.
   a. a sí mismo
   b. los unos a los otros
   c. el uno al otro

2. Cuando van al cine, Paula escoge la película que van a ver y Arturo siempre _____ de su elección.
   a. se alegran
   b. se alegra
   c. me alegra

3. Pasan el tiempo viéndose _____ en vez de ver la película.
   a. el uno al otro
   b. la una a la otra
   c. los unos a los otros

4. Cuando Paula regresa a casa, llama a su mejor amiga, Carolina, y las amigas _____ la una a la otra.
   a. le escucha
   b. se escuchan
   c. se escucha

5. Paula le dice a Carolina que Arturo es un caballero (*a gentleman*) y que _____ mutuamente.
   a. se ama
   b. te ama
   c. se aman

6. Mientras tanto (*In the meantime*), Arturo habla con su compañero de cuarto sobre una de sus citas con Paula para ir al cine. Le explica a su amigo que Paula y él se aman y se respetan

   _____.
   a. las unas a las otras
   b. los unos a los otros
   c. el uno al otro

7. Paula y Arturo _____ todos los días, o por correo electrónico o por teléfono.
   a. se comunican
   b. se comunica
   c. nos comunicamos

C. ¿Reflexivo o no? Escoge la respuesta apropiada.

1. María vive sola y no tiene amigos.
   a. María los habla mucho.
   b. María se habla mucho.

2. Manuel tiene un amigo muy íntimo. Conoce sus virtudes y sus defectos.
   a. Manuel lo conoce bien.
   b. Manuel se conoce bien.

3. ¡Ay! Mi compañero de cuarto tiene una clase a las 8:00, y se acuesta demasiado tarde.
   a. Siempre tengo que despertarlo.
   b. Siempre tengo que despertarme.

4. El hijo de Anita sólo tiene un año. Este niño no puede...
   a. vestirlo.
   b. vestirse.

5. Pilar está enojada con su hermana. Siempre toma su ropa sin su permiso y nunca se la devuelve. Por el momento...
   a. la detesta.
   b. se detesta.

6. A Paco le gusta mucho dormir hasta muy tarde, pero tiene un perro que necesita comer. Su perro siempre...
   a. lo despierta.
   b. se despierta.

7. El hermano de Paco no tiene un perro; él prefiere a su gata porque...
   a. lo baña sola.
   b. se baña sola.

Así lo veo I **en resumen.** Completa el resumen de **Así lo veo I** con palabras de la lista. Usa la forma correcta de los sustantivos y adjetivos y conjuga los verbos cuando sea necesario. Los verbos se utilizan en el presente o como infinitivo. **¡OJO!** Algunas palabras se usan más de una vez y otras no se usan.

VERBOS		SUSTANTIVOS	OTRAS PALABRAS
amar	exigir	amor	sobre todo
apoyar	meterse	apoyo	
ayudar	preocuparse	ayuda	
comunicarse	respetar	respeto	

En **Así lo veo I,** Ruth y Leticia nos dieron su opinión sobre lo que significa ser una buena persona. Ambas coinciden en que las personas buenas siempre se _____[1] las unas a las otras y se _____[2] a menudo. Para ellas, ofrecer _____[3] incondicional al prójimo sin _____[4] nada a cambio,[a] es una de las principales características de una buena persona. También ellas creen en el _____[5] a los demás; en otras palabras, es importante no _____[6] en los asuntos de los demás. Al respecto, Ruth dice que si nosotros los humanos nos _____[7] y nos _____,[8] vamos a tener buena convivencia. Aunque estas dos tienen opiniones muy similares, Ruth nos da un punto de vista único, cuando expresa que las buenas personas deben _____[9] por los demás. Para Leticia, la bondad de una persona se demuestra dentro de la familia. Ella piensa que es indispensable para una familia _____[10] y demostrarse _____[11] todos los días. Ruth también habla de la familia, y piensa que la bondad se demuestra a través de la comprensión. Para ella, los hermanos se tienen que _____[12] y darse ayuda mutua.

[a]a... *in return*

ASÍ LO VEO II

Vocabulario del vídeo

A. Asociaciones. Empareja cada palabra o expresión con la definición más apropiada.

1. _____ fiel		**a.**	lo que pasa en el presente
		b.	el prójimo
2. _____ respetuoso		**c.**	describe a alguien que es considerado, cortés (*polite, courteous*)
3. _____ el entorno		**d.**	que pertenece a alguien
		e.	lo que una persona cree
4. _____ propio/a		**f.**	describe a alguien que cumple sus promesas
		g.	lo que determina las buenas acciones de una persona
5. _____ hoy en día		**h.**	el ambiente
6. _____ el semejante			
7. _____ el credo			
8. _____ la moral			

B. ¿Cierto o falso? Indica si cada una de las siguientes oraciones es cierta (**C**) o falsa (**F**).

Una persona con alta moral...

		C	F
1.	... no tiene un credo.	☐	☐
2.	... es fiel a lo que dice o promete.	☐	☐
3.	... es respetuosa sólo hacia los de su familia.	☐	☐
4.	... tiene el respeto de los demás.	☐	☐
5.	... no miente, sino que dice la verdad.	☐	☐
6.	... valora a cada ser vivo.	☐	☐
7.	... tiene principios dudosos.	☐	☐

C. Busca al intruso. Escoge la palabra que no se asocia con las otras.

1.	**a.** el credo	**b.** los demás	**c.** los principios	**d.** los valores
2.	**a.** cumplir	**b.** desperdiciar	**c.** lograr	**d.** seguir
3.	**a.** querido	**b.** egoísta	**c.** fiel	**d.** respetuoso
4.	**a.** la moral	**b.** el prójimo	**c.** el semejante	**d.** el ser vivo
5.	**a.** admirar	**b.** apreciar	**c.** odiar	**d.** querer
6.	**a.** actualmente	**b.** ahora	**c.** hoy en día	**d.** propio
7.	**a.** la convivencia	**b.** el credo	**c.** los valores	**d.** la moral

D. Un animal y su amo. Escoge la palabra que complete mejor el sentido de cada oración.

1. Aunque tener un animal requiere mucho amor y paciencia, resulta que siempre tienes un

   amigo _____.
   - **a.** fiel
   - **b.** moral
   - **c.** valor

2. No hay que verlo como un deber _____ como un privilegio.
   - **a.** credo
   - **b.** propio
   - **c.** sino

3. Si le das mucha atención, te va a _____ por toda la casa.
   - **a.** exigir
   - **b.** respetar
   - **c.** seguir

4. _____ con un animal puede mejorar la calidad de vida para muchas personas.
   - **a.** La comunicación
   - **b.** La convivencia
   - **c.** La comprensión

5. _____ debe ser muy pacífico (*peaceful*) para que su animal se sienta cómodo.
   - **a.** El entorno
   - **b.** El principio
   - **c.** El ser vivo

6. _____ hay muchos productos para el cuidado de un animal.
   - **a.** Fiel
   - **b.** Hoy en día
   - **c.** Sino

7. _____, tener un animal es una gran responsabilidad.
   - **a.** Hay que
   - **b.** Sino
   - **c.** Sobre todo

Nuestros amigos hablan. Escucha otra vez lo que dicen el Padre Aguilar y Yolanda en **Así lo veo II** y escribe las palabras que utilizan.

El Padre Aguilar:

Para mí, ser una buena persona _____[1] dejarse llevar o _____[2] los

_____[3] con _____[4] tú estás de acuerdo. Es decir, que haya una

coherencia entre _____[5] piensas y _____[6] haces. Una mala persona

será _____[7] que piensa una cosa, y hace _____.[8] De tal manera que

una buena persona tendrá que ser una persona _____[9] a sus _____[10]

y _____,[11] _____[12] a su _____[13] religioso,

_____[14] a su filosofía de vida.

Yolanda:

Una persona buena para mí es... que tenga buenos _____,[1] que sea

_____,[2] que tenga una buena _____,[3] y una buena

_____[4] es... quizás va dirigido _____[5] _____[6] la

mayoría piensa. Una persona buena es _____[7] que _____[8] la... no

tanto a la humanidad _____[9] la... a su _____,[10] a las cosas, porque

_____[11] ya se ha perdido mucho _____[12] _____[13] los

_____[14] y _____[15] otros organismos, como _____[16]

que viven en otros lugares, como los perritos, o, inclusive, hasta la misma vegetación.

Gramática

ALGUNOS PRONOMBRES

A. ¿Cómo terminas la oración? Una amiga te cuenta sobre su experiencia en la universidad. Termina sus oraciones con la opción más apropiada.

1. A mí me gusta mucho la clase de biología. Los otros estudiantes, ...
   a. ... con los que estudio, son muy trabajadores.
   b. ... con el que estudio, es muy trabajador.

2. Cuando salgo de la clase de biología, voy a mi próxima clase, ...
   a. ... el cual está del otro lado de la universidad.
   b. ... la cual está del otro lado de la universidad.

3. La nueva estudiante de mi clase de matemáticas es...
   a. ... con quien estudio mejor.
   b. ... con lo que estudio mejor.

4. Mi última clase del viernes es la más difícil porque dan muchos exámenes, ...
   a. ... las cuales son muy largas.
   b. ... los cuales son muy largos.

5. Los fines de semana siempre tengo mucha tarea y paso las horas leyendo, ...
   a. ... lo cual es muy frustrante.
   b. ... el cual es muy frustrante.

6. A veces, salgo con mis amigos a las discotecas, ...
   a. ... quienes siempre están llenas de gente.
   b. ... las cuales siempre están llenas de gente.

7. El domingo, antes de empezar otra semana en la universidad, tomo un café con mi novio, ...
   a. ... quienes siempre me escuchan y me hacen reír.
   b. ... quien siempre me escucha y me hace reír.

B. Un estudiante universitario. Indica los pronombres correctos para completar el párrafo.

Me llamo Tomás y soy estudiante de diseño en la Universidad Nacional Autónoma de México. (**El que / Lo que**)[1] más me gusta de ser estudiante son los profesores, (**quien / quienes**)[2] son muy inteligentes y simpáticos. Estudio casi todos los días, (**lo que / lo cual**)[3] es esencial para poder sacar buenas notas en mis clases. En mi tiempo libre (**lo cual / lo que**)[4] más me gusta hacer es ir al cine con Pedro, Sofía y Jorge. Siempre vamos a ver películas de horror porque son (**las que / las cuales**)[5] más nos entretienen. Conozco a mis amigos, (**quienes / cuales**)[6] estudian arquitectura en otra universidad, desde que teníamos 5 años. Veinte años después, seguimos siendo buenos amigos. La próxima semana nos vamos a reunir para empezar a planear y diseñar un cineplex, (**la cual / el cual**)[7] empezamos a imaginar cuando éramos niños. Espero que un día podamos formar el grupo más famoso de diseñadores y arquitectos de todo México. Por ahora, la compañía que nos contrató para este proyecto, (**la cual / el cual**)[8] por ser complejo está costando mucho dinero, quiere que entreguemos los planos en un mes.

C. Don Quijote. Escoge el pronombre correcto para cada oración.

Don Quijote leía muchas novelas de caballería, (**lo que / las cuales**)[1] le volvieron loco. El entorno de Don Quijote ya no era la vida real, sino una vida inventada por completo. Don Quijote se imaginaba muchas cosas, (**los que / lo que**)[2] le preocupaba a su ayudante, Sancho Panza. A Don Quijote, un caballero respetuoso, le importaba mucho conocer a alguien que fuera fiel, (**lo que / el que**)[3] encontró en Sancho. A primera vista, Sancho Panza parece un hombre perezoso y tonto, pero poco a poco el lector descubre que es un hombre de (**quien / cual**)[4] se puede decir que tiene principios y mucho valor. *Don Quijote* es la obra más conocida de Cervantes, (**lo cual / la cual**)[5] es una sátira de las novelas de caballería. La moral de Don Quijote lo obliga a ayudar al prójimo, (**el cual / lo cual**)[6] siempre le pone en situaciones peligrosas. Hoy en día, se conocen muchas versiones de esta novela, (**el que / las cuales**)[7] muestran la influencia de la literatura sobre la lengua.

Así lo veo II **en resumen.** Completa el resumen de **Así lo veo II** con palabras de la lista. Usa la forma correcta de los sustantivos, adjetivos y pronombres relativos y conjuga los verbos cuando sea necesario. Todos los verbos se utilizan en el presente. **¡OJO!** Algunas palabras se usan más de una vez y otras no se usan.

VERBOS	SUSTANTIVOS	OTRAS PALABRAS		ADJETIVOS
dirigir	credo	actualmente	el que	fiel
	moral	aquellas	lo que	respetuoso
	principio	el cual	quien	
	semejante			
	ser			

En **Así lo veo II,** aparecieron el Padre Aguilar y Yolanda. Nos hablaron de _____[1] significa para ellos ser una buena persona. Para el Padre, las buenas personas son las que tienen buenos _____.[2] Es decir, _____[3] que son _____[4] a los principios con los que están de acuerdo son buenas personas. Yolanda también opinó sobre la importancia que tienen los principios, _____[5] se manifiestan a través de una buena _____[6] y respeto para nuestros _____.[7] Desde el punto de vista del Padre, una buena persona es también aquella que _____[8] su vida con base en sus _____[9] y su _____[10] religioso. En el caso de Yolanda, ella amplía su opinión diciendo que la bondad[a] de las personas se refleja cuando los individuos tienen el valor de ser _____[11] con todos los _____[12] vivos que hay en el entorno. Como puedes ver, las opiniones de estos dos amigos son muy parecidas.

[a]*goodness*

ASÍ LO VEO III

Vocabulario del vídeo

A. Asociaciones. Empareja cada palabra o expresión con la definición más apropiada.

1. _____ desperdiciar	**a.** conseguir algo con éxito
	b. lo que se cumple y se celebra en un cumpleaños
2. _____ lograr	**c.** hacer mal uso o empleo de algo
3. _____ la virtud	**d.** una escuela para adolescentes
	e. una cualidad buena de una persona
4. _____ un ser querido	**f.** lo opuesto de guerra
5. _____ la limitación	**g.** una restricción
	h. una persona a quien le tienes cariño
6. _____ la preparatoria	
7. _____ la paz	
8. _____ la edad	

B. Un encuentro especial. Rodrigo le está escribiendo un correo electrónico a su amigo de la escuela secundaria, Juan. Usa palabras de la lista para completar la carta.

corta edad	desperdiciar	preparatoria	secundaria
cumplirlo	lograr	querido	

Para: Juan S. <jas0009@correofal.mx>

De: Rodrigo E. <rre8989@correofal.mx>

Asunto: Encuentro con Julia y Marcela

_____ ¹ Juan:

    ¡Hola! ¿Cómo estás? Yo estoy bien. Hace unos días volví a casa desde Acapulco donde me

encontré con Julia y Marcela. ¿Recuerdas cuando estábamos en la _____ ²? Después

de la escuela siempre nos íbamos los cuatro en tu coche a la playa antes de volver a casa para

terminar la tarea. No pude _____ ³ la oportunidad de salir con ellas a tomar un café.

Siguen siendo tan simpáticas como antes. Julia ahora es abogada y Marcela es maestra en una

_____.⁴ Marcela se casó con Raúl a la _____ ⁵ de 23 años y ahora

tienen dos hijas. Nuestras dos amigas han podido _____ ⁶ hacer muchas cosas en su

vida. Además, me pidieron que te preguntara cuándo íbamos a vernos todos otra vez. Les prometí

que pronto. Tendremos que _____ ⁷ porque ya hace mucho tiempo que no salim

los cuatro juntos.

    Bueno, mi amigo, hablaremos pronto sobre nuestro viaje a Acapulco. Hazme saber q

Un saludo,
Rodrigo

C. En otras palabras. Apunta la palabra correspondiente del **Vocabulario del vídeo** para cada una de las siguientes descripciones.

1. una persona que tú amas   __ ____ _____

2. puede ser sinónimo de poner o introducir   _____

3. lo contrario de la guerra   __ ____

4. se refiere a personas de tu familia   ____ _____

5. lo contrario de reciclar (*recycle*)   _____

6. cada uno de nosotros es esto   __ ____ _____

7. antes de la universidad, primero es...   __ _____

D. Palabras engañosas: *saber/conocer*. Escoge la palabra (**saber** o **conocer**) correcta para completar el párrafo.

Yo (**supe/conocí**)[1] a Pedro cuando los dos teníamos 8 años. Siempre jugábamos juntos. Éramos inseparables y amigos íntimos. Pedro (**sabía/conocía**)[2] de muchas cosas interesantes, como el espacio,[a] y yo (**sabía/conocía**)[3] mucho de arte. A los dos nos gustaba mucho jugar afuera. Un día (**supimos/conocimos**)[4] de un parque especial que tenía muchos juegos. Casi todos los días íbamos al parque para jugar en los columpios.[b] Un día, mientras jugábamos en el parque, nosotros (**supimos/conocimos**)[5] a una niña que se llamaba Juana. Ella (**sabía/conocía**)[6] muchos juegos de parque, como el escondite,[c] las traes[d] y canicas.[e] Aprendimos mucho de Juana y después de muchos años, seguimos siendo amigos. (**Sé/Conozco**)[7] que siempre los tres vamos a ser muy buenos amigos.

[a]*space*   [b]*swings*   [c]*hide-and-seek*   [d]*tag*   [e]*marbles*

Nuestros amigos hablan.

Paso 1 Las siguientes oraciones vienen de lo que dice Ernesto en **Así lo veo III**. Sin embargo, hay una palabra o expresión en cada oración que Ernesto no utiliza. ¿Puedes identificarla entre las palabras subrayadas?

1. Una buena persona es <u>aquella</u>[a] que va <u>por</u>[b] la vida <u>y hace</u>[c] <u>lo que</u>[d] debe de hacer.
2. Siento yo que <u>utilizando</u>[a] ese <u>lugar</u>[b] al <u>máximo</u>[c] y no <u>desperdiciarlo,</u>[d] eres una buena persona.
3. <u>Teniendo</u>[a] tú toda una paz interior, es decir, <u>conocer</u>[b] tus <u>limitantes,</u>[c] <u>conocerte</u>[d] como persona.
4. <u>Teniendo</u>[a] <u>esa</u>[b] paz interior puedes <u>preocuparte</u>[c] por las <u>otras</u>[d] personas.
5. Siento yo que al <u>lograr</u>[a] esto, si <u>metemos</u>[b] esa idea en cada <u>ser humano</u>[c] podemos <u>lograr</u>[d]

verificar tus respuestas y escribe la palabra o expresión que del **Paso 1**.

_____   5. _____

_____

é piensas.

1a?

Gramática

LOS GERUNDIOS Y LOS INFINITIVOS; LOS OBJETOS DIRECTOS

A. ¿Qué hago? Completa el párrafo con las palabras entre paréntesis más apropiadas.

Un día, (**caminando/caminar**)[1] por la calle, me encontré un billete de quinientos dólares. Mientras pensaba qué hacer con él, vi (**pasando/pasar**)[2] a mi mejor amigo, Juan. Le conté de mi buena fortuna y él me dijo que tenía que (**reportando/reportar**)[3] el billete perdido a la policía. Pero yo no quería porque era la primera vez que yo encontraba tanto dinero. (**Pagando/Pagar**)[4] mis cuentas era algo muy importante para mí y decidí (**usando/usar**)[5] el dinero para pagar mi tarjeta de crédito. Cuando llegué al banco para depositar el dinero, me di cuenta de que el billete no estaba en mi cartera. (**Poniéndome/Ponerse**)[6] muy nervioso, busqué en todos mis bolsillos, pero no lo encontré. Cuando volví a casa, Juan me dijo: «(**Siendo/Ser**)[7] honesto es una de las mejores cualidades que una persona puede tener».

B. ¿El gerundio o el infinitivo? Completa cada oración con el infinitivo o el gerundio del verbo más apropiado entre paréntesis.

1. _____ (**Estudiar/Respetar**) se puede sacar buenas notas.

2. _____ (**Apoyar/Sacar**) buenas notas indica muchas oportunidades para el futuro.

3. _____ (**Conocerse/Preocuparse**) a sí mismo es lo ideal.

4. _____ (**Cumplir/Mantener**) los deberes se evitan (*one avoids*) muchos problemas.

5. _____ (**Llevarse/Meterse**) bien con las personas uno hace amigos fácilmente.

6. _____ (**Saber/Ser**) una persona amable y abierta atrae a otras personas abiertas y amables también.

C. ¿Cuál es? Escoge el pronombre correcto para completar cada oración.

1. Anoche alguien ＿＿ ayudó en la tarea, porque no la comprendí bien.
   - **a.** la
   - **b.** lo
   - **c.** me
   - **d.** te

2. Mi perro me hace feliz cada vez que ＿＿ veo.
   - **a.** lo
   - **b.** los
   - **c.** nos
   - **d.** te

3. María, quiero saber quién ＿＿ conoce mejor: tu mejor amigo o yo.
   - **a.** la
   - **b.** me
   - **c.** nos
   - **d.** te

4. Creo que Juan no sabe dónde están los libros, pero dice que ＿＿ tiene.
   - **a.** las
   - **b.** lo
   - **c.** los
   - **d.** me

5. El profesor ＿＿ da siempre mucho trabajo, pero siempre lo terminamos.
   - **a.** lo
   - **b.** me
   - **c.** os
   - **d.** nos

6. La paz es algo que muchas personas desean, y muchos trabajan para lograr＿＿.
   - **a.** me
   - **b.** la
   - **c.** las
   - **d.** los

7. Muchos dicen que soy muy introvertido, pero no ＿＿ conocen muy bien.
   - **a.** la
   - **b.** me
   - **c.** nos
   - **d.** te

D. El maravilloso verbo *poner*. Escribe la forma correcta del verbo **poner** en cada oración. Después, indica si cada oración te describe a ti (**Sí**) o no (**No**). **¡OJO!** Cuidado con el uso de **poner** y el reflexivo.

Cuando...

	SÍ	NO
1. ... mis amigos hacen planes sin consultarme, primero yo ＿＿ muy furioso y grito.	☐	☐
2. ... estoy con mis amigos y ＿＿ a hablar conmigo, yo los escucho.	☐	☐
3. ... mi mejor amigo tiene un problema a medianoche, yo ＿＿ la ropa y salgo corriendo para ayudarlo.	☐	☐
4. ... uno de mis amigos comete un error, yo ＿＿ a reír de él o ella.	☐	☐
5. ... estoy aburrido/a, yo ＿＿ cosas ofensivas en los «blogs» de mis amigos como broma.	☐	☐
6. ... una persona empieza a divulgar chismes sobre uno de mis amigos, yo ＿＿ enojado/a y empiezo a divulgar chismes de esa persona.	☐	☐
7. ... mi novio/a sale con otros amigos, yo ＿＿ celoso/a.	☐	☐
8. ... un amigo/a está triste, ＿＿ énfasis en sus cualidades para que se sienta mejor.	☐	☐

Así lo veo III **en resumen.** Completa el resumen de **Así lo veo III** con palabras de la lista. Usa la forma correcta de los sustantivos y adjetivos y conjuga los verbos cuando sea necesario. Los verbos se utilizan como infinitivo o gerundio. **¡OJO!** Algunas palabras no se usan.

VERBOS		SUSTANTIVOS	ADJETIVOS
conocer	hacer	ser humano	corto
cumplir	lograr	limitante	familiar
desperdiciar	meter	paz	largo
hablar	preocuparse	preparatoria	querido
	ser	secundaria	
		virtud	

En **Así lo veo III,** Ernesto nos habla sobre su concepto de "buena persona". Opina que estas

personas son las que van por la vida _____ [1] lo que deben hacer. Para Ernesto,

esta idea de «hacer lo que se debe hacer» se lleva a cabo _____ [2] en la escuela

y el trabajo. De acuerdo a Ernesto, _____ [3] las oportunidades que la vida nos

da no es algo que una buena persona haría. Otro aspecto importante en el concepto que Ernesto

tiene de «buena persona» es el autoconocimiento, es decir, _____ [4] nuestras

virtudes y también nuestras _____ [5] Cuando una persona sabe esto es posible

_____ [6] una _____ [7] interior con la que va a beneficiar a sus familiares

y a sus seres _____ [8] En el caso de Ernesto, él se considera una buena persona

_____ [9] un buen estudiante, primero en la _____ [10] y después en la

_____ [11] También lo logra ayudando y _____ [12] por su familia, aun a su

_____ [13] edad. Al final, Ernesto insiste en esta idea para cada _____ [14]

si queremos lograr tener más gente buena en el mundo.

Así lo veo yo preparación

Esta hoja te va a ayudar a organizar tus ideas para la composición que vas a escribir sobre el siguiente tema: ¿Cómo es una buena persona y qué importancia tiene esa persona en tu vida? Sigue las instrucciones de cada uno de los **pasos** para completar el siguiente esquema. Luego, lleva esta hoja a la clase para escribir la composición.

Paso 1: La organización Cada uno de los párrafos de tu composición va a tener una idea principal. Escríbela en el cuadro apropiado. Si vas a escribir sólo dos párrafos, está bien. Si escribes más de tres, puedes usar una hoja más de papel. ¿Qué ideas secundarias o ejemplos te ayudan a apoyar o demostrar estas ideas? Apunta tres ideas o ejemplos en el esquema. ¿Mencionan nuestros amigos algunas ideas en el vídeo que puedes incluir en tu composición?

Paso 2: El vocabulario Repasa las secciones de vocabulario en el libro de texto y apunta las palabras o expresiones que quieres incluir para el argumento principal y las ideas que apoyan tu argumento.

Paso 3: La gramática Repasa las secciones de gramática y escribe dos oraciones con verbos reflexivos (o con otras de las estructuras de esta lección) como ejemplos para incluir en la composición.

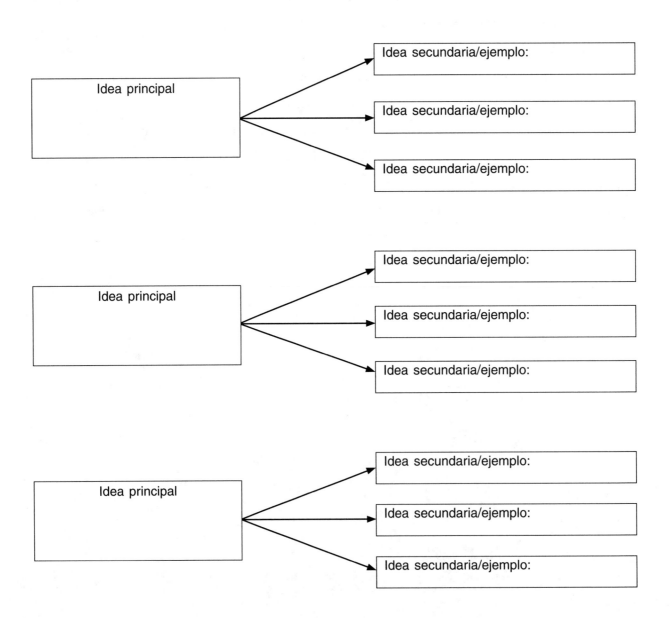

LECCIÓN 2

¿Puede cambiar una persona?

¿Qué quiere decir el refrán: «Árbol que
crece torcido, ya jamás su rama endereza»?

Objetivos

En esta lección vas a seguir:

- practicando el vocabulario relacionado con la personalidad
- usando el presente perfecto, los objetos indirectos, el **se** impersonal y el **se** pasivo
- escuchando lo que dicen nuestros amigos sobre los cambios en una persona y si una persona puede cambiar de verdad

🎧 Antes de comenzar

Escucha la introducción de esta lección y escribe las palabras que faltan.

«Se dice que algo constante en la vida es el cambio. Es decir, las cosas _____[1] y

no hay cómo _____[2] A la vez, se dice que en cuanto más cambian las cosas,

más _____[3] iguales. Pero, ¿qué decimos _____[4] las personas?

Como dice el refrán: «Árbol que crece torcido, jamás su tronco endereza», _____[5]

quiere decir que es difícil que una persona cambie su carácter. ¿Qué crees tú? ¿Puede una persona

cambiar de personalidad, de esencia? ¿O sólo puede cambiar sus acciones y hábitos?»

ASÍ LO VEO I

Vocabulario del vídeo

A. Asociaciones. Empareja cada palabra o expresión con la definición más apropiada.

1. _____ el/la alcohólico/a
2. _____ la autoestima
3. _____ conseguir
4. _____ la fe
5. _____ robar
6. _____ el placer
7. _____ brindar
8. _____ a lo mejor

   a. la creencia en algo sin tener evidencia física
   b. ofrecer algo a alguien o manifestar buenos deseos al momento de levantar el vaso para tomar una bebida, a menudo alcohólica
   c. la satisfacción o la diversión
   d. lograr algo deseado
   e. una persona que depende del vino, la cerveza u otros licores
   f. quizás o tal vez
   g. tomar algo que pertenece a otra persona sin su permiso
   h. el valor que una persona se da a sí misma

B. Palabras engañosas: *darse cuenta* vs. *realizar*. Escoge el verbo que mejor complete cada oración.

1. Marta (**se dio cuenta de / realizó**) que su marido no había dejado de (*had not stopped*) beber.

2. Después de muchos años, por fin (**me di cuenta de / realicé**) algo que siempre quería hacer: viajar al extranjero.

3. Tenía una cita con mi profesor a las tres, pero no (**me di cuenta / realicé**) hasta las cuatro.

4. Julio (**se dio cuenta de / realizó**) que su novia la engañaba (*was deceiving*) cuando la vio con otro hombre.

5. Mi abuelo murió sin (**darse cuenta de / realizar**) su sueño de ver los pirámides en Egipto.

6. (**Me doy cuenta de / Realizo**) que necesito estudiar más para sacar buenas notas en español.

7. ¿No (**te das cuenta de / realizas**) que nunca puede cambiar?

8. Quiero (**darme cuenta de / realizar**) mi deseo de ser más generoso con los demás.

C. ¿Qué palabra falta? Completa las siguientes oraciones con las palabras o frases apropiadas de la lista a continuación.

aumentar	botella	manera	salud
autoestima	cambiar	momentáneo	se dedica a

1. Una persona que no se valora a sí misma no tiene mucha _____.

2. La psiquiatra _____ ayudar a sus pacientes a superar (*overcome*) la adicción.

3. El éxito de una psiquiatra depende de la _____ en que aborda (*approaches*) el

            mucho la _____ de sus pacientes.

            una _____ de licor cada noche.

            imo para _____ la perspectiva que tenemos de la vida.

            _____ la cantidad de dinero que da a los programas para la
            ólicos y drogadictos.

            del alcohol o de las drogas prefiere el placer _____ en lugar

        r una persona?

D. La palabra correcta. Escoge la palabra que complete mejor el sentido de cada oración.

1. A nivel nacional, la mayoría de los mexicanos afirman tener _____ en Dios.
   a. salud
   b. autoestima
   c. fe

2. Una persona puede cambiar su _____ de pensar.
   a. alcohol
   b. manera
   c. dependencia

3. Vamos a hacer un brindis con la nueva _____ de vino.
   a. botella
   b. droga
   c. salud

4. Es necesario tener un equilibrio entre el _____ y el trabajo.
   a. dependencia
   b. placer
   c. autoestima

5. No es bueno dejarse llevar por un placer _____ sin medir las consecuencias.
   a. valioso
   b. saludable
   c. momentáneo

6. En las situaciones difíciles, uno _____ de quiénes son sus verdaderos amigos.
   a. se da cuenta
   b. se deja
   c. se siente

7. Desafortunadamente, hay gente que ha dedicado su vida a _____ para sobrevivir, en lugar de trabajar.
   a. brindar
   b. aumentar
   c. robar

8. Aunque puede ser difícil hacer lo bueno, uno debe intentar vivir de una manera que corresponda con sus _____.
   a. principios
   b. escalones
   c. botella

E. Busca al intruso. Escoge la palabra que no pertenece al grupo.

1. a. Dios
   b. la adicción
   c. la dependencia
   d. la droga

2. a. la autoestima
   b. la botella
   c. la salud
   d. la fe

3. a. momentáneo
   b. temporal
   c. permanente
   d. a veces

4. a. el placer
   b. la diversión
   c. el entretenimiento
   d. la salud

5. a. robar
   b. alterar
   c. cambiar
   d. variar

6. a. el credo
   b. el pensamiento
   c. la creencia
   d. el alcohol

7. a. a lo mejor
   b. tal vez
   c. quizás
   d. sin duda

Nuestros amigos hablan.

Paso 1 A continuación hay unas ideas del Padre Aguilar de **Así lo veo I.** Ordena los segmentos de cada idea lógicamente.

1. para mí es Dios / lo más importante / después mi familia / después mi trabajo / y hasta el último el alcohol / después mi salud

   _____

   _____

2. vivir / de acuerdo a / tenían / la escala de / empiezan a / valores que

   _____

   _____

3. jugando a una escalera / una dinámica con muchas personas / sobre todo / yo he tenido / con muchachos

   _____

   _____

4. el placer / pero no / enseñarle que / es lo más importante / puede ser bueno

   _____

   _____

5. a Dios / vamos a poner / o a tu familia / y todo lo demás / a lo mejor / después

   _____

   _____

Paso 2 Ahora, pon las ideas del **Paso 1** en el orden en que las expresa el Padre Aguilar. Luego, escucha **Así lo veo I** para verificar si apuntaste bien sus ideas y si las tienes en el orden correcto.

_____   _____   _____   _____   _____

Gramática

EL PRESENTE PERFECTO; LOS OBJETOS INDIRECTOS

A. La mejor opción. Escoge la opción que complete mejor cada oración.

1. Para ahorrar la energía eléctrica, debes asegurarte de que _____ las luces antes de salir de casa.
   a. he robado   **b.** apagó   **c.** has apagado   **d.** has cambiado

2. La maestra ya _____ con muchos padres este año escolar porque los estudiantes no se han portado bien.
   a. habla   **b.** ha aumentado   **c.** hemos hablado   **d.** ha hablado

3. Hasta este momento, los estudiantes _____ buenas notas en esa clase difícil este semestre.
   a. he logrado   **b.** han sacado   **c.** he escrito   **d.** han comido

4. En los últimos cinco años, mis amigos y yo _____ mi cumpleaños con una fiesta en la casa.
   a. ha celebrado **b.** hemos conseguido **c.** han roto   **d.** hemos celebrado

5. La niñera les dice a los padres que los niños _____ la tarea.
   a. han hecho   **b.** hemos terminado   **c.** has escrito   **d.** han adaptado

6. ¿_____ Ud. la película en la cual Salma Hayek interpreta a Frida Kahlo?
   a. Has disfrutado   **b.** Ha visto   **c.** Ha cambiado   **d.** Hemos abierto

7. En cuanto a mi carrera, todavía no _____ mis aspiraciones profesionales.
   a. he realizado   **b.** me he dado cuenta de   **c.** me doy cuenta de   **d.** realizan

B. Lo que cree mi profesor(a). Para cada oración, escoge el verbo más apropiado de los verbos entre paréntesis y escribe el participio.

Mi profesor/a de español cree que hemos...

1. _____ (**hacer/brindar**) la tarea antes de venir a la clase.

2. _____ (**cambiar/estudiar**) mucho en preparación para el examen.

3. _____ (**olvidar/charlar**) la fecha del examen final. Va a recordárnosla por correo electrónico.

4. _____ (**decir/realizar**) que no nos gusta la clase.

5. _____ (**conseguir/practicar**) mucho con nuestros amigos para el examen oral.

6. _____ (**leer/robar**) las lecciones durante el fin de semana.

7. _____ (**terminar/hablar**) las actividades de práctica en preparación para la clase.

8. _____ (**evitar/comer**) un desayuno muy saludable para tener energía durante la clase.

C. Los buenos consejos. Escoge el pronombre indirecto que complete mejor cada oración. Recuerda que a veces el pronombre indirecto se une al final del verbo.

1. La mamá sigue dando_____ buenos consejos a su hijo.
   a. les   **b.** se   **c.** le   **d.** lo

2. Para que los adictos dejen las drogas, hay que ayudar_____ a ver otra manera de vivir.
   a. se   **b.** le   **c.** lo   **d.** los

3. Desde que éramos niños, nuestros padres _____ decían que no habláramos con extraños.
   a. les   **b.** me   **c.** nos   **d.** os

4. Su padre _____ aconseja que continúe sus estudios en la universidad.
   a. le   **b.** la   **c.** se   **d.** me

5. Tienes que decir algo si a ti _____ molesta el mal comportamiento (*behavior*) de tu amigo.
   a. me   **b.** te   **c.** le   **d.** la

6. Es más fácil trabajar con alguien a quien _____ interesa el mismo campo de investigación que a ti.
   a. me   **b.** se   **c.** te   **d.** le

7. Si _____ lo explicas con tranquilidad, seguro que ella lo entenderá.
   a. me   **b.** se   **c.** le   **d.** nos

D. Declaración de amor. Completa el siguiente párrafo con la forma correcta del pronombre indirecto.

Después de siete meses de noviazgo,[a] he tomado la decisión de decir_____[1] a mi novio que lo

quiero mucho. No sé cómo él vaya a reaccionar si _____[2] lo digo, pero espero que él también

sienta lo mismo que yo. Mis amigas _____[3] han dicho que no debo hacerlo, pero yo no _____[4]

voy a hacer caso[b] a ellas. Aunque tengo un poco de miedo, yo siento que él también me quiere y

_____[5] va a declarar sus sentimientos. De todas maneras, tengo suficiente autoestima para

enfrentar la verdad. He planeado una cena romántica para nosotros. Esto _____[6] va a dar la

oportunidad de ser sinceros. Cuando lo invité, a mi novio _____[7] pareció una buena idea. Creo

que esto nos va a acercar más como pareja.[c]

[a]*relationship*   [b]hacer... *pay attention*   [c]*couple*

Así lo veo I **en resumen.** Completa el resumen de **Así lo veo I** con palabras de la lista. Usa la forma correcta de los sustantivos y adjetivos y conjuga los verbos cuando sea necesario. Todos los verbos se utilizan en el presente o como infinitivo. **¡OJO!** Algunas palabras no se usan.

VERBOS		SUSTANTIVOS		ADJETIVOS
aumentar	darse cuenta	botella	escalera	momentáneo
brindar	dedicarse a	cambio	fe	valioso
cambiar	dejarse	dependencia	pensamiento	
conseguir	sentirse	Dios	salud	

En **Así lo veo I,** el Padre Aguilar nos comenta que para lograr un verdadero cambio en una

persona, es necesario ayudarla ver otra alternativa. Específicamente, él menciona el caso de perso-

nas que han salido de la _____[1] del alcohol o de las drogas porque son quienes

más necesitan ver la vida de otra manera. Si estas personas _____[2] de la

contrariedad de sus _____[3] frente a sus actos, se les _____[4] la

oportunidad de vivir según una escala de valores importantes. Como ejemplo, un alcohólico le

dice que lo más importante para él es _____,[5] seguido por su familia, su

_____[6] y su trabajo. Al respecto, el Padre le señala[a] que si sigue tomando, lo

único que _____[7] es poner la _____[8] de alcohol antes que sus

valores. En vez de _____[9] llevar por algo momentáneo, tiene que empezar a

vivir de acuerdo a sus valores. Aún más importante, la persona tiene que _____[10]

única y _____.[11] De ese modo, el Padre piensa que una persona puede volver a

empezar si _____[12] su autoestima, así ayudándole cambiar su vida de manera

positiva.

[a]*points out*

Thank you for your purchase.

Tags	Textbooks-Verified
Listed	2/23/2022 1:50:59 PM
Employee	ecm-mc
Catalog	Book
Code	9780534569730
ASIN	0534569730
Source	WSA

Dust jacket, disc or access code may not be included.

Description
Fairly worn, but readable and intact, if applicabl

Condition   Acceptable

Title   ON THE EDGE OF SUCCESS (WADSV

3IIJZF002IEW

N3   Row 7   Bay 8

61   Textbooks-Verified   61

ASÍ LO VEO II

Vocabulario del vídeo

A. Asociaciones. Empareja cada palabra o expresión con la definición más apropiada.

1. _____ sensible
2. _____ adaptar
3. _____ exigente
4. _____ el hábito
5. _____ la regla
6. _____ habitar
7. _____ igual
8. _____ nacer

a. ocupar o poblar
b. venir al mundo, empezar la vida
c. equivalente o semejante
d. estricto, inflexible
e. modificar o ajustar (*adjust*)
f. emotivo/a, afectivo/a
g. ley o código que guía a la gente para comportarse de cierto modo
h. costumbre, patrón (*pattern*) de comportamiento

B. Los cambios y la sociedad. Escoge la palabra que complete mejor el sentido de cada oración.

1. Debido a su mal _____, nadie lo aguanta (*put up with*).
   a. pensamiento
   b. carácter
   c. aspecto

2. Ante la crisis económica, algunas personas han tenido que hacer cambios _____ en su manera de vivir.
   a. drásticos
   b. exigentes
   c. iguales

3. En nuestra sociedad, se pone mucho énfasis en la belleza y el _____ físico.
   a. aspecto
   b. hábito
   c. actitud

4. Una persona tranquila tiene una buena _____ hacia las situaciones difíciles.
   a. regla
   b. hábito
   c. actitud

5. Por medio de un programa de rehabilitación, se puede _____ de usar las drogas.
   a. tratar
   b. dejar
   c. comentar

6. Una persona _____ no acepta un «¡No!» cuando pide algo.
   a. sensible
   b. exigente
   c. razonable

7. Si vas a vivir en otro país, te tienes que _____ a costumbres diferentes.
   a. habitar
   b. adaptar
   c. nacer

C. ¿Qué palabra falta? Completa las siguientes oraciones con las palabras o frases apropiadas de la lista a continuación.

a través de   carácter   comentar   paso de los años   personalidad   sensibles   tranquilo   tratar de

1. A ella le preocupa el mal genio de su hermano y quiere _____ esto con él.

2. El amor verdadero suele desarrollarse con el _____, pero hay personas que creen en el amor a primera vista.

3. Aunque ella tenía adicción al alcohol y a las drogas, venció estos problemas _____ un programa de rehabilitación.

4. Frente a una persona violenta, es importante permanecer (*remain*) _____ para no empeorar (*worsen*) la situación.

5. Algunas de las llamadas que los padres reciben del maestro son para _____ las malas notas de su hijo.

6. Al conocer a una persona, se debe considerar si esta tiene una buena _____ antes de hacer amistad con ella.

7. Es importante que tu mejor amigo tenga buen _____ y una moral.

8. Aunque unos creen que las chicas son más _____ que los chicos, hay chicos que tienen sentimientos delicados también.

D. Un estudiante tímido. Un estudiante tímido quiere ser más sociable y extrovertido. ¿Qué puede hacer para cambiar este aspecto de su personalidad? Escoge la respuesta apropiada según el contexto.

1. Está interesado en salir con una compañera de clase. ¿Qué hace?
   a. Le comenta que hay un buen concierto y le pregunta si quiere ir con él.
   b. No le habla porque tiene miedo.

2. Hay un nuevo estudiante en la clase de biología que también es tímido. ¿Qué hace?
   a. Lo trata con indiferencia.
   b. Lo ayuda a adaptarse a la clase.

3. Quiere conocer a otras personas. ¿Qué hace?
   a. Espera hasta que alguien lo contacte por medio de Facebook.
   b. Asiste a diversas actividades en la universidad.

4. Se organiza una reunión social en el dormitorio en que habita. ¿Qué hace?
   a. Decide ir con su compañero de cuarto a la reunión.
   b. Se queda tranquilo en su cuarto viendo una película.

5. Está en una fiesta y quiere participar en una conversación. ¿Qué hace?
   a. No hace ningún comentario.
   b. Comenta sobre la música de fondo (*background*).

6. Un grupo de compañeros de clase lo invita a almorzar con ellos. ¿Qué hace?
   a. Acepta la invitación y sugiere un buen restaurante.
   b. Continúa con su hábito de comer a solas (*alone*).

Nuestros amigos hablan.

Paso 1 Las siguientes oraciones vienen de lo que dice Ruth en **Así lo veo II**. Sin embargo, hay una palabra o expresión en cada oración que Ruth no utiliza. ¿Puedes identificarla entre las palabras subrayadas?

1. Bueno, yo pienso^a que una persona^b... una persona se puede^c cambiar.^d

2. ... si tú vas^a a una casa, y en esa casa vas a habitar^b y allí te^c dicen, sabes que, son reglas^d esto, esto, esto...

3. ... cambiará^a actitudes, cambiará pensamientos.^b Pero la forma de ser^c de un ser humano yo pienso que ya no cambia.^d

4. ... nacemos,^a pues, como somos y trataremos de^b cambiar, igual por medio de^c una religión que se cambia,^d ¿no?

5. ... con el paso de los años, te haces^a más sensible, más tranquila,^b y, pues, trato de^c... de ser más bonachona, pero lo exigente no se me quita.^d

Paso 2 Ahora, escucha **Así lo veo II** para verificar tus respuestas y escribe la palabra o expresión que realmente utiliza Ruth para cada oración del **Paso 1**.

1. _____   3. _____   5. _____

2. _____   4. _____

Gramática

SE IMPERSONAL Y PASIVO

A. La mejor opción. Escoge la forma del verbo que complete mejor cada oración.

1. Para llegar a ser buena persona, ____ prestar atención a lo que se dice y a lo que se hace.
   a. se debe   **b.** se ha cambiado   **c.** se enfoca   **d.** uno tiene

2. En la oficina de la consejera (*counselor*), ____ sobre las maneras de mejorar la vida y la salud mental.
   a. adaptas   **b.** se aconseja   **c.** se habita   **d.** se comenta

3. Para aprovecharse de las oportunidades en la vida, ____ tener la mente abierta.
   a. uno encuentra   **b.** pagas   **c.** se necesita   **d.** se dice

4. ____ mucha información sobre la adicción y otros problemas personales en el artículo.
   a. Aumenta   **b.** Se ha presentado   **c.** Se brindan   **d.** Uno cambia

5. Aunque muchos programas de televisión están basados en la realidad, en la mayoría de ellos no ____ la vida verdadera.
   a. demuestras   **b.** hemos terminado   **c.** se refleja   **d.** lloras

6. Si uno quiere mejorar su vida, ____ trabajar muy diligentemente para ganar dinero y subir la escala profesional.
   a. uno necesita   **b.** debo   **c.** he intentado   **d.** podemos

7. Sólo porque ____ en un barrio muy pobre, no quiere decir que uno tiene que habitar en ese lugar para siempre.
   a. se brinda   **b.** se consigue   **c.** uno piensa   **d.** uno nace

B. El maravilloso verbo *hacer*. Para cada oración, escribe la forma apropiada del verbo **hacer** o **hacerse** en el presente y luego, escoge el sinónimo más apropiado.

1. Aunque sea mala, cada experiencia ____ que cambiemos un poco.
   - **a.** causa
   - **b.** se transforma
   - **c.** gana

2. Con el paso de los años creo que ____ más sensible, pero eso no ha cambiado la esencia de quien soy.
   - **a.** consigo
   - **b.** me vuelvo
   - **c.** causo

3. Carlos siempre sigue su instinto y ____ lo primero que se le viene a la mente.
   - **a.** pone en acción
   - **b.** gana
   - **c.** se transforma

4. Hoy ____ sol y queremos ir a playa.
   - **a.** pone
   - **b.** vuelve
   - **c.** hay

5. Con los buenos consejos, uno ____ más sabio (*wise*).
   - **a.** se vuelve
   - **b.** se gana
   - **c.** pone en acción

6. Quiero ____ mucho dinero en el verano para pagar los estudios.
   - **a.** causar
   - **b.** transformar
   - **c.** ganar

7. Marcos era católico, pero el año pasado, ____ budista.
   - **a.** se puso
   - **b.** se convirtió en
   - **c.** consiguió

C. Las reglas de conducta. Completa el párrafo con la forma impersonal de los verbos a continuación.

adaptar
decir
llegar
seguir
considerar
hacer
necesitar
tratar

En nuestra sociedad, _____[1] una serie de reglas de conducta. Por ejemplo, si hay

una cita importante, _____[2] a tiempo. También, hay muchas reglas que tratan de la

forma correcta de llevar una conversación. _____[3] de muy mal gusto interrumpir

la conversación de otras personas; por eso _____[4]: «Con permiso». En general,

_____[5] a las personas con respeto. Para evitar conflictos innecesarios, es mejor

si no _____[6] comentarios sobre temas controvertidos como la religión y la política.

Dependiendo de la situación, uno _____[7] a las costumbres establecidas y para

lograr esto _____[8] ser sensible a las diferencias que existen.

D. En Buenos Aires, Argentina. Escoge el verbo más apropiado y escribe la forma impersonal.

Un café en Buenos Aires, Argentina.

1. El español _____ (**hablar/cambiar**) en la mayoría de las escuelas porque es el idioma nacional.

2. Pero hay algunas escuelas en las que no _____ (**permitir/prohibir**) hablar español porque quieren que los niños practiquen el inglés.

3. _____ (**Trabajar/Adaptar**) desde las 8:00 o 9:00 de la mañana hasta las 5:00 o 6:00 de la tarde.

4. Pero muchas veces _____ (**aprovechar/robar**) las horas de la siesta, desde las 2:00 hasta las 4:00 de la tarde, para descansar y _____ (**brindar/volver**) al trabajo después.

5. _____ (**Nacer/Ir**) a la iglesia cada domingo. La mayoría de los argentinos son católicos, aunque hay judíos y evangélicos también.

6. _____ (**Comentar/Salir**) a divertirse por las noches, y no se regresa a casa hasta la mañana del próxima día.

7. _____ (**Comer/Tomar**) cerveza con los amigos y _____ (**cambiar/bailar**) mucho.

8. No _____ (**cerrar/vender**) la mayoría de los clubes y discotecas hasta muy tarde.

9. En las calles _____ (**vender/estudiar**) comida barata, como el choripán y otras meriendas.

10. En este país, _____ (**aumentar/consumir**) mucha carne.

Así lo veo II **en resumen.** Completa el resumen de **Así lo veo II** con palabras de la lista. Usa la forma correcta de los sustantivos y adjetivos y conjuga los verbos cuando sea necesario. Los verbos se utilizan en el presente o como infinitivo. **¡OJO!** Algunas palabras se usan más de una vez y otras no se usan.

VERBOS		SUSTANTIVOS	ADJETIVOS
adaptarse	tener	carácter	drástico
hacer	tratar de	forma de ser	exigente
nacer	vivir	hábito	sensible
quitársele		personalidad	tranquilo
		reglas	
		uno	

En **Así lo veo II,** Ruth comentó sobre la posibilidad de que uno puede cambiar sus actitudes

a través del tiempo. Insiste en que nacemos con un _____¹ y con una

_____² particular. A pesar de que uno _____³ como es, es necesario

_____⁴ a las situaciones en las que uno vive. Como seres humanos, tenemos

muchos _____,⁵ es decir muchas cosas que hacemos con frecuencia, que debemos

_____⁶ cambiar. Cuando uno _____⁷ con otra persona, por ejemplo,

se tiene que adaptar a las _____⁸ que se establecen en la casa. Sin embargo, de

acuerdo a Ruth, la _____⁹ no cambia. Si tú cambias tus _____¹⁰

cuando estás en tu familia, es bueno. Ella, por ejemplo, es una persona _____¹¹ y a

pesar de que a través del tiempo ha cambiado, sigue siendo un poco _____¹² con

sus hijos. Para Ruth, es muy difícil _____¹³ a alguien las costumbres, pero siempre

_____¹⁴ debe mantenerse sensible hacia los hábitos y actitudes de los demás.

ASÍ LO VEO III

Vocabulario del vídeo

A. Asociaciones. Empareja cada palabra o expresión con la definición más apropiada.

1. _____ el corazón
2. _____ una maravilla
3. _____ acordarse
4. _____ conforme
5. _____ la pareja
6. _____ agarrar
7. _____ llorar
8. _____ fuerte

   a. satisfecho/a, de acuerdo
   b. echar lágrimas
   c. duro, intenso, grave
   d. algo que provoca admiración
   e. compañero/a en una relación sentimental entre dos personas
   f. un órgano del cuerpo humano; lugar donde se supone que se sienten las emociones
   g. coger con la mano; contraer una cosa, como una enfermedad
   h. no olvidar

B. ¿Cierto o falso? Indica si cada una de las siguientes oraciones es cierta (**C**) o falsa (**F**).

En una buena relación, ...

	C	F
1. ... tu pareja te rompe el corazón.	☐	☐
2. ... tú y tu pareja pueden enfrentar una crisis sin pelear.	☐	☐
3. ... no te acuerdas de los aniversarios.	☐	☐
4. ... tu pareja te hace llorar a propósito (*on purpose*).	☐	☐
5. ... ambos están de acuerdo con las decisiones que toman.	☐	☐
6. ... es muy fuerte la atracción.	☐	☐
7. ... de repente, empiezas a gritar y le lastimas el brazo a tu pareja.	☐	☐
8. ... tú y tu pareja crean recuerdos muy agradables.	☐	☐

C. Palabras engañosas: *sino* **vs** *pero*. Completa las oraciones con **sino** y **pero**.

1. El Padre Aguilar no es evangélico _____ católico.
2. Ruth es muy activa, _____ a veces le gusta descansar y no hacer nada.
3. Ernesto no es conservador _____ liberal.
4. Leticia nunca fue a la universidad, _____ es muy sabia.
5. Gustavo no se considera una persona religioso, _____ tiene varios amigos asisten a misa.
6. Yolanda no estudió química _____ biología.

D. ¿Qué palabra falta? Completa las siguientes oraciones con las palabras o frases apropiadas de la lista a continuación.

además de   brazo   curar   de repente   llanto   homosexualidad   pareja   plática

1. Después de ser alcohólico por más de cinco años, el hombre se levantó una mañana y decidió _____ dejar de tomar. Esto no es común.

2. A la joven le encanta reunirse con sus amigas para disfrutar solas de una larga _____. Ellas charlan de sus novios y de lo que pasa en la vida de ellas.

3. La mamá no pudo soportar más el _____ de su bebé, quien estaba llorando desde hacía un buen rato. Es difícil para ella ser una mamá soltera.

4. Aunque el conductor no se lastimó en el accidente, la pasajera se rompió un _____. Ahora hay una investigación para determinar el nivel de alcohol en el sistema del conductor.

5. Hay quienes creen que, cuando se trata de una _____, no se debe vivir con una persona antes de casarse con ella. Pero otras personas creen que esta es una manera antigua de pensar.

6. Los comprometidos tenían que pagar ellos mismos por su futura boda, _____ pagar por su luna de miel. Sus padres no van a pagar nada porque no están de acuerdo con la relación.

7. Aunque la Iglesia católica oficialmente no acepta la _____ y no permite el matrimonio entre dos personas del mismo sexo, hay grupos de católicos que quieren darles la opción del matrimonio a todos.

8. Algunas personas creen que la homosexualidad es algo de que la gente se puede _____.

Nuestros amigos hablan. Escucha otra vez lo que dice Gustavo en **Así lo veo III** y escribe las palabras que utiliza.

«_____[1] tuve una... un problema con una... con una pareja que tenía, la segunda _____[2] que tuve, y yo estaba muy mal. Mis papás me estaban apoyando y me veían que estaba yo pasando una _____[3] muy _____.[4] Y... y había una amiga de ellos que era cristiana que constantemente los estaba _____[5] y vengan a esta, este... a estas _____[6] y que es muy bonito, y bueno. Entonces me llevan, yo no sabía ni adónde iba. Me acuerdo que fue en el hotel Sheraton aquí, en... en el Ángel. Llegamos a esa plática y hablaron _____,[7] maravillas, cosas muy bonitas, y Dios, y Cristo y... Y... y conforme yo iba recibiendo toda esa información, que además la necesitaba, _____[8] recordé que yo estaba ahí porque me querían curar de mi _____,[9] ¿no? Entonces... yo... me dio un ataque de _____,[10] que empecé a _____[11] y llorar. Pero lo más cómico es que la amiga que nos invitó... este... era así como _____[12] a mis papás y verme y... y de repente me tomaba del _____[13] y me decía: "Está bien, acepta a Cristo en tu _____[14]". Y yo con una bola de ideas aquí que decía, es que me encanta lo que dicen pero me tienen... que me vienen a _____[15] de lo que soy, cosa que no se puede curar.»

Gramática

EL PRETÉRITO Y EL IMPERFECTO

A. La niñez. Conjuga el verbo en la forma apropiada del imperfecto. Luego, indica si cada oración sobre la niñez se te aplica o no.

Cuando yo era niño/a...

	SÍ	NO
1. ... yo _____ (**practicar**) un deporte.	☐	☐
2. ... yo _____ (**andar**) en bicicleta por todos lados.	☐	☐
3. ... mi familia y yo _____ (**mudarse**) frecuentemente.	☐	☐
4. ... mi hermano _____ (**hacer**) muchas travesuras.	☐	☐
5. ... yo _____ (**ir**) a un campamento de verano.	☐	☐
6. ... yo les _____ (**obedecer**) a mis padres.	☐	☐
7. ... mis padres me _____ (**dar**) una mensualidad (*allowance*) para mis gastos.	☐	☐
8. ... yo _____ (**jugar**) a los videojuegos.	☐	☐

B. La mejor opción. Escoge la forma del verbo que complete mejor cada oración.

1. Como el cliente gritaba, la consejera _____ su oficina. No soporta este tipo de comportamiento.
   a. sale de   **b.** llegó a   **c.** salió de   **d.** llegaba a

2. La mujer _____ casi todo el día porque su pareja la dejó sin decir nada.
   a. enseñó   **b.** tenía   **c.** se da cuenta   **d.** lloró

3. El psicólogo _____ al alcohólico por medio del hipnotismo. Este no ha tomado ninguna bebida alcohólica en tres años.
   a. curaba   **b.** decía   **c.** curó   **d.** agarró

4. Los amigos de la drogadicta _____ ayudarla, pero, por no ser profesionales, no sabían cómo tratar la situación.
   a. curaban   **b.** intentaron   **c.** veía   **d.** lloraron

5. Hace cinco años, ella _____ por la calle cuando alguien le robó todo.
   a. caminó   **b.** hablaban   **c.** pasó   **d.** andaba

6. Hoy la sociedad es más tolerante que antes. Hace cincuenta años la sociedad _____ la homosexualidad con mucha más indignación.
   a. veía   **b.** aceptaban   **c.** consideró   **d.** pensaron en

C. Una nueva amistad. Completa el siguiente párrafo con la forma correcta de uno de los verbos entre paréntesis.

Yo (**tenía/tuve**)[1] 12 años cuando mi familia decidió mudarse a otra ciudad. Cuando (**supe/sabía**)[2] la noticia, me acuerdo que (**me sentí/me sentía**)[3] muy enojada por tener que cambiar de escuela y dejar a todos mis amigos. El primer día de clase, mientras mi hermana y yo (**esperamos/esperábamos**)[4] en la parada del autobús, una muchacha muy amable se (**sentó/sentaba**)[5] a nuestro lado. Ella (**estuvo/estaba**)[6] en el mismo grado que yo, y por nuestra plática, nosotras (**descubrimos/descubríamos**)[7] que teníamos tres clases juntas. El resto del día no (**fue/era**)[8] tan malo, gracias a mi nueva amistad.

D. Mi fe en el amor. Escoge el verbo más apropiado y conjúgalo en el pretérito o el imperfecto, según el contexto del párrafo.

En mi niñez, yo _____ (**ser/adaptar**)[1] un chico típico con una familia

bastante normal. Pero cuando yo _____ (**crecer/tener**)[2] 10 años, las cosas

_____ (**conseguir/empezar**)[3] a cambiar. Mis padres se peleaban mucho y al fin,

mi papá nos _____ (**dejar/volver**)[4] a mí y a mi mamá sin avisarnos. Yo nunca

_____ (**brindar/perdonar**)[5] a mi papá y al ver el fracaso de la relación de mis

padres, yo perdí la fe en el amor.

    Pero un día, yo _____ (**encontrar/conocer**)[6] a una chica que

_____ (**agarrar/estudiar**)[7] en mi universidad. Aunque me preocupaba el hecho de

tener una relación amorosa, _____ (*nosotros:* **terminar/empezar**)[8] a salir[a] y, con

el paso de los años, nuestra relación se desarrolló y finalmente decidí pedirle que se casara con-

migo. Una noche, mientras nosotros _____ (**caminar/habitar**)[9] por las calles, me

puse de rodillas y antes de decirle nada, ella _____ (**pensar/gritar**)[10] «¡Sí!» Yo

mismo no podía creer que había encontrado el amor verdadero a pesar de haber perdido[b] la fe en

el amor cuando era niño.

[a]*to date*   [b]*a... despite having lost*

Así lo veo III **en resumen.** Completa el resumen de **Así lo veo III** con palabras de la lista. Usa la forma correcta de los sustantivos y adjetivos y conjuga los verbos cuando sea necesario. Los verbos se utilizan en el pretérito y el imperfecto. **¡OJO!** Algunas palabras no se usan.

VERBOS		SUSTANTIVOS	ADJETIVOS
aceptar	llorar	corazón	maravilloso
creer	necesitar	crisis	
curar	pensar	homosexualidad	
decir	poder	problemas	
describir	recordar		

En **Así lo veo III,** Gustavo nos habló de la experiencia que tuvo hace muchos años con una de sus parejas pasadas y la crisis que vivió durante ese tiempo. Gustavo nos contó[a] que sus padres trataron de ayudarlo a resolver sus _____[1] a través de ideas cristianas. Gustavo _____[2] esas ideas como _____,[3] pero dijo también que de repente esas mismas pláticas lo hicieron llorar cuando _____[4] que sus padres lo habían llevado allí para curarlo de su homosexualidad. Gustavo también no dijo que en esos momentos él _____,[5] mientras la amiga de sus padres le _____[6] que debía aceptar a Cristo en su _____.[7] Él solamente _____[8] en que intentaban curarle de algo que no _____[9] cura. Al final, parece que Gustavo _____[10] su homosexualidad como parte de su ser mientras su familia _____[11] que era algo que se _____[12] cambiar.

[a]nos... *told us*

Así lo veo yo preparación

Esta hoja te va a ayudar a organizar tus ideas para la composición que vas a escribir sobre el siguiente tema: ¿Cómo puede cambiar una persona y qué puede cambiar? Sigue las instrucciones de cada uno de los **pasos** para completar el siguiente esquema. Luego, lleva esta hoja a la clase para escribir la composición.

Paso 1: La organización Cada uno de los párrafos de tu composición va a tener una idea principal. Escríbela en el cuadro apropiado. Si vas a escribir sólo dos párrafos, está bien. Si escribes más de tres, puedes usar una hoja más de papel. ¿Qué ideas secundarias o ejemplos te ayudan a apoyar o demostrar estas ideas? Apunta tres ideas o ejemplos en el esquema. ¿Mencionan nuestros amigos algunas ideas en el vídeo que puedes incluir en tu composición?

Paso 2: El vocabulario Repasa las secciones de vocabulario en el libro de texto y apunta las palabras o expresiones que quieres incluir para el argumento principal y las ideas que apoyan tu argumento.

Paso 3: La gramática Repasa las secciones de gramática y escribe dos oraciones con el presente perfecto (o con otras de las estructuras de esta lección) como ejemplos para incluir en la composición.

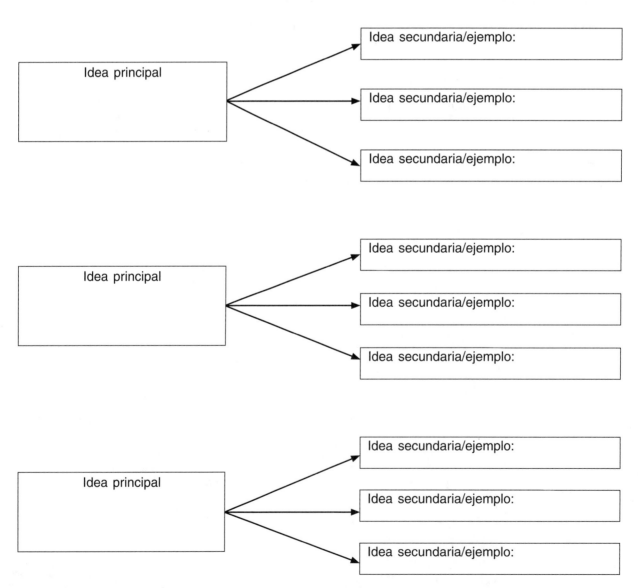

LECCIÓN 3

¿Qué es una familia?

¿Qué es una familia «típica»? ¿Y una familia tradicional?

Objetivos

En esta lección vas a seguir:

- practicando el vocabulario relacionado con la familia
- usando el subjuntivo
- escuchando lo que dicen nuestros amigos sobre lo que es una familia y la importancia que tiene en la vida de ellos

Antes de comenzar

Las siguientes oraciones son de la introducción de esta lección. Léelas y luego, escucha la introducción, poniendo cada oración en el orden correcto.

a. _____ Para algunos, la familia consiste en la mamá, el papá, quizás hermanos, los abuelos y otros parientes.

b. _____ Para ti, ¿qué es una familia? ¿Qué representa y qué papel desempeña en tu vida?

c. _____ Todos venimos de algún lugar.

d. _____ Somos mexicanos de Oaxaca, somos japoneses de Tokio o somos norteamericanos de Texas.

e. _____ Para ellos, esta familia puede ser algo importante en la vida —no sólo durante la niñez sino también durante toda la vida.

ASÍ LO VEO I

Vocabulario del vídeo

A. Asociaciones. Empareja cada palabra o expresión con la definición más apropiada.

1. _____ proteger
2. _____ la conducta
3. _____ tratar de
4. _____ valer
5. _____ la ley
6. _____ la actitud
7. _____ la pareja
8. _____ el matrimonio
9. _____ unir

a. intentar algo
b. tener un precio
c. defender algo
d. la unión oficial entre dos personas
e. el comportamiento
f. juntar dos o más cosas
g. regla establecida por el gobierno
h. la disposición de una persona hacia algo en particular
i. un compañero (una compañera)

B. En una familia. Indica si cada situación describe a una familia que se lleva bien (**B**) o a una que se lleva mal (**M**).

	B	M
1. El hermano mayor siempre está molestando a sus hermanos menores.	☐	☐
2. Los padrinos tratan de llevar a sus ahijados al parque todos los sábados para que los padres puedan tomar un descanso.	☐	☐
3. Los hijos siempre obedecen (*obey*) las reglas que establecen los padres.	☐	☐
4. Cuando una de las hijas trae a la casa de sus padres a su pareja, estos tratan de avergonzarlo (*embarrass him*) para que la deje.	☐	☐
5. Los gemelos de la familia ayudan a limpiar su cuarto antes de salir a jugar.	☐	☐
6. Entre ellos, todos se valoran y se quieren.	☐	☐
7. La hermana mayor protege a sus hermanitos menores.	☐	☐
8. Los primos rompen todas las reglas de la casa de sus tíos.	☐	☐

C. Dentro de una comunidad. Completa las siguientes oraciones con las palabras o frases apropiadas de la lista de vocabulario. **¡OJO!** No se usan todas las palabras.

casarse
conducta
ley
nacer
pareja
proteger
regla
sociedad

En la _____[1] hay muchos tipos de relaciones entre las personas y cada una de esas

relaciones es especial. Por ejemplo, hay personas que viven solas y otras que viven con alguien

como _____.[2] Normalmente, cuando dos personas quieren vivir juntas por el resto de su

vida, deciden _____.[3] Este tipo de unión es validado por la _____[4] que establece

el gobierno local. Dentro de este sistema, hay una _____[5] para cada comportamiento[a] que

el gobierno trata de regular. Si la _____[6] de los miembros de la comunidad no es apropiada,

pueden ser castigados.[b] Es importante _____[7] los derechos de todos los ciudadanos para

poder disfrutar de una comunidad tranquila y productiva.

[a]*behavior* [b]*punished*

D. Palabras engañosas: *fruto/fruta.* Escoge la mejor palabra para completar cada oración.

1. Vimos (**el fruto / la fruta**) de los esfuerzos de mi padre cuando le dieron una promoción en el trabajo.

2. El jugo de (**fruto/fruta**) que sirven en el restaurante es delicioso.

3. Al sobrino del vecino no le gusta comer (**el fruto / la fruta**) que viene del peral.

4. Cuando me gradué en la universidad, enmarqué (*framed*) mi diploma, (**fruto/fruta**) de mis años de estudio.

5. El maracuyá es algo que se come en varios países latinoamericanos; también se conoce como (**fruto/fruta**) de la pasión.

6. Cuando terminamos con nuestro trabajo, fuimos a celebrar (**el fruto / la fruta**) de muchas semanas con unos licuados (*smoothies*) de (**fruto/fruta**).

Nuestros amigos hablan. Escucha otra vez lo que dice Ruth en **Así lo veo I** y escribe las palabras que utiliza.

«Una familia es el _____[1] de un _____.[2] Es el fruto del amor, de una

_____.[3] Porque tú te casas, y te casas muy enamorado. Posteriormente, pues, en la

_____[4] familiar cuando _____,[5] eh... eh... Dios _____[6] al

hombre y la mujer para tener familia, para tener... para formar hijos. Entonces, vas formando tu

familia conforme van _____[7] tus hijos. Se van formando un grupo, una

_____[8] en una casa. Es una _____,[9] una familia, porque tenemos el

papá, la mamá y los hijitos. Entonces, _____[10] esa sociedad hay _____,[11]

hay _____[12] y, y van creciendo y vamos formando, pues, una sociedad más grande.

_____,[13] una familia es el fruto de un matrimonio, de un amor, ¿no? Ay, eso para mí

es una familia. Entonces en mi familia es mucho muy importante porque para una madre los hijos,

pues, valen mucho. _____[14] como _____,[15] _____[16]

donde _____,[17] eh, tengan _____[18] que tengan, _____[19]

que tengan, siempre una madre va a _____[20] a un hijo. _____[21] que,

siempre _____[22] llevarlos por un buen camino, ¿no? Y la importancia de... de la familia

nos es número uno aquí, en esta persona que soy yo.»

Gramática

INTRODUCCIÓN AL PRESENTE DE SUBJUNTIVO

A. Mi familia. Completa el siguiente párrafo, con la forma correcta de uno de los verbos entre paréntesis.

Mi familia vive en San Juan, Puerto Rico. Somos una familia muy unida y nos valoramos mucho. Mi hermana (**es/sea**)[1] muy inteligente. Estudia medicina en la universidad y un día va a ser doctora. Espero que entonces (**tiene/tenga**)[2] un buen trabajo y (**ayudar/ayude**)[3] a muchos niños enfermos de familias de pocos recursos.[a] Incluso, durante la escuela secundaria, mi hermana fue siempre muy estudiosa. Mi hermano también es muy inteligente, pero a él le (**gusta/guste**)[4] más jugar con la computadora. Ojalá que se (**pone/ponga**)[5] a trabajar pronto, porque si no, mi papá se va a enojar mucho. Mis hermanos y yo nos llevamos muy bien y siempre nos (**ayudamos/ayudemos**)[6] mutuamente. Mis papás nos educaron bien y esperan que (**somos/seamos**)[7] buenos miembros de la comunidad. Es importante que nos (**protegemos/protejamos**)[8] porque así podemos (**estar/esté**)[9] más unidos.

[a]*resources*

B. A mi hermanito lo quiero mucho. Para cada situación, escoge la mejor respuesta que demuestre que el hermano (la hermana) mayor lo quiere mucho.

Mi hermanito...

1. ... quiere ir a jugar al parque.
   a. Él espera que yo vaya con él.   b. Él espera que yo no le ponga atención.

2. ... y sus amigos quieren que yo los lleve al cine a ver una película.
   a. Ojalá que el coche no funcione para que no lleguemos a tiempo.
   b. Ojalá que el coche funcione para poder llegar a tiempo.

3. ... quiere que yo lo ayude en su tarea para mañana.
   a. Espero que no tarde mucho para que yo pueda volver a mis cosas.
   b. Espero que no sea muy difícil para que yo pueda explicarle el problema.

4. ... se pone triste cuando nadie quiere jugar con él.
   a. Es necesario que yo juegue con él.   b. Es necesario que yo le ponga una película.

5. ... y mis padres quieren que yo vaya con ellos de vacaciones la próxima semana.
   a. Ojalá que mis amigos quieran hacer algo para no tener que pasar un tiempo con mi familia.
   b. Ojalá que mis amigos entiendan que tengo que pasar un tiempo con mi familia.

6. ... está muy triste.
   a. Es importante que él se sienta triste.   b. Es importante que él se sienta querido.

7. ... quiere adoptar un perro.
   a. Espero que podamos ir a jugar al parque con él.
   b. Espero que no tengamos que ir a jugar al parque con él.

8. ... se siente enfermo.
   a. Ojalá que yo no me enferme después.   b. Ojalá que se cure pronto.

C. Una pareja ejemplar. Completa cada oración con la forma correcta del subjuntivo del verbo entre paréntesis más apropiado. Después indica si en tu opinión es un ejemplo de una pareja ejemplar (**Sí**) o no (**No**).

Uno quiere que...

	SÍ	NO
1. ... el otro siempre _____ (**sacar/proteger**) la basura todos los días.	☐	☐
2. ... el otro _____ (**jugar/ver**) mucha televisión después de cenar.	☐	☐
3. ... el otro nunca _____ (**castigar/salir**) con sus amigos.	☐	☐
4. ... los dos _____ (**ir/comer**) juntos al cine todos los viernes.	☐	☐
5. ... el otro _____ (**ser/estar**) feliz en la vida.	☐	☐
6. ... los dos _____ (**ser/estar**) juntos para siempre.	☐	☐
7. ... el otro _____ (**proteger/olvidar**) a su familia en una emergencia.	☐	☐
8. ... el otro nunca _____ (**sentarse/olvidarse**) de su aniversario.	☐	☐

Así lo veo I en resumen. Completa el resumen de **Así lo veo I** con palabras de la lista. Usa la forma correcta de los sustantivos y conjuga los verbos cuando sea necesario. Los verbos se utilizan en el indicativo, el subjuntivo y el infinitivo. **¡OJO!** Algunas palabras no se usan.

VERBOS		SUSTANTIVOS	
casar	tener	conducta	matrimonio
formar	tratar	fruto	sociedad
hay	trabajar	pareja	
proteger	unir		
ser	valer		

En **Así lo veo I,** Ruth nos da la definición de la familia. Dice que es el _____[1] de un _____.[2] Esta familia es formada por una _____[3] de dos personas, específicamente un hombre y una mujer. Según ella es muy importante estar enamorado cuando uno se _____.[4] En su opinión, Dios unió a una mujer y a un hombre para que formaran una familia. La familia debe _____[5] una _____[6] con un padre, una madre e hijos. Dentro de esta sociedad, _____[7] reglas y leyes para que la sociedad se haga más grande. Además, los hijos _____[8] mucho para una madre. Para la madre, sean como _____[9] o trabajen donde _____,[10] su trabajo más importante es defender y _____[11] a los hijos. Si van a tener buena _____,[12] la madre necesita _____[13] de llevarlos por buen camino.

ASÍ LO VEO II

Vocabulario del vídeo

A. Asociaciones. Empareja cada palabra o expresión con la definición más apropiada.

1. _____ la crisis
2. _____ aparecer
3. _____ lograr
4. _____ volverse
5. _____ los jóvenes
6. _____ el lazo
7. _____ desapegarse
8. _____ avanzar
9. _____ el consejo

a. adelantar, mover hacia adelante
b. hacerse una cosa en otra diferente
c. opinión, advertencia que una persona hace a otra
d. una conexión entre dos o más personas
e. una emergencia o problema urgente
f. separarse de algo o de alguien
g. conseguir hacer algo o realizar alguna meta (*goal*)
h. hacer presencia en algún lugar
i. adolescentes o personas de poca edad

B. La influencia de una familia. Completa las siguientes oraciones con las palabras o frases apropiadas de la lista a continuación.

a través de   amistad   ancianos   consejos   consulte con   crisis   desapegarse   lazos

1. Para muchas personas, la _____ es tan importante como la familia, ya que los amigos a veces son como miembros de una familia.

2. Si existe una fuerte conexión entre los miembros de la familia, se puede decir que la familia tiene _____ muy fuertes.

3. Es normal que los _____ de una familia les den muchos _____ a los demás miembros de la familia.

4. Cuando la relación entre padre e hijo es fuerte, es muy probable que el hijo _____ su padre cuando necesite consejo o ayuda.

5. Cuando un hermano empieza a discutir con otro miembro de la familia, puede ser el principio de una _____ familiar.

6. Para que los jóvenes de la familia se hagan independientes, los padres deben empezar a _____ de ellos poco a poco.

7. _____ los años, el núcleo de la familia y de los amigos crece y se hace más fuerte.

C. Palabras engañosas: *funcionar/servir/trabajar.* Escoge la palabra correcta para completar cada oración.

1. Para mantener a una familia, el padre y/o la madre tienen que (**servir/trabajar**) mucho.

2. El consejo que los padres dan a sus hijos (**trabaja/sirve**) para educarlos y para que sean miembros buenos de la sociedad.

3. La familia tiene que contar con lazos fuertes para que (**funcione/sirva**) bien el núcleo familiar.

4. No creo que los castigos (*punishments*) físicos (**trabajen/sirvan**) para educar a los hijos.

5. Cuando los hijos no (**sirven/trabajan**), no logran sus metas.

6. Cuando la relación entre los padres no (**funciona/trabaja**), es posible que estos se separen.

7. Cuando los hijos son muy jóvenes, a veces piensan que ellos no (**sirven/funcionan**) para nada, pero en realidad, son una parte importante de la unidad familiar.

Nuestros amigos hablan.

Paso 1 A continuación hay unas ideas de Gustavo de **Así lo veo II.** Ordena los segmentos de cada idea lógicamente.

1. cuando hacen los momentos malos / porque es cuando / a veces / lo necesitas / se nos hace más patente

    _____

    _____

2. muchas veces / tu propia personalidad / y tu propio núcleo / no te logras desapegar / para hacer / de tu familia de origen

    _____

    _____

3. debería de hablarle / un poco más / como yo o mi hermano / siempre sabemos / pero tanto ella / que estamos ahí

    _____

    _____

4. la misma influencia / en su momento / debería tener / tuvo tu familia de origen / que

    _____

    _____

5. de donde / la familia es / y tomaste todo / tú mamaste tu educación / tu núcleo

    _____

    _____

Paso 2 Ahora, pon las ideas del **Paso 1** en el orden en que las expresa Gustavo. Luego, escucha **Así lo veo II** para verificar si apuntaste bien sus ideas y si las tienes en el orden correcto.

_____   _____   _____   _____   _____

Gramática

EL SUBJUNTIVO CON ANTECEDENTES INDEFINIDOS O NO EXISTENTES

A. Completa la oración. Completa cada oración con la opción más apropiada.

1. Una familia necesita miembros que...
   a. tienen lazos fuertes que los unen.   **b.** tengan lazos fuertes que los unan.

2. Un buen padre debe ser uno que...
   a. se preocupe por el bienestar (*well-being*) de su familia.
   b. se preocupa por el bienestar de su familia.

3. Tengo una pareja que...
   a. me entiende.   **b.** me entienda.

4. Una persona madura (*mature*) busca una pareja con la que...
   a. puede contar.   **b.** pueda contar.

5. A veces, una familia busca una mascota que...
   a. les haga compañía a los niños.   **b.** les hace compañía a los niños.

6. En una familia, los hijos necesitan buenos modelos que...
   a. puedan imitar.   **b.** pueden imitar.

B. En mi familia. Completa cada oración con el verbo correcto en el subjuntivo o el indicativo. Después, indica si la frase es cierta (**C**) o falsa (**F**) según lo que pasa en tu propia vida.

En mi familia...

		C	F
1.	... tengo un hermano que me _____ (**llamar/tomar**) todos los días por teléfono.	☐	☐
2.	... no tengo ningún tío que _____ (**saber/conocer**) muchos países del mundo.	☐	☐
3.	... no hay ninguna persona que _____ (**jugar/correr**) baloncesto conmigo.	☐	☐
4.	... hay cuatro personas que _____ (**lograr/estudiar**) en la universidad.	☐	☐
5.	... tengo padres que _____ (**poder/estar**) separados.	☐	☐
6.	... no hay una mascota que _____ (**andar/tener**) por la casa.	☐	☐
7.	... siempre hay alguien que _____ (**estar/tomar**) viendo la televisión.	☐	☐
8.	... a veces hay un primo (una prima) que _____ (**quedarse/desapegarse**) a cenar con nosotros.	☐	☐

C. Consejo para mi hermana menor. Completa el siguiente diálogo entre Juan y Fernanda. Escoge el verbo más apropiado y conjúgalo en el subjuntivo o indicativo.

JUAN: ¡Hola, Fernanda! ¿Qué tal?

FERNANDA: ¡Hola, Juan! Bien, aunque un poco triste porque en esta ciudad no parece haber ni una

persona que _____[1] (**ser/estar**) de confiar.

JUAN: ¿Por qué dices eso?

FERNANDA: Bueno, creo que voy a terminar^a con mi novio porque él nunca me _____² (**volvers/tratars**) bien. Quiero encontrar a alguien que me _____³ (**querer/comprar**) y siempre me trate bien.

JUAN: No te preocupes, hermanita. Yo te voy a ayudar a encontrar a alguien que _____⁴ (**ser/ver**) un verdadero caballero.

FERNANDA: Gracias, hermano. Tú siempre sabes qué decir cuando me siento mal.

JUAN: Si quieres podemos ir a tomar un café para hablar. ¿Quieres ir al café que _____⁵ (**estar/aparecer**) en el centro?

FERNANDA: Prefiero no ir al centro por si veo a mi novio. ¿No hay un lugar que _____⁶ (**lograr/ser**) más íntimo?

JUAN: ¡Sí! Hay un pequeño café nuevo en la plaza, que _____⁷ (**tener/estar**) un patio muy privado y sirve un café estupendo. ¡Vamos!

^a*break up*

***Así lo veo II* en resumen.** Completa el resumen de **Así lo veo II** con palabras de la lista. Usa la forma correcta de los sustantivos y adjetivos y conjuga los verbos cuando sea necesario. Los verbos se utilizan en el indicativo, el subjuntivo y el infinitivo. **¡OJO!** Algunas palabras no se usan.

VERBOS			SUSTANTIVOS	
apoyar	hacer	separar	amistades	lazos
avanzar	lograr	ser	consejos	núcleo
contar con	poder	tener	crisis	
hablar				

En **Así lo veo II,** Gustavo habló sobre el núcleo familiar. Además de tener _____¹ fuertes con los miembros de la familia, es posible establecer un núcleo con _____,² es decir, con muchos amigos. Para Gustavo, su familia biológica es muy importante, pero él busca amigos que _____³ formar parte de su nueva familia. Estos amigos deben tener la misma influencia que tienen los miembros de su familia. Con este núcleo de gente, es posible _____⁴ mucho más y _____⁵ su propia familia, su propia vida. Gustavo tiene una familia que lo _____⁶ en cualquier crisis que él _____⁷ que enfrentar. Él no quiere amigos que se _____⁸ de él cuando surge un problema. Ahora, con su nueva familia, Gustavo tiene a quien pedirle _____⁹ en los momentos buenos y malos. Gustavo no es alguien que _____¹⁰ con su mamá con frecuencia aunque sí quiere mucho a su mamá y hermano. Él sabe que tiene que hablar con ellos más, pero también sabe que en cualquier momento y en cualquier circunstancia puede _____¹¹ ellos. En la opinión de Gustavo, una persona que _____¹² formar una nueva familia y desapegarse de su familia nuclear, pero que al mismo tiempo mantenga lazos muy unidos con ellos, será muy feliz.

ASÍ LO VEO III

Vocabulario del vídeo

A. Asociaciones. Empareja cada palabra o expresión con la definición más apropiada.

1. _____ honesto
2. _____ sentirse
3. _____ romper
4. _____ la razón
5. _____ libre
6. _____ volver con
7. _____ hartar
8. _____ identificar

a. cansar o fastidiar
b. hacer pedazos o quebrar (*to snap*) algo
c. la habilidad de una persona de pensar
d. se aplica a una persona que puede hacer lo que quiere
e. experimentar una sensación o una impresión
f. honrado, íntegro
g. reconocer que una persona o cosa es la misma que uno busca; solidarizarse
h. reanudar (*renew*) o continuar relaciones con una pareja

B. Una familia unida. Escoge la palabra correcta para completar cada oración.

1. En mi familia _____ muy unidos.
   a. nos identificamos   **b.** nos sentimos   **c.** nos transmitimos

2. Mi hermana mayor nunca me _____ con sus quejas porque es muy considerada.
   a. harta   **b.** rompe   **c.** transmite

3. A pesar de que no siempre _____ toda la razón, mis padres siempre me empujan a que sea la mejor persona posible.
   a. rompo   **b.** tengo   **c.** siento

4. Tengo cuatro hermanos con los que me puedo _____ fácilmente.
   a. sentir   **b.** transmitir   **c.** identificar

5. A veces tenemos juegos pesados (*rough*) y de vez en cuando _____ algo en la casa.
   a. rompemos   **b.** transmitimos   **c.** volvemos a

6. Mis padres se molestan un poco con nosotros, pero si somos _____, nos perdonan muchas veces.
   a. libres   **b.** honestos   **c.** razonables

7. A través de los años, hemos tenido momentos malos y buenos, pero lo importante es que ahora estamos _____.
   a. más limpios que nunca   **b.** más unidos que nunca   **c.** más hartos que nunca

C. El maravilloso verbo *volver*. Completa el siguiente párrafo con la forma correcta de **volver (con) (a)**, **devolver** o **volverse** entre paréntesis.

El domingo pasado, fui de compras con mi prima al centro comercial. Quería comprar un regalo de cumpleaños especial para mi mamá. Primero, entramos a una tienda de ropa para mujeres, y luego fuimos a otras seis tiendas que vendían muchas cosas para mujeres. ¡No podíamos encontrar nada! Finalmente, (**volvimos a / volvimos con**)[1] la primera tienda para comprar un vestido rosado que habíamos visto. Compré el vestido y un bolso blanco muy bonito. Teníamos mucha hambre y entramos a uno de los restaurantes para comer y platicar. Mi prima me empezó a contar sobre su relación con su novio. Después de haber roto[a] con él, ahora mi prima había decidido (**volver a / volver con**)[2] él. Le pregunté por qué había roto con él y ella me dijo que él (**devolvió / se había vuelto**)[3] loco cuando se enteró de que ella estaba pensando (**volver a / volver con**)[4] California. En California, mi prima quería (**volver a / volver con**)[5] empezar sus estudios de biología marina. Sin embargo, cuando ella se dio cuenta de que estaba muy enamorada de su novio, decidió empezar una nueva vida con él. Es claro que mi prima está (**volviéndose / volviendo**)[6] una romántica. Cuando terminamos de comer, me di cuenta de que el bolso que había comprado estaba roto. Decidimos regresar a la tienda para (**volver / devolver**)[7] el bolso defectuosa. Después de un día muy largo en el centro comercial, mi prima y yo (**volvimos a / volvimos con**)[8] casa para darle a mi mamá su vestido nuevo.

[a]haber... *having broken up*

D. Palabras engañosas: *gratis/libre*. Indica si cada descripción es un ejemplo de algo o alguien gratis (**G**) o libre (**L**).

		G	L
1.	Vas a un café con tu mamá y le preguntas a la camarera si la mesa en el patio está desocupada.	☐	☐
2.	Cuando sales del café, te das cuenta de que el mesero no cobró uno de los cafés.	☐	☐
3.	En casa, tus hermanos hacen lo que quieren.	☐	☐
4.	Mientras limpiabas su casa, el perro se escapó del jardín.	☐	☐
5.	Tu hermano mayor te dio su chaqueta (*jacket*) de piel que ya no le queda bien.	☐	☐
	... cuatro entradas para el concierto de rock el sábado.	☐	☐
	...casa y siempre hay alguien en el baño. Hay que ... nadie usándolo.	☐	☐

🎧 **Nuestros amigos hablan.** Escucha lo que dice Ernesto en **Así lo veo III** otra vez y luego indica si él diría las siguientes frases (**Sí**) o no (**No**).

	SÍ	NO

1. Me siento muy libre cuando estoy con mi familia porque me conocen mejor que nadie. ☐ ☐

2. Yo me identifico con mi familia. ☐ ☐

3. En una familia, es casi imposible que se transmita paz y tranquilidad. ☐ ☐

4. Es muy importante que uno les hable de su familia a los demás. ☐ ☐

5. Me harto de pasar tanto tiempo con mi familia. ☐ ☐

6. Cuando tengo algún problema, es más fácil hablar con mis amigos que con mi familia. ☐ ☐

7. La relación de una familia es fuerte cuando se sienten juntos a pesar de estar separados por la distancia. ☐ ☐

8. A veces, la gente me dice que no hablo suficiente de mi familia. ☐ ☐

Gramática

EL SUBJUNTIVO DESPUÉS DE EXPRESIONES IMPERSONALES CON *SER*

A. Una familia unida. Mira cada dibujo e indica cuál es la recomendación más apropiada para los miembros de la familia para demostrar que son una familia unida.

1. ____
   a. Es preferible que la hermana mayor comparta el baño con su hermanita.
   b. Es preferible que la hermana mayor no haga caso de su hermanita y no la deje entrar al baño.
   c. Es preferible que la hermana mayor cierre la puerta para tener privacidad.

2. ____
   a. Es importante que los hermanos sean mentirosos y digan que el perro rompió la lámpara.
   b. Es importante que los hermanos sean inteligentes y corran lejos de la lámpara.
   c. Es importante que los hermanos sean honestos y digan que estaban jugando demasiado cerca (*too close*) de la lámpara.

3. _____

    a. Es preciso que el hijo le hable a su padre de la ensalada.

    b. Es preciso que el hijo le pase a su padre la ensalada.

    c. Es preciso que el hijo le quite la ensalada a su padre.

4. _____

    a. Es importante que el nieto mire la televisión con su abuelita.

    b. Es importante que el nieto vaya a jugar con sus hermanos.

    c. Es importante que el nieto intente librarse de su abuelita.

5. _____

    a. Es deseable que el hermano camine más rápido para que su hermanita no lo vea.

    b. Es deseable que el hermano entre en la habitación para hablar con su hermanita.

    c. Es deseable que el hermano entre en la habitación para reírse de su hermanita.

6. _____

    a. Es preferible que los hermanos sigan jugando afuera para no tener que hablar con la madre.

    b. Es preferible que los hermanos entren con mucho ruido y pregunten qué hay de comer. molestar a su madre.

    c. Es preferible que los hermanos entren con cuidado y vayan a ver si la madre se siente bien.

7. _____

    a. Es recomendable que la madre se quede dentro de la casa en el aire acondicionado.

    b. Es recomendable que la madre limpie la casa por dentro.

    c. Es recomendable que la madre les lleve agua al esposo y al hijo.

B. Un chico pesimista. Completa el párrafo escogiendo la palabra más apropiada en el subjuntivo.

Soy un chico con muchas dudas sobre la vida y sobre mi futuro. A pesar de que[a] he tenido una vida familiar muy buena, no sé cómo va a ser mi propia vida familiar. Mi mamá me ha dicho siempre que un día voy a formar mi propia familia, pero yo dudo que (**encuentre/vea**)[1] a mi pareja ideal. Es posible que nunca (**dé/salga**)[2] con gente de mi edad que me quiera por la persona que soy. No me gusta relacionarme con otras personas, entonces es probable que no (**haga/vaya**)[3] a muchos lugares públicos. Si un día logro encontrar una pareja que me aguante, es muy dudable que (**tengamos/llevemos**)[4] hijos propios. Es increíble que algunas parejas (**tengan/encuentren**)[5] hijos cuando se acaban de casar. Es posible que (**hagamos/adoptemos**)[6] un perro o un gato en nuestros primeros años de casados, pero es dudable que (**veamos/compremos**)[7] una casa grande porque me gusta vivir en un apartamento. Pero nada de esto importa porque es muy dudable que (**lleve/conozca**)[8] a la persona perfecta para mí y es mucho menos probable que (**establezca/encuentre**)[9] mi propia familia.

[a]A... *Even though*

C. En mi opinión. Completa las siguientes oraciones con la forma correcta del verbo más apropiado. Después, indica si la oración es cierta (**C**) o falsa (**F**) en tu opinión.

En una familia unida...

		C	F
1.	... es bueno que los hermanos _____ (**molestarse/tomarse**).	☐	☐
2.	... es mejor que los padres nunca _____ (**estar/comprar**) en casa.	☐	☐
3.	... es extraño que los primos _____ (**ser/visitar**) la casa de sus tíos todos los fines de semana.	☐	☐
4.	... es triste que los padres no _____ (**hablar/apoyar**) con sus hijos sobre temas importantes.	☐	☐
5.	... es mejor que el hijo _____ (**pelearse/jugar**) sólo con sus hermanos para no molestar a los padres.	☐	☐
6.	... es malo que no _____ (**haber/llevar**) una mascota con la cual jugar.	☐	☐
7.	... es bueno que un padre _____ (**transmitir/hablar**) buenos sentimientos a sus hijos.	☐	☐
8.	... es extraño que los hijos _____ (**estar/ser**) honestos con sus padres.	☐	☐

Así lo veo III **en resumen.** Completa el resumen de **Así lo veo III** con palabras de la lista. Usa la forma correcta de los sustantivos y adjetivos y conjuga los verbos cuando sea necesario. Los verbos se utilizan en el indicativo y el subjuntivo. **¡OJO!** Algunas palabras se usan más de una vez y otras no se usan.

VERBOS		SUSTANTIVOS	OTRAS PALABRAS
aconsejar	sentirse	uso de razón	más
estar	tener		que nunca
hartar	transmitir	ADJETIVOS	
identificar	vivir	honesto	
romper	volver	libre	

En **Así lo veo III,** Ernesto habló de su familia y piensa que a veces habla demasiado de su

familia. Es posible que la gente se _____[1] o se _____[2] loca cuando

escuche hablar a Ernesto sobre su familia, pero para él la familia es lo más importante. Gracias a

su familia, Ernesto se siente más libre _____,[3] más _____[4] que

nunca. Desde que tuvo _____,[5] Ernesto ha podido definir quién es él y eso le hace

a una persona muy fuerte. La familia, para él, es el puntito que lo _____[6] a uno

como un ser humano. Cuando habla de su familia, Ernesto _____[7] un verdadero

cariño y respeto por ellos. Es evidente que él confía plenamente en lo que su familia piensa y

hace. Es probable que su familia lo _____[8] cuando tiene cualquier problema. Por

ejemplo, si Ernesto _____[9] con su pareja, su familia lo consuela y lo anima.[a] Dice

que aún en la distancia, se siente unido a su familia y es imposible que _____[10] sin

ellos. De acuerdo a él, los lazos fuertes son imposibles de romper. Es muy probable que él siempre

_____[11] conectado con ellos. Si uno quiere tener una relación familiar como la de

Ernesto, es recomendable que uno _____[12] a los miembros de su familia lo que siente.

[a]lo... *cheer him up*

Así lo veo yo preparación

Esta hoja te va a ayudar a organizar tus ideas para la composición que vas a escribir sobre el siguiente tema: La familia y su importancia en tu vida. Sigue las instrucciones de cada uno de los **pasos** para completar el siguiente esquema. Luego, lleva esta hoja a la clase para escribir la composición.

Paso 1: La organización Cada uno de los párrafos de tu composición va a tener una idea principal. Escríbela en el cuadro apropiado. Si vas a escribir sólo dos párrafos, está bien. Si escribes más de tres, puedes usar una hoja más de papel. ¿Qué ideas secundarias o ejemplos te ayudan a apoyar o demostrar estas ideas? Apunta tres ideas o ejemplos en el esquema. ¿Mencionan nuestros amigos algunas ideas en el vídeo que puedes incluir en tu composición?

Paso 2: El vocabulario Repasa las secciones de vocabulario en el libro de texto y apunta las palabras o expresiones que quieres incluir para el argumento principal y las ideas que apoyan tu argumento.

Paso 3: La gramática Repasa las secciones de gramática y escribe dos oraciones con el subjuntivo como ejemplos de lo que puedes incluir en la composición.

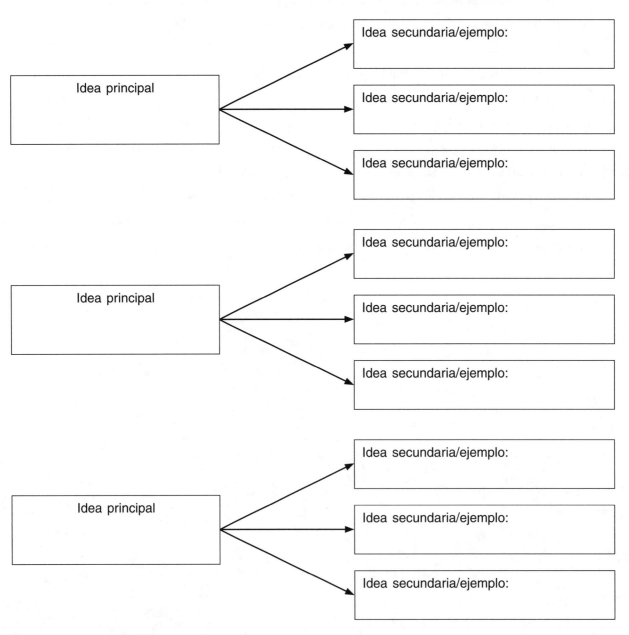

LECCIÓN 4

¿Ha cambiado el matrimonio?

¿Qué tipo de matrimonio va a tener
esta pareja?

Objetivos

En esta lección vas a seguir:

- practicando el vocabulario relacionado con el matrimonio
- usando el subjuntivo
- escuchando lo que dicen nuestros amigos sobre el matrimonio

🎧 Antes de comenzar

Escucha la introducción de esta lección y escribe las palabras que faltan.

«¿Qué es _____[1]? Las familias de hoy que se ven en la cultura popular son más

_____.[2] Así, el concepto de la familia ha cambiado y también, para muchos, ha

cambiado el concepto _____.[3] Es el tema del matrimonio el que nos concierne

en esta unidad. ¿Ha cambiado el concepto del matrimonio? ¿Es _____[4] entre un

hombre y una mujer? ¿O es que el matrimonio ya es un concepto _____[5]?»

ASÍ LO VEO I

Vocabulario del vídeo

A. Asociaciones. Empareja cada palabra o expresión con la definición más apropiada.

1. _____ el divorcio
2. _____ cuestionar
3. _____ la unión
4. _____ matrimonio por conveniencia
5. _____ el lujo
6. _____ estar regido por
7. _____ matrimonio mixto

   a. algo que supone dinero de sobra (*left over*); cosas que pueden no ser necesarias
   b. una boda basada en intereses económicos
   c. estar gobernado por otro(s)
   d. poner en duda alguna afirmación
   e. la disolución del matrimonio
   f. una boda entre personas de diferentes razas
   g. cuando dos personas deciden vivir juntas

B. ¿Qué falta? Completa las siguientes oraciones con las palabras o frases apropiadas de la lista a continuación. Conjuga los verbos en el presente de indicativo cuando sea necesario y usa la forma correcta de los adjetivos. **¡OJO!** Algunas palabras no se usan.

afectarles	cuestionar	estar a gusto	juntos
ambos	elegir	estar regido por	sobrar

1. La falta de comunicación es lo que más _____ a las parejas hoy en día.

2. Sandra _____ a su esposo porque gasta mucho dinero en cosas innecesarias.

3. Uno debe _____ a su pareja con base en el amor y no en el dinero.

4. La confianza es lo que debe _____ en una relación entre una pareja.

5. En un matrimonio, _____ deben decidir cuántos hijos quieren tener.

6. Las parejas estables permanecen _____ por muchos años.

7. Carlos no _____ con su esposa actual y tal vez se divorcie pronto.

C. El maravilloso verbo *pasar*. Escoge una de las palabras entre paréntesis para completar correctamente cada una de las oraciones.

1. Lucía no va a (**pasar/pasarse**) el año si no tiene mejores notas en química.

2. Muchas parejas (**pasan por / pasan de**) un divorcio cada año.

3. Desafortunadamente muchas persons (**pasan / se pasan**) del límite de su crédito.

4. Ya que mi amiga va a casarse parece que (**pasa / se pasa**) de mí porque no me habla.

5. Cada vez que visito la casa de mis vecinos, ellos me invitan a (**pasarse/pasar**) adelante.

6. Es agradable (**pasar por / pasar de**) un parque lleno de flores en la primavera.

7. Las fiestas son para (**pasar/pasarlo**) bien con los amigos.

Nuestros amigos hablan.

Paso 1 A continuación hay unas ideas de Yolanda y Ernesto de **Así lo veo I.** Ordena los segmentos de cada idea lógicamente.

1. el matrimonio / tanto / son compromisos / la unión civil / como

   _____

2. no es exclusivo / porque, cada quien elige / lo que quiere / de mujer / el matrimonio / y hombre

   _____

   _____

3. yo creo más en / sale sobrando / con alguien / el compromiso / porque teniendo compromiso / ya un papel

   _____

   _____

4. si dos personas / pues, adelante / con esa relación / estar bien, a gusto / van a / con esa unión

   _____

5. unidas de palabra / muchas familias / juntos / y tienen años y años de estar / conozco / que simplemente están

   _____

   _____

Paso 2 Ahora, pon las ideas del **Paso 1** en el orden en que las expresaron Yolanda y Ernesto. Luego, escucha **Así lo veo I** para verificar si apuntaste bien sus ideas y si las tienes en el orden correcto.

Yolanda: _____ _____ _____ Ernesto: _____ _____

Gramática

MÁS USOS DEL SUBJUNTIVO: EN ORACIONES INDEPENDIENTES; CON *EL HECHO DE QUE*

A. Ojalá. Escoge la respuesta más apropiada para cada oración sobre lo que un muchacho espera de su relación con su novia.

1. Ojalá que ella y yo _____ y así nos casemos el próximo año.
   a. nos abracemos   **b.** nos comprendamos   **c.** nos comprometamos

2. Ojalá que ella _____ que vivamos en mi departamento al principio.
   a. odie   **b.** acepte   **c.** rechace

3. Ojalá que yo no _____ incómodo cuando vivamos juntos.
   a. me guste   **b.** sea   **c.** me sienta

4. Ojalá que ambos _____ en nuestra nueva relación.
   a. estemos a gusto   b. estemos cansados   c. estemos decepcionados

5. Ojalá que ella no _____ muchos lujos porque yo no tengo mucho dinero.
   a. traiga   b. compre   c. quiera tener

6. Ojalá que nosotros _____ convivir porque eso significa una buena vida juntos.
   a. aprendamos a   b. sepamos   c. no queramos

7. Ojalá que yo no _____ por ella cuando seamos esposos.
   a. esté contento   b. pase   c. esté regido

B. **El hecho de que...** Escoge uno de los verbos entre paréntesis y conjúgalo en la forma apropiada para completar los comentarios sobre Víctor, un estudiante de la universidad. Luego, indica si estás de acuerdo (**Sí**) o no (**No**) con cada una de estas ideas.

El hecho de que Víctor no...

		SÍ	NO
1.	_____ (**tener/ser**) un trabajo estable, no quiere decir que no pueda salir a divertirse con sus amigos.	☐	☐
2.	_____ (**ir/continuar**) en la universidad este semestre significa que nunca se va a graduar.	☐	☐
3.	_____ (**querer/encontrar**) la pareja ideal, no quiere decir que no se vaya a casar algún día.	☐	☐
4.	_____ (**poder/deber**) pagar sus deudas a tiempo, significa que va a tener mal crédito.	☐	☐
5.	_____ (**seguir/elegir**) con su novia, quiere decir que está muy enamorado de ella.	☐	☐
6.	_____ (**conocer/buscar**) a los padres de su novia le debe preocupar si deciden casarse.	☐	☐
7.	_____ (**deber/decidir**) casarse con su novia, no quiere decir que ellos no puedan vivir juntos.	☐	☐

C. **Tu futuro.** Escoge uno de los verbos entre paréntesis y conjúgalo en la forma apropiada para completar las siguientes oraciones. ¡OJO! Todos los verbos pueden ser correctos. Luego, indica si estas actividades coinciden con tus planes para el futuro (**Sí**) o no (**No**).

Quizás yo...

		SÍ	NO
1.	_____ (**vivir/divertirse**) en la misma ciudad donde viven mis padres.	☐	☐
2.	_____ (**viajar a / visitar**) muchos países del extranjero antes de casarme.	☐	☐
3.	_____ (**jubilarse/casarse**) antes de cumplir 50 años.	☐	☐
4.	_____ (**vivir con / formar**) una familia y tenga más de tres hijos.	☐	☐
5.	_____ (**querer/llevar**) una relación por más de tres años antes de decidir vivir con alguien.	☐	☐
6.	_____ (**necesitar/buscar**) un buen trabajo en un país de Europa o Asia.	☐	☐
7.	_____ (**prohibir / insistir en**) que mis padres vivan con mi familia cuando estén muy viejos.	☐	☐

D. Relaciones buenas y malas. Mira cada dibujo e indica cuál es la oración más apropiada de acuerdo con el tipo de pareja del dibujo.

1. _____
    a. Ojalá que sigan juntos y tengan dos hijos.
    b. Ojalá que vayan a una terapia de pareja.
    c. Ojalá que mantengan su relación y pasen más tiempo juntos.

2. _____
    a. Quizás ellos se casen muy pronto porque están muy enamorados.
    b. Quizás terminen su relación ya que parece que no se comprenden.
    c. Quizás parezcan felices, pero en realidad se engañan el uno al otro.

3. _____
    a. Tal vez ella esté pensando en algún miembro de su familia.
    b. Tal vez ella quiera encontrar a alguien más porque está contenta con esa relación.
    c. Tal vez ella le sea infiel a su pareja y por eso piensa en otra persona.

4. _____
    a. El hecho de que no estén juntos no quiere decir que no se amen.
    b. El hecho de que no pasen mucho tiempo juntos quiere decir que se odian.
    c. El hecho de que estén separados quiere decir que están divorciados.

5. _____
    a. Tal vez ella se sienta triste porque no está con su familia.
    b. Tal vez tengan problemas porque tienen costumbres diferentes.
    c. Tal vez vivan juntos y se comprometan ya que se ven muy felices.

6. _____
   a. Quizás el novio sea más joven que la novia.
   b. Quizás el hombre sea el padre de la novia
   c. Quizás la novia ya tenga cuatro hijos.

Así lo veo I **en resumen.** Completa el resumen de **Así lo veo I** con palabras de la lista. Usa la forma correcta de los sustantivos y adjetivos y conjuga los verbos cuando sea necesario. Los verbos se utilizan en el indicativo y el subjuntivo. **¡OJO!** Algunas palabras no se usan.

VERBOS		SUSTANTIVOS		ADJETIVOS
afectar	estar regido por	compromiso	matrimonio	ambos
cuestionar	poder	esposo	siglo	juntos
elegir	ser	lujo	unión civil	
estar				OTRAS PALABRAS
				a gusto

En **Así lo veo I,** Yolanda y Ernesto nos hablan de las diferencias entre el matrimonio y la unión civil. Según Yolanda, estos dos tipos de relaciones conllevan[a] _____,[1] pero ella piensa que el hecho de que el matrimonio _____[2] una institución como una iglesia hace de esta unión un compromiso moral más fuerte para ambas personas en la pareja. Para ella es importante que los miembros de una pareja _____[3] los que _____[4] si quieren vivir juntos en unión libre o en un matrimonio. En su opinión, lo único importante es que ellos se sientan _____[5] y, claro, que esto no _____[6] a ninguna otra persona. Para Ernesto, lo más importante es el compromiso entre las personas de la pareja. Él cree que los documentos oficiales sobran cuando existe un compromiso; Ernesto los llama un _____[7] porque no los considera esenciales y piensa que las uniones civiles son cosas del _____[8] pasado. Nos da como ejemplo el caso de una pareja que ha estado junta durante muchos años. Ernesto nos dice que los hijos de esta pareja nunca los _____[9] y el hecho de que no _____[10] casados no significa que no puedan o no deban estar _____.[11]

[a]*entail*

ASÍ LO VEO II

Vocabulario del vídeo

A. Asociaciones. Empareja cada palabra o expresión con la definición más apropiada.

1. _____ faltar
2. _____ la herencia
3. _____ legal
4. _____ convivir
5. _____ exigir
6. _____ designar
7. _____ estar equivocado

a. bienes o dinero que alguien deja al morir
b. demandar algo
c. errar al pensar
d. no estar alguien o algo donde debería, no haber
e. permitido por la ley
f. vivir con otras personas
g. elegir a alguien

B. Una historia. En el siguiente párrafo, Marisela nos cuenta la historia de su familia. Usa el vocabulario a continuación para completarla.

controlar	designar	falta	ilegal
convivir	equivocada	firmar	legales
derechos	exigir	herencia	pelear

Hace cinco años que mis padres murieron. Después de _____¹ con ellos durante muchos años, esta fue una experiencia muy difícil para toda mi familia. Ellos me hacían mucha _____.² Yo no sé mucho de cuestiones _____,³ así que no imaginé que mis padres me hubieran dejado una _____,⁴ pero estaba _____.⁵ Mis padres también me dejaron una carta en donde me aconsejaban _____⁶ a un abogado para _____⁷ todos los _____⁸ legales de unas propiedades ancestrales que ahora estaban en manos del gobierno. Después de unos meses, finalmente pude _____⁹ los documentos que me hacían de los bienes de mi familia.

C. En otras palabras. Busca una palabra de la lista de vocabulario para cada una de las siguientes descripciones.

1. La recibes cuando alguien de tu familia muere. __ _____
2. Es escribir tu nombre en un documento. _____
3. Se necesita la intervención de un hombre y una mujer para lograr esto. __ _____
4. Es algo relacionado con tus antepasados. _____
5. Es cuando dices algo que es falso o erróneo. _____ _____
6. Equivale a recibir algo. _____
7. Es dar parte de lo tuyo a otros. _____

D. Palabras engañosas: *cuestión/pregunta.* Escoge una de las palabras entre paréntesis para completar cada oración.

1. La (**cuestión/pregunta**) que los padres hacen a sus hijos constantemente es si tienen buenas notas en la escuela.

2. La decisión de procrear es (**cuestión/pregunta**) de cada pareja.

3. Es difícil encontrar la respuesta correcta para muchas de las (**cuestiones/preguntas**) que hacen los hijos.

4. Muchas personas se hacen la (**cuestión/pregunta**) sobre cuál es el futuro del matrimonio.

5. El uso del término «matrimonio» para referirse a la unión de dos personas del mismo sexo es una (**cuestión/pregunta**) muy debatida últimamente.

Nuestros amigos hablan. Escucha otra vez lo que dice el Padre Aguilar en **Así lo veo II** y escribe las palabras que utiliza.

«Yo le diría que hay palabras para _____[1] a cada cosa. Si yo le empiezo a llamar

gato a algo que hace guau, guau, voy a estar _____.[2] Si yo empiezo a llamarle

_____[3] a algo que es una gladiola u otro tipo de _____,[4] estoy

equivocado. Mejor le doy a cada cosa su nombre. Desde un tiempo pues, _____,[5]

el concepto _____,[6] el concepto _____[7] del matrimonio ha sido

_____[8] entre hombre y mujer para _____,[9] compartir en la vida

y procrear. Cuando un hombre y otro hombre puedan _____[10] juntos uniendo

semen con semen, posiblemente _____[11] hablando de _____,[12]

porque _____[13] esta parte abierta a la procreación. Y me _____[14]

sobre todo a cuestiones naturales porque yo me _____[15] que con las cosas que

hace el hombre, con los _____[16] que hace el hombre, no _____[17]

el momento en que a un hombre le, —es ya— le pongan, le inoculen un óvulo y después

_____[18] un esperma y entonces _____[19] y después tendrán que

hacerle cesárea porque no tiene por donde tener el hijo, en fin. Pero yo creo que esto es entrar en

otro ritmo de cosas. Matrimonio, sigámosle llamándole a hombre, mujer, procreación. ¿Quieres

unirte hombre con hombre? _____[20] de otra manera. ¿Para qué tienes que

llamarle matrimonio? ¿Quieres tener _____[21]? Exígeselos a la sociedad, pero no

le llames matrimonio. ¿Quieres _____[22] mujer–mujer, quieres unirte un hombre

con diez mujeres, diez mujeres con un hombre, dos _____[23] con dos parejas

como lo acaban de hacer en Holanda? ¿Para qué te _____[24]? Síguele llamando

matrimonio a una cosa y a la otra; hasta tienes la _____[25] de poder inventar y

_____[26] el nombre que se te pegue la _____.[27]

Gramática

EL SUBJUNTIVO Y EL INDICATIVO EN CLÁUSULAS ADVERBIALES

A. ¿Cómo terminas la oración? Termina las siguientes oraciones con la opción más apropiada.

1. Algunas veces las parejas se casan en cuanto...
   a. terminen la universidad.
   b. terminan la universidad.

2. Mis amigos no harán su viaje de luna de miel hasta que no...
   a. tengan su pasaporte nuevo.
   b. tienen su pasaporte nuevo.

3. Ana siempre llama a su novio en cuanto...
   a. salga de su clase.
   b. sale de su clase.

4. Mis padres me mandan dinero cuando...
   a. necesito pagar mis cuentas.
   b. necesite pagar mis cuentas.

5. Cecilia se va a mudar a otra ciudad después de que...
   a. se divorcia de su esposo.
   b. se divorcie de su esposo.

6. Los hijos viven con sus padres mientras...
   a. son menores de edad.
   b. sean menores de edad.

7. Julián no se va a casar hasta que...
   a. tenga más de 30 años.
   b. tiene más de 30 años.

B. Hasta que... Escoge uno de los verbos entre paréntesis y conjúgalo en la forma correcta. Luego, indica si cada una de las siguientes oraciones es cierta (**C**) o falsa (**F**) para ti.

No me voy a casar hasta que...

		C	F
1.	_____ (**tener/perder**) un trabajo estable.	☐	☐
2.	_____ (**hacer/ganar**) más de cien mil dólares al año.	☐	☐
3.	_____ (**descubrir/encontrar**) una pareja de mi misma edad.	☐	☐
4.	_____ (**cumplir/ser**) más de 35 años.	☐	☐
5.	_____ (**empezar/terminar**) de pagar una casa.	☐	☐
6.	_____ (**encontrar/conocer**) a todos los parientes de mi pareja.	☐	☐
7.	_____ (**terminar/empezar**) los estudios.	☐	☐

C. Los planes de Pilar. Indica el verbo entre paréntesis forma correcto. Luego, indica si los planes de Pilar son similares (**S**) o diferentes (**D**) a tus planes.

		S	D
1.	Después de que (**termine/termina**) este semestre, me voy a graduar en la universidad.	☐	☐
2.	En cuanto (**salga/salí**) de la escuela secundaria conocí con mi novio actual.	☐	☐
3.	Mientras (**este/estoy**) estudiando no voy a salir con nadie.	☐	☐
4.	Después de que (**me gradúe/me gradué**) en la escuela secundaria, solicité a varias universidades.	☐	☐
5.	En cuanto (**tenga/tengo**) un buen trabajo me voy a casar con mi pareja.	☐	☐
6.	Mientras (**este/estaba**) en la escuela secundaria no tuve una pareja estable.	☐	☐
7.	Cuando (**me gradúe/me gradué**) en la universidad voy a empezar mis estudios de posgrado.	☐	☐

D. El mejor momento. Escoge la respuesta que indique cuál es el mejor momento para que una pareja haga cada una de las siguientes cosas. Luego, conjuga el verbo en la forma correcta.

El mejor momento para que...

1. ... una pareja tenga hijos es...

    a. cuando lo _____ (**decidir**) sus parientes.

    b. cuando _____ (*ellos:* **casarse**) y _____ (**tener**) su propia casa.

2. ... ellos compren su casa es...

    a. en cuanto _____ (**bajar**) los precios.

    b. en cuanto la tasa de interés _____ (**incrementar**).

3. ... ellos empiecen a ahorrar dinero para la educación de sus hijos es...

    a. antes de que sus hijos _____ (**cumplir**) 10 años.

    b. antes de que sus hijos _____ (**graduarse**) en la secundaria.

4. ... la pareja compre una casa más grande es...

    a. después de que _____ (*ellos:* **decidir**) tener más hijos.

    b. después de que sus hijos _____ (**crecer**) y se vayan.

5. ... uno de ellos renuncie a su empleo es...

    a. cuando no _____ (*ellos:* **tener**) dinero suficiente para pagar la hipoteca.

    b. cuando _____ (*ellos:* **tener**) un bebé y uno de ellos _____ (**querer**) cuidarlo.

6. ... ellos decidan seguir juntos es...

    a. mientras _____ (*ellos:* **cansarse**) uno del otro y ya no _____ (**poder**) vivir felices.

    b. mientras _____ (*ellos:* **llevarse**) bien y _____ (**tener**) una convivencia feliz.

7. ... la pareja planee un viaje al extranjero es...

    a. hasta que ambos _____ (**tener**) tiempo y dinero suficiente.

    b. hasta que _____ (*ellos:* **llevar**) más de tres años de vivir juntos.

***Así lo veo II* en resumen.** Completa el resumen del **Así lo veo II** con palabras de la lista. Usa la forma correcta de los sustantivos y adjetivos y conjuga los verbos cuando sea necesario. Los verbos se utilizan en el infinitivo, el indicativo y el subjuntivo. **¡OJO!** Algunas palabras se usan más de una vez y otras no se usan.

VERBOS		SUSTANTIVOS		ADJETIVOS
compartir	obtener	base	herencia	embarazado
convivir	pasar	cuestión	relación	legal
designar	poder	derecho	unión	libre
exigir	procrear			
morir	reconocer			

En **Así lo veo II,** el Padre Aguilar y Gustavo hablan de su opinión sobre el matrimonio entre

personas del mismo sexo. Para el Padre Aguilar, el matrimonio es la _____[1] legal

entre hombre y mujer con el propósito de _____[2] y _____,[3] pero

sobre todo para procrear. Él no se opone a la unión legal entre parejas homosexuales, sin embargo

piensa que a este tipo de uniones se les debe _____[4] con un nombre diferente ya

que no se les puede considerar como un matrimonio porque la _____[5] de estas

uniones no es la procreación como en los matrimonios heterosexuales. Él dice que hasta que uno de

los miembros de una pareja homosexual _____[6] quedar _____,[7]

se le podría llamar matrimonio y que mientras esto no pase, es mejor usar otro término. Para

Gustavo, lo importante no es el nombre que se le dé a las uniones homosexuales, tanto como su

reconocimiento legal. Él nos explica la importancia que tiene la _____[8] de la

legalización del matrimonio homosexual. En su punto de vista este es un _____,[9]

ya que les da a los homosexuales la oportunidad de obtener los bienes de su pareja después de que

_____,[10] es decir, tener el derecho de exigir si es el caso, la _____[11]

de su pareja. Gustavo nos cuenta de algunos casos en los que en cuanto _____[12]

una de las dos personas en una pareja homosexual, la familia de la persona muerta se queda con

todos los bienes por la falta de reconocimiento legal de la unión.

ASÍ LO VEO III

Vocabulario del vídeo

A. Asociaciones. Empareja cada palabra o expresión con la descripción más apropiada.

1. _____ apenas
2. _____ la infidelidad
3. _____ el hogar
4. _____ la cifra
5. _____ convivencia
6. _____ la tasa
7. _____ el qué dirán

a. vivir con otras personas
b. un número o dígito
c. la cantidad
d. cuando una de las personas de la pareja no le es fiel a la otra
e. lo que opina la gente y afecta las acciones de otros
f. equivale a «casi no»
g. la casa o apartamento donde vive una persona

B. ¿Cierto o falso? Indica si cada una de las siguientes oraciones es cierta (**C**) o falsa (**F**).

Un buen novio/a...

	C	F
1. ... hace cosas motivadas por el morbo.	☐	☐
2. ... tiene un hogar estable.	☐	☐
3. ... sorprende a su pareja con bonitos detalles.	☐	☐
4. ... es una persona a quien apenas conoces.	☐	☐
5. ... se preocupa por el qué dirán.	☐	☐
6. ... evita la convivencia diaria con su pareja.	☐	☐
7. ... rechaza la infidelidad.	☐	☐

C. Busca al intruso. Escoge la palabra del vocabulario que no se asocia con las demás palabras de su categoría.

1. **a.** impactar   **b.** sorprender   **c.** descansar   **d.** fascinar

2. **a.** pensamiento   **b.** ideas   **c.** sentimientos   **d.** la mentalidad

3. **a.** obsesión   **b.** curiosidad   **c.** el morbo   **d.** el respeto

4. **a.** la indiferencia **b.** el impacto   **c.** la impresión   **d.** la emoción

5. **a.** la cifra   **b.** la palabra   **c.** el dígito   **d.** el número

6. **a.** la casa   **b.** el hogar   **c.** apartamento   **d.** la calle

7. **a.** verdad   **b.** adulterio   **c.** falsedad   **d.** infidelidad

Nuestros amigos hablan. Escucha lo que dice Ruth en **Así lo veo III** y escoge la palabra correcta entre paréntesis para completar las ideas de ella.

«Para mí, son cambios mucho muy drásticos, son cambios muy difíciles de aceptar. Porque, eh, Dios (**hizo/hace**)[1] al hombre y la mujer para unirse, pero también (**debamos/debemos**)[2] aprender en este siglo veintiuno a respetar las decisiones del hombre y de la mujer. Sí, es muy difícil. Yo, sí, creo que el matrimonio (**deba/debe**)[3] ser entre un hombre y una mujer. Pero también estoy consciente de que el amor (**existe/exista**)[4] y el amor (**pueda/puede**)[5] ser igual, a lo mejor, entre dos hombres como entre dos mujeres. Puede ser que (**sienten/sientan**)[6] lo mismo que yo (**siento/sienta**)[7] por mi esposo. Pero como nosotros no... no estamos con esa mentalidad, no estamos acostumbrados a vivirlo o a verlo, pues, siempre (**ha sido / había sido**)[8] un impacto muy fuerte. Apenas el día de ayer, anteayer, (**fue/fueron**)[9] un matrimonio que hubo en Ixtapalapa y bueno, fue algo así muy grande y fue mucha gente; no sé si fue por apoyar o únicamente por morbo, no, porque, pues, es algo que sorprende. Pero, personalmente yo, yo siento así que lo ideal, lo ideal, (**sea/es**)[10] un matrimonio entre un hombre y una mujer, pero insisto con todo el respeto para el ser humano, pues, aceptarlo, ¿no? si (**existe/exista**)[11] amor. Pues, adelante.»

Gramática

EL SUBJUNTIVO DESPUÉS DE EXPRESIONES DE DUDA, NEGACIÓN E INCERTIDUMBRE

A. La pareja de Arturo. Escoge la respuesta más apropiada para cada oración sobre lo que Arturo dice de las vacaciones de su pareja.

1. Creo que mi pareja _____ de vacaciones el próximo mes.
   - **a.** tiene
   - **b.** sale
   - **c.** salga
   - **d.** tenga

2. No pienso que _____ a visitar algún país de Europa.
   - **a.** va
   - **b.** quiera
   - **c.** quiere
   - **d.** vaya

3. Puede ser que _____ en su casa este verano.
   - **a.** se mude
   - **b.** se quede
   - **c.** se queda
   - **d.** se muda

4. Dudo que _____ durante sus vacaciones porque yo voy a estar en clases.
   - **a.** viaja
   - **b.** viaje
   - **c.** me visite
   - **d.** me visita

5. Estoy seguro de que _____ ir a ver a su hermana en California.
   - **a.** quiere
   - **b.** no quiera
   - **c.** va
   - **d.** vaya

6. No niego que yo _____ un poco de celos porque yo lo/la extraño.
   - **a.** tenga
   - **b.** soy
   - **c.** tengo
   - **d.** sea

7. Estoy seguro de que mi pareja _____ mucho también.
   - **a.** me fascina
   - **b.** no me extrañe
   - **c.** no me fascina
   - **d.** me extraña

B. ¿Cierto o falso? Escoge uno de los verbos entre paréntesis y conjúgalo en la forma correcta. Después indica si estás de acuerdo (**Sí**) o no (**No**) con cada una de las siguientes oraciones.

No creo que el matrimonio...

		SÍ	NO
1.	_____ (**deber/querer**) ser exclusivamente para personas heterosexuales.	☐	☐
2.	_____ (**terminar de / ir a**) desaparecer en un futuro próximo.	☐	☐
3.	_____ (**estar/ser**) necesario para formar una familia.	☐	☐
4.	_____ (**tener/aumentar**) más importancia en los próximos años en las sociedades industrializadas.	☐	☐
5.	_____ (**necesitar/solicitar**) tantos trámites legales.	☐	☐
6.	_____ (**cortar/disminuir**), de acuerdo con su tasa, en los próximos tres años.	☐	☐
7.	_____ (**empezar/seguir**) siendo la base de la sociedad.	☐	☐

C. Situaciones amorosas. Lee las situaciones a continuación y escoge la expresión que mejor complete cada frase. No te olvides de conjugar el verbo de la frase que escogiste.

1. Isabel y su esposo tienen muchos problemas y discuten a menudo; yo...

   a. creo que ellos no _____ (**ir**) a divorciarse.

   b. no creo que ellos _____ (**poder**) ser felices el uno con el otro.

2. Los amigos de Carlos quieren mucho a la novia de él y a ellos...

   a. no les parece que ella _____ (**ser**) una mala mujer.

   b. les parece que ella no _____ (**ser**) la mujer para él.

3. Alberto se ve muy triste aunque trate de disimularlo (*hide it*), pero él...

   a. niega que _____ (**tener**) problemas con su pareja.

   b. no niega que _____ (**querer**) salir a celebrar.

4. Generalmente los hombres les tienen miedo a los compromisos, y ellos...

   a. están seguros de que _____ (**ir**) a casarse a los 23 años.

   b. no están seguros de que _____ (**querer**) comprometerse.

5. Hay chicas que no confían en los chicos, y ellas...

   a. dudan que sus parejas les _____ (**ser**) siempre fieles.

   b. no dudan que sus parejas _____ (**ser**) sinceros.

6. Iris y su novio llevan tres años juntos y todo va tan bien que ella...

   a. no cree que ellos _____ (**poder**) continuar su relación.

   b. cree que ellos _____ (**ir**) a comprometerse muy pronto.

7. Ana terminó con su novio, pero ya regresó a trabajar y se ve bien...

   a. no parece que _____ (**estar**) deprimida.

   b. parece que _____ (**llorar**) frecuentemente.

Así lo veo III **en resumen.** Completa el resumen del **Así lo veo III** con palabras de la lista. Usa la forma correcta de los sustantivos y adjetivos y conjuga los verbos cuando sea necesario. Los verbos varían entre el el infinitivo, indicativo y el subjuntivo. **¡OJO!** Algunas palabras se usan más de una vez y otras no se usan.

VERBOS			SUSTANTIVOS	ADJETIVOS
acostumbrarse	existir	respetar	cifra	ideal
dar	negar	tener	impacto	
deber	pensar	ser	infidelidad	
es consciente	poder	ir	mentalidad	OTRAS PALABRAS
			morbo	apenas

En **Así lo veo III,** Ruth habla de lo que ella cree que debe ser el matrimonio. Ruth

_____¹ que el matrimonio es la unión entre un hombre y una mujer, y ella no niega

que _____² un fuerte _____³ para ella escuchar sobre uniones de

personas del mismo sexo. Para ella es difícil _____⁴ a esta idea, pero no duda que

_____⁵ importante aprender a respetar las decisiones de las demás personas. En su

opinión, es posible que _____⁶ amor entre dos mujeres o dos hombres. Ella

_____⁷ de este hecho, pero dice que su mentalidad es diferente. Para ella, lo

_____⁸ es el matrimonio entre hombre y mujer, aunque piensa que si hay amor

entre dos hombre o dos mujeres se debe aceptar. Ruth es un caso interesante porque por un lado

no cree que dos personas del mismo sexo _____⁹ poder casarse. A la vez afirma

que estas personas _____¹⁰ el derecho de amar y ser amadas. Vive en un mundo

que está cambiando y es dudoso que sus ideas _____¹¹ mantenerse a lo largo. Pero

no es cierto que durante su propia vida Ruth _____¹² a ver matrimonios legales

entre personas del mismo sexo.

Así lo veo yo preparación

Esta hoja te va a ayudar a organizar tus ideas para la composición que vas a escribir sobre uno de los siguientes temas: la importancia del matrimonio hoy en día; los cambios positivos o negativos en el matrimonio. Sigue las instrucciones de cada uno de los **pasos** para completar el siguiente esquema. Luego, lleva esta hoja a la clase para escribir la composición.

Paso 1: La organización Cada uno de los párrafos de tu composición va a tener una idea principal. Escríbela en el cuadro apropiado. Si vas a escribir sólo dos párrafos, está bien. Si escribes más de tres, puedes usar una hoja más de papel. ¿Qué ideas secundarias o ejemplos te ayudan a apoyar o demostrar estas ideas? Apunta tres ideas o ejemplos en el esquema. ¿Mencionan nuestros amigos algunas ideas en el vídeo que puedes incluir en tu composición?

Paso 2: El vocabulario Repasa las secciones de vocabulario en el libro de texto y apunta las palabras o expresiones que quieres incluir para el argumento principal y las ideas que apoyan tu argumento.

Paso 3: La gramática Repasa las secciones de gramática y escribe dos oraciones con el subjuntivo como ejemplos de lo que puedes incluir en la composición.

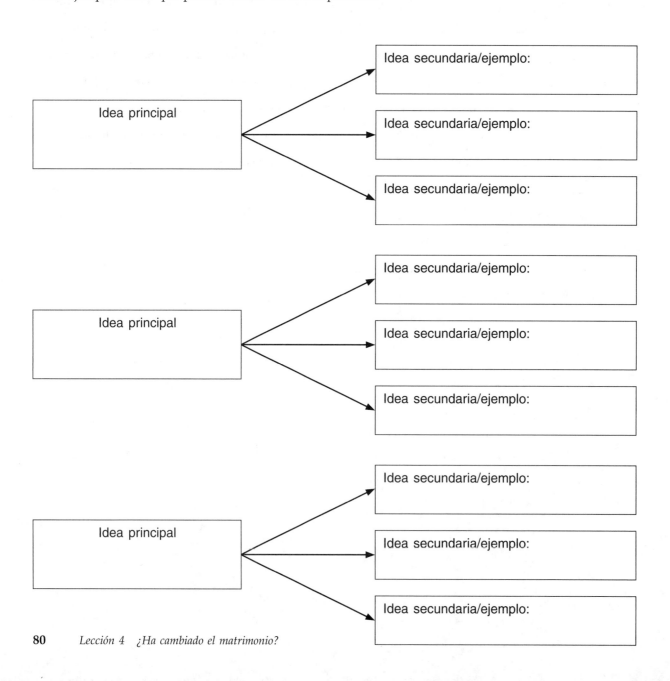

LECCIÓN 5

¿Son iguales los hombres y las mujeres?

¿De qué discute esta pareja?

Objetivos

En esta lección vas a seguir:

- practicando el vocabulario relacionado con las diferencias entre los hombres y las mujeres
- usando las comparaciones de igualdad y desigualdad, el subjuntivo para expresar opiniones subjetivas, y el pretérito y el imperfecto para narrar eventos en el pasado
- escuchando lo que dicen nuestros amigos sobre algunas de las diferencias entre los hombres y las mujeres

Antes de comenzar

Escucha la introducción de esta lección y contesta las siguientes preguntas.

1. ¿En qué año fue elegida Violeta Chamorro como presidenta de Nicaragua? _____

2. ¿En qué año fue elegida presidenta Michelle Bachelet? _____ ¿En qué país?

   _____

3. Uno de los argumentos para postergar (*postpone, disregard*) el voto femenino era que las mujeres

   no poseían el _____ para aprobar una ley.

ASÍ LO VEO I

Vocabulario del vídeo

A. Asociaciones. Empareja cada palabra o expresión con la definición más apropiada.

1. _____ tosco/a
2. _____ cuadrado/a
3. _____ la cadencia
4. _____ caminar
5. _____ fijarse en
6. _____ delgado/a
7. _____ la preocupación

a. flaco/a; lo opuesto de gordo/a
b. armonía y ritmo en los movimientos
c. inquietud o temor provocados por algo
d. falta de intuición, de percepción
e. sin refinamiento, ordinario/a en su trato
f. observar, darse cuenta de
g. andar

B. ¿A quién describe? Indica si cada oración describe a una mujer (**M**) o a un hombre (**H**) tradicional según Ernesto.

Ernesto cree que esta persona...

	M	H
1. ... al moverse, sus movimientos son torpes.	☐	☐
2. ... tiene cierta cadencia al caminar.	☐	☐
3. ... generalmente es muy brusca.	☐	☐
4. ... se ocupa de la apariencia.	☐	☐
5. ... tiene movimientos sutiles, circulares y ligeros.	☐	☐
6. ... es observadora, reflexiva y objetiva.	☐	☐
7. ... es despreocupada en cuanto a los detallitos.	☐	☐
8. ... no tiene muy desarrollado un sexto sentido y no es intuitiva.	☐	☐

C. Palabras engañosas: *papel/rol.* Lee las oraciones a continuación e indica si es posible sustituir la palabra **rol** por **papel**.

	SÍ	NO
1. El papel se obtiene de los árboles.	☐	☐
...al en una obra de teatro, hay que	☐	☐
...signe cierto papel a las mujeres y otro	☐	☐
...ores interpretan los papeles de los	☐	☐
...r el papel cuando es posible hacerlo.	☐	☐
...para producir la cantidad de papel de	☐	☐
...dades matriarcales es el papel que se	☐	☐

...y las mujeres?

D. Una persona reflexiva. Indica si las siguientes oraciones describen a una persona reflexiva (**R**) o a una persona irreflexiva (**I**).

Esa persona...

	R	I
1. ... piensa mucho y es muy observadora.	☐	☐
2. ... es cuadrada y tiene la mente cerrada (*close minded*).	☐	☐
3. ... presta atención a lo que está pasando a su alrededor.	☐	☐
4. ... nunca pone atención cuando no le importa lo que dice otra persona.	☐	☐
5. ... piensa, mientras camina, en lo que hace y en lo que va a hacer.	☐	☐
6. ... es prudente y medita (*meditates*) mucho sobre lo que ocurre.	☐	☐
7. ... no considera las cosas desde un solo punto de vista.	☐	☐
8. ... es despreocupada en cuanto a su vida y lo que pasa alrededor.	☐	☐

E. ¿Qué falta? Completa las siguientes oraciones con las palabras o frases apropiadas de la lista a continuación. **¡OJO!** No debes cambiar la forma de las palabras.

apariencia
afeminado
comportamiento
fijarse en
fumar
sentido
señales
suenan
torpes

1. Se dice que la forma de _____ de las mujeres es diferente de la de los hombres, pero de todas maneras, perjudica (*harms*) tanto a los hombres como a las mujeres.

2. Muchas mujeres cuidan su arreglo personal; a algunos hombres también les importa mucho la

_____ .

3. Un hombre con características femeninas no es necesariamente un hombre

_____ .

4. Según ciertas opiniones, los hombres son más _____ que las mujeres.

5. A veces, las mujeres _____ preocupadas cuando hablan de su apariencia.

6. Parte de no tener una mente cerrada es _____ lo que pasa alrededor.

7. Lo que dices no tiene _____ . No entiendo lo que quieres decir.

8. Sin duda, el _____ de las mujeres chismosas (*gossipy*) molesta a muchos hombres.

9. Por lo general, las mujeres suelen dar más _____ de que están escuchando que los hombres y se enfocan más en los metamensajes también.

Nuestros amigos hablan.

Paso 1 A continuación hay unas ideas de Ernesto de **Así lo veo I.** Pon los segmentos de cada idea en un orden lógico.

1. más circulares / movimientos / una mujer / más ligeros / va a tener / más sutiles

_____

_____

2. desarrollado / ese sexto sentido / un hombre / muchísimo más / que el de / tienen

_____

_____

3. más reflexivas / que un hombre / son / y más observadoras / las mujeres / y más eh... más objetivas

_____

_____

4. personal / a lo mejor / ocupa / en / mucho tiempo / su arreglo

_____

5. de un hombre / el de una mujer / siempre el movimiento / el hablar / desde el caminar / hasta / es más torpe que

_____

_____

 Paso 2 Ahora, pon las ideas del **Paso 1** en el orden en que las expresa Ernesto. Luego, escucha **Así lo veo I** para verificar si apuntaste bien sus ideas y si las tienes en el orden correcto.

_____   _____   _____   _____   _____

Gramática

LOS COMPARATIVOS

A. **Las diferencias entre los sexos.** Tomando en cuenta lo que dice Ernesto en **Así lo veo I,** escoge la palabra más apropiada para completar el párrafo.

Es la opinión de muchas personas que las mujeres y los hombres no son muy parecidos. Por ejemplo, se dice que los movimientos de las mujeres son (**más/menos**)[1] ligeros (**que/como**)[2] los de los hombres. Es decir que ellas no son tan torpes (**que/como**)[3] los hombres, sino (**más/menos**)[4] finas. Al contrario, los hombres suelen ser (**más/menos**)[5] bruscos (**que/como**)[6] las mujeres. Además, los hombres generalmente no demuestran (**tan/tanta**)[7] preocupación (**que/como**)[8] las mujeres en cuanto a su apariencia, aunque ellos pueden ser (**tan/tantos**)[9] observadores (**que/como**)[10] ellas.

B. **¿Cuál es?** Escoge la respuesta más apropiada para cada oración.

1. En cuanto a cuidar del hogar, los hombres son _____ flojos _____ las mujeres.
   a. más... que **b.** tanto... como **c.** tantos... como

2. Las mujeres deben ganar _____ dinero _____ los hombres cuando hacen el mismo tipo de trabajo.
   a. tan... como **b.** tanto... como **c.** tantos... como

3. Para ser justo, uno debe fijarse en que las mujeres son _____ astutas _____ los hombres.
   a. tan... como **b.** tanta... como **c.** tantas... como

4. Se observa que los hombres, generalmente, no caminan con _____ cadencia _____ las mujeres.
   a. tan... como **b.** tantos... como **c.** tanta... como

5. Quizás las mujeres tengan _____ preocupación _____ los hombres en cuanto a su apariencia.
   a. tan... como **b.** más... que **c.** tanto... como

6. Hoy en día, las mujeres se valen por sí mismas _____ los hombres.
   a. tan como **b.** tantas como **c.** tanto como

7. Por lo general, las mujeres tienen mucha intuición, pero algunas de ellas son _____ cuadradas _____ los hombres.
   a. tantas... como **b.** tanta... como **c.** tan... como

8. Las mujeres tienen _____ ganas de salir adelante en su trabajo/profesión _____ los hombres.
   a. tantas... como **b.** tantos... como **c.** tan... como

C. **Comportamientos típicos.** Utilizando las siguientes frases, completa el siguiente párrafo conforme a lo que piensa Ernesto.

como
más
menos
que
tan
tanta
tanto como

Por lo general, las mujeres y los hombres son diferentes. Por ejemplo, generalmente, los

hombres son _____[1] bruscos y toscos que las mujeres y sus movimientos suelen ser

_____[2] ligeros y sutiles que los de las mujeres. Además, los hombres, típicamente, no se

ocupan en detalles _____[3] las mujeres. Pero no siempre es así. Un hombre puede tener

_____[4] preocupación por su apariencia como una mujer, y una mujer puede ser

_____[5] despreocupada por su arreglo personal como un hombre. Además, es posible que

una mujer sea tan cuadrada _____[6] un hombre, aunque es más común que un hombre

sea más cuadrado _____[7] una mujer.

Así lo veo I **en resumen.** Completa el resumen de **Así lo veo I** con palabras de la lista. Usa la forma correcta de los sustantivos y adjetivos y conjuga los verbos cuando sea necesario. Los verbos se utilizan en el presente y el infinitivo. ¡OJO! Algunas palabras no se usan.

VERBOS	SUSTANTIVOS	ADJETIVOS	OTRAS PALABRAS
caminar	apariencia	afeminado	más
ocuparse	cadencia	cuadrado	menos
sonar	movimiento	desarrollado	que
	rol	intuitivo	tanto
		torpe	

En **Así lo veo I,** Ernesto habla del comportamiento típico de cada uno de los sexos. Dice que las mujeres suelen _____¹ con cierto ritmo. Además, ellas típicamente tienen movimientos _____² ligeros que los hombres. Es decir, los _____³ de los hombres son más _____⁴ que los de las mujeres.

En general, las mujeres _____⁵ en su apariencia más que los hombres. Pero ni las mujeres ni los hombres siguen siempre los _____⁶ asignados por la sociedad. Por ejemplo, un hombre puede tener _____⁷ preocupación por su arreglo personal como una mujer. Pero esto no significa que el hombre sea _____.⁸

Finalmente, él dice que las mujeres son más reflexivas y objetivas que los hombres. Además, los hombres son _____⁹ observadores _____¹⁰ las mujeres. Entonces, las mujeres usan mejor su sexto sentido porque lo tienen más _____.¹¹ Ernesto concluye que los hombres son generalmente muy _____¹² y tienen la mente cerrada, mientras que las mujeres son más _____.¹³ ¿Qué piensas tú?

ASÍ LO VEO II

Vocabulario del vídeo

A. Asociaciones. Empareja cada palabra o expresión con la definición más apropiada.

1. _____ aventar
2. _____ indiscutible
3. _____ cuidarse
4. _____ la diversidad
5. _____ ambos
6. _____ estresante
7. _____ pésimo/a

a. mirar una persona por su propio bien
b. algo tan malo que no puede ser peor
c. los dos
d. expulsar o tirar
e. algo que produce mucho estrés
f. diferencia, variedad
g. algo tan evidente que no se duda

B. ¿De acuerdo o no? Indica si cada oración está de acuerdo (**Sí**) o no (**No**) con lo que dice Yolanda sobre los hombres y las mujeres en **Así lo veo II**.

En la cultura mexicana, ...

	SÍ	NO
1. ... las mujeres suelen ir bien vestidas cuando salen de casa.	☐	☐
2. ... los hombres se maquillan casi todos los días para agradar a las mujeres.	☐	☐
3. ... los hombres están regidos por las hormonas, pero las mujeres no.	☐	☐
4. ... las mujeres quieren ser consideradas fodongas.	☐	☐
5. ... las diferencias entre los sexos añaden a la diversidad.	☐	☐
6. ... se considera buena una vida estresante y ser también gruñón o gruñona.	☐	☐
7. ... el estado de ánimo puede depender de la calidad de vida.	☐	☐

C. Palabras engañosas: *calidad/cualidad.* Escoge la palabra entre paréntesis más apropiada para completar cada oración.

1. Los programas de servicios públicos son de mala (**calidad/cualidad**) porque no hay dinero para apoyarlos.

2. Al buscar un alma gemela (*soul mate*), uno debe identificar primero las (**calidades/cualidades**) importantes de una buena persona.

3. La carne que viene de la Argentina es de buena (**calidad/cualidad**) porque los argentinos son expertos en ganadería (*cattle raising*).

4. Muchas compañías tienen empleados que inspeccionan la (**calidad/cualidad**) de los productos.

5. Una de las (**calidades/cualidades**) más importantes de una buena mamá es mantener un ambiente de amor y un hogar seguro para sus hijos.

6. La ropa barata puede parecer buena, pero en realidad es de mala (**calidad/cualidad**).

7. Los niños aprenden en la escuela a reconocer las (**calidades/cualidades**) de un buen amigo.

D. Amigo falso: *humor*. Escoge la definición más apropiada de la palabra **humor** en cada oración.

Definición 1: Habilidad de apreciar y disfrutar del lado cómico de algo
Definición 2: Estado de ánimo temporal o habitual

		1	2
1.	Es importante tener un buen sentido del humor para disfrutar la vida.	☐	☐
2.	El humor de una persona puede cambiar dependiendo de lo que pase en cualquier momento.	☐	☐
3.	Es normal que los cambios de humor de los adolescentes sean regidos por las hormonas.	☐	☐
4.	A veces es difícil entender las bromas (*jokes*) que tienen que ver con el humor negro.	☐	☐
5.	Es difícil tratar con la gente cuando esta se pone de mal humor.	☐	☐

Nuestros amigos hablan. Escucha otra vez lo que dice Yolanda en **Así lo veo II** y escribe las palabras que utiliza.

«El carácter entre los hombres y las mujeres, obviamente, eso es _____.[1] Y qué

bueno que _____,[2] porque finalmente eso nos lo regalan _____,[3]

¿no? Y para mí es fantástico que... que _____[4] hombres y mujeres. Aparte... la

diversidad _____[5] entre hombres _____[6] entre mujeres. Porque

eso, como ya lo había mencionado, da _____.[7] El carácter femenino, pues,

_____[8] básicamente por... como le había dicho, por _____.[9] Hay

muchos _____,[10] quizás, sobre todo, en aquellas personas que han perdido concen-

tración hormonal eh... a _____,[11] sí tienen más cambios de _____.[12]

Somos más _____.[13] Pero... este... Bueno, también va a depender mucho de

_____[14] que _____.[15] Si _____[16] una vida muy

_____,[17] obviamente el _____[18] también es _____.[19]»

Gramática

EL SUBJUNTIVO PARA EXPRESAR ACTITUDES SUJETIVAS

A. Los sentimientos verdaderos de los hombres. Indica los verbos entre paréntesis más apropiados para completar el párrafo.

A la mayoría de las mujeres no le gusta que los hombres (**son/sean**)[1] tan indiferentes en cuanto a la apariencia física de ellos. A ellas les harta que los hombres (**pueden/puedan**)[2] ser aceptados en público sin arreglarse, mientras que ellas siempre tienen que hacerlo. Pero, algunos hombres dicen que no quieren que las mujeres (**hacen/hagan**)[3] tanto sólo para darles gusto a ellos. En su opinión, es una lástima que las mujeres se (**preocupan/preocupen**)[4] tanto por el arreglo personal. Aunque a los hombres les alegra que las mujeres (**quieren/quieran**)[5] agradarlos, les molesta que ellas (**piensan/piensen**)[6] que los hombres son tan superficiales. ¡Qué bueno que (**hay/haya**)[7] hombres que piensen así! ¡Qué lástima que todas las mujeres no (**pueden/puedan**)[8] verlo!

B. ¿De acuerdo o no? Completa cada oración con el subjuntivo del verbo más apropiado entre paréntesis. Luego, indica si estás de acuerdo (**Sí**) o no (**No**).

		SÍ	NO
1.	A las mujeres les encanta que los hombres _____ (**regalar/afeitarse**) la cara antes de una cita.	☐	☐
2.	¡Es bueno que las mujeres _____ (**maquillarse/regir**) antes de una cita!	☐	☐
3.	A los hombres les enfada que las mujeres _____ (**depender / fijarse**) tanto en su arreglo personal.	☐	☐
4.	Es una lástima que la gente les _____ (**cuidar/regalar**) productos para maquillarse a las quinceañeras.	☐	☐
5.	Es triste que las mujeres _____ (**tomar/regalar**) tanto tiempo para arreglarse.	☐	☐
6.	Los padres odian que sus hijas jóvenes _____ (**salir/querer**) agradar a los jóvenes.	☐	☐
7.	A las novias les gusta que sus novios _____ (**aventar/comentar**) sobre su apariencia cuando ellas han pasado mucho tiempo arreglándose.	☐	☐
8.	Para los hombres, es fantástico que las mujeres _____ (**prestar atención en / ocuparse de**) su apariencia.	☐	☐

C. La importancia de la apariencia física. Indica la oración que describe mejor la situación representada en cada imagen. Luego, escribe la forma del verbo más apropiado para completar la oración.

1. _____

   a. Al novio le enfada que la novia no _____ (**estar**) lista para la cita. Él está preocupado porque _____ (*ellos*: **tener**) que estar en el restaurante dentro de quince minutos.

   b. A la novia no le importa mucho el arreglo personal. Es bueno que _____ (**estar**) lista porque _____ (*ellos*: **tener**) que estar en el restaurante dentro de quince minutos.

2. _____

   a. Es una lástima que la chica no _____ (**poder**) estar lista a tiempo. El chico está preocupado porque el partido de fútbol _____ (**empezar**) en treinta minutos.

   b. Es una lástima que el chico no _____ (**poder**) estar listo a tiempo. La chica está preocupada porque el partido de fútbol _____ (**empezar**) en treinta minutos.

3. _____

a. A las chicas no les importa que la otra chica no _____ (**estar**) bien vestida

y maquillada. Ellas creen que es fantástico que la chica no _____ (**arreglarse**)

bien para ir a la clase.

b. A las chicas les importa mucho que la otra chica no _____ (**estar**) bien

vestida y maquillada. Ellas creen que es una lástima que la chica no _____

(**arreglarse**) bien para ir a la clase.

D. **¿Cuál es?** Escoge la respuesta más apropiada para cada oración.

1. Algunas mujeres _____ de su arreglo personal más que los hombres.
a. se maquillan **b.** se ocupan **c.** se arreglan **d.** suenen

2. Algunas mujeres piensan que los hombres quieren que ellas _____ cada día.
a. suenan **b.** se arreglan **c.** se maquillen **d.** se rijan

3. A las quinceañeras les alegra que ellas _____ empezar a usar maquillaje.
a. pueden **b.** avienten **c.** avientan **d.** puedan

4. Algunos hombres creen que para agradar a las mujeres, _____ preocuparse por su arreglo personal.
a. necesitan **b.** necesiten **c.** tienen **d.** tengan

5. Para algunas señoras mayores, es una lástima que a las jóvenes no _____ la apariencia personal.
a. quieren **b.** les importe **c.** quieran **d.** les importan

6. A los hombres les harta que las mujeres _____ arreglarse las manos y el pelo.
a. depende de **b.** se ocupen tanto de **c.** les alegran **d.** se dedican a

7. A las mujeres les molesta que los hombres no _____ más físicamente, aunque ellas sí tienen que hacerlo.
a. se rigen **b.** regalen **c.** se cuiden **d.** avienten

Así lo veo II **en resumen.** Completa el resumen de **Así lo veo II** con palabras de la lista. Usa la forma correcta de los sustantivos y adjetivos y conjuga los verbos cuando sea necesario. Los verbos se utilizan en el indicativo, el subjuntivo y el infinitivo. ¡OJO! Algunas palabras no se usan.

VERBOS		SUSTANTIVOS	ADJETIVOS
agradar	maquillarse	ánimo	indiscutible
cuidarse	poder	calidad	
depender	regirse	diversidad	
existir	resultar	hormona	
	vestirse	humor	

En **Así lo veo II**, Yolanda habla de la diferencia que hay entre los sexos. Esa diferencia es

_____.¹ A ella le encanta que _____² esta diferencia porque contri-

buye a la _____³ y variedad entre los miembros de la sociedad. Ella afirma que las

mujeres _____⁴ por las hormonas. A veces el problema de la concentración hormonal

_____⁵ en cambios de _____.⁶ A ella no le gusta que las mujeres

_____⁷ ser gruñonas pero ella reconoce que a veces es así. Como se ve, el estado de

_____⁸ también cambia y este cambio _____⁹ de la manera en que

uno vive y en la _____¹⁰ de vida.

Finalmente, Yolanda comenta sobre la apariencia. Dice que es común que las mujeres

_____¹¹ con buena ropa y _____¹² bien. Por otro lado, es común que

los hombres no _____¹³ tanto. Quizás a ellos no les interesa _____¹⁴

a su pareja.

ASÍ LO VEO III

Vocabulario del vídeo

A. Asociaciones. Empareja cada palabra o expresión con la definición más apropiada.

1. _____ cooperar
2. _____ aportar
3. _____ la juventud
4. _____ la paz
5. _____ mandar
6. _____ los quehaceres
7. _____ atender

   a. edad entre la infancia y la madurez
   b. gobernar, encargarse de algo
   c. trabajos o tareas
   d. dar o contribuir
   e. colaborar o trabajar juntos en algo
   f. cuidar de alguien
   g. tranquilidad y armonía

B. ¿Hombre machista o moderno? Tomando en cuenta lo que dice Ruth en **Así lo veo III,** indica si cada oración describe a un hombre machista tradicional o a un hombre moderno.

Este hombre...

		MACHISTA	MODERNO
1.	siempre manda y toma las decisiones.	☐	☐
2.	permite que su esposa trabaje fuera de la casa.	☐	☐
3.	no le ayuda a su esposa con los quehaceres de la casa.	☐	☐
4.	recoge a los hijos de la escuela y es abnegado.	☐	☐
5.	asume el trabajo de lavar la ropa si es necesario.	☐	☐
6.	apoya a su esposa cuando ella quiere trabajar o estudiar.	☐	☐
7.	nunca atiende a los hijos o la casa.	☐	☐
8.	no coopera en mantener la casa.	☐	☐

C. Palabras engañosas: *aun/aún.* Completa las oraciones con las palabras **aun** o **aún.**

1. Algunos hombres no ayudan a su esposa en la casa, _____ sabiendo que es una manera antigua de pensar.

2. La famosa cantante sufría violencia doméstica de parte de su novio, y ¡_____ lo defendía!

3. _____ hoy en día la sociedad asigna a las personas papeles basados en el género y es difícil para las mujeres acceder al mismo trabajo que los hombres.

4. La mujer tradicional no trabajaba fuera de la casa, ¡_____ siendo muy inteligente!

5. Con el paso de los años, muchas cosas han cambiado, pero _____ existe la discriminación sexual.

D. El maravilloso verbo *quedar*. Escoge el verbo que mejor completa cada oración.

1. Cuando las mujeres no están en casa los domingos, suelen _____ en la iglesia con sus hijos.
   a. estar   **b.** quedar

2. El edificio _____ destruido por el terremoto (*earthquake*).
   a. quedó   **b.** se quedó

3. Antes de comprar la ropa, debes probártela para saber si _____ bien.
   a. te queda   **b.** te quedas

4. Aún _____ media hora hasta que llegue el autobús.
   a. estamos   **b.** nos queda

5. El correo _____ muy cerca de la universidad. De hecho, se puede llegar caminando desde la biblioteca.
   a. se queda   **b.** queda

6. Nosotros _____ en irnos a la biblioteca después de clase.
   a. estamos   **b.** quedamos

7. Mientras la maestra _____ fuera de la sala de clase, los estudiantes le robaron unos de sus dulces.
   a. estaba   **b.** le quedaba

8. Cuando voy a Lima, _____ con mis amigos en su apartamento.
   a. me quedo   **b.** me queda

E. ¿Qué falta? Completa las siguientes oraciones con las palabras o frases apropiadas de la lista a continuación.

abnegadas
aportar
atienden
destacan
manda
paz
quehaceres
recoja

1. Mucha gente va a la iglesia para encontrar la _____ y estar tranquila.

2. En los matrimonios tradicionales, las mujeres se dedican a los _____ de casa.

3. Muchas mujeres _____ tanto como los hombres en su vida profesional.

4. Es necesario que los padres puedan _____ algo más que dinero para la educación de sus hijos.

5. Para algunos niños es importante que uno de sus padres los _____ al salir de la escuela.

6. Las madres _____ hacen todo lo posible por proteger a sus hijos.

7. El padre tradicional siempre _____ en la casa, mientras que el resto de la familia obedece.

8. Los padres responsables _____ a la evolución física e intelectual de sus hijos.

Nuestros amigos hablan.

Paso 1 A continuación hay unas ideas de Ruth de **Así lo veo III**. Ordena los segmentos de cada idea lógicamente.

1. hay / que / sin trabajo por / los jóvenes / matrimonios / se quedan

_____

2. mi esposo / bien / me dio / y / la llevamos / oportunidad

_____

_____

3. es el que aporta / lo económico / el hombre mexicano / es el que manda / siempre

_____

_____

4. también / las mujeres / mucho / ahora / destacamos

_____

5. la conducta y / ha cambiado muchísimo / la actitud / y de la mujer / aquí en México / del hombre

_____

_____

Paso 2 Ahora, pon las ideas del **Paso 1** en el orden en que las expresa Ruth. Luego, escucha **Así lo veo III** para verificar si apuntaste bien sus ideas y si las tienes en el orden correcto.

_____   _____   _____   _____   _____

Gramática

REPASO DEL PRETÉRITO Y DEL IMPERFECTO

A. El matrimonio de Ruth. Escoge el verbo correcto entre paréntesis.

En el pasado, los hombres nunca (**cooperaron/cooperaban**)[1] en las tareas domésticas. Las mujeres siempre (**tuvieron/tenían**)[2] que dedicarse a cuidar de la casa, mientras que los hombres (**trabajaron/ trabajaban**)[3] fuera. Pero el matrimonio de Ruth no es así, aunque ella se (**casó/casaba**)[4] hace más de cuarenta años. Su esposo le (**dio/daba**)[5] la oportunidad de seguir sus ambiciones de tener una profesión. Ella (**estudió/estudiaba**)[6] en la universidad para alcanzar su independencia profesional y (**trabajó/trabajaba**)[7] durante más de treinta años en una escuela secundaria. Para que ella pudiera hacer esto, su esposo (**ayudó/ayudaba**)[8] con los quehaceres de casa con frecuencia. Por ejemplo, muchas veces él (**lavó/lavaba**)[9] la ropa y (**limpió/limpiaba**)[10] la casa.

B. ¿Cuál es? Escoge la respuesta más apropiada para cada oración.

1. El papá _____ toda su vida para poder mantener a la familia.
   a. gastó   **b.** trabajó   **c.** gastaba   **d.** trabajaba

2. La hermana mayor siempre _____ a su hermanito cuando sus padres salían por la noche.
   a. cuidó   **b.** llegó a ser   **c.** cuidaba   **d.** llegaba a ser

3. Después de mucho esfuerzo, el joven finalmente _____ abogado.
   a. llegaba a ser   **b.** llegó a ser   **c.** mandaba   **d.** mandó

4. La esposa del abogado _____ a sus hijos, mientras que su esposo defendía criminales.
   a. atendía   **b.** trabajó   **c.** trabajaba   **d.** atendió

5. El papá _____ a sus hijos en la escuela sólo una vez en todo el año.
   a. mandó   **b.** mandaba   **c.** recogía   **d.** recogió

6. El padre de aquellas niñas _____ durante la fiesta por su amabilidad con los otros padres.
   a. se destacó   **b.** mandaba   **c.** cooperó   **d.** cooperaba

7. El padre de Inés _____ con frecuencia con los quehaceres de casa.
   a. se destacaba   **b.** cooperó   **c.** se destacó   **d.** ayudaba

C. Raimunda y sus padres. Escribe el pretérito o el imperfecto del verbo entre paréntesis.

Raimunda _____ (**nacer**)[1] en Asturias, una provincia del norte de España. Sus

padres _____ (**discutir**)[2] mucho en la casa, y Raimunda _____

(**creer**)[3] que _____ (**ir**)[4] a divorciarse. Un día la madre _____

(**salir**)[5] muy temprano de la casa a comprar jamón en el mercado. Como su mujer no

_____ (**estar**)[6] en casa, el padre _____ (**preparar**)[7] el desayuno.

Luego _____ (**salir**)[8] muy enfadado para el trabajo. Raimunda _____

(**darse cuenta**)[9] de todo, pero no _____ (**decir**)[10] nada. En la escuela, los amigos

de Raimunda _____ (**notar**)[11] que ella _____ (**estar**)[12] triste, pero

no le _____ (**preguntar**)[13] nada. Su amiga Laura se acercó a[a] Raimunda y le

_____ (**decir**)[14] que _____ (**saber**)[15] que _____

(**tener**)[16] problemas en casa, y que _____ (**poder**)[17] confiar en ella. Raimunda

_____ (**tener**)[18] por fin alguien con quien hablar. Cuando _____

(**llegar**)[19] a su casa, los padres de Raimunda _____ (**discutir**)[20] como siempre, pero

ahora a Raimunda no le importó tanto.

[a]se... *approached*

Así lo veo III **en resumen.** Completa el resumen de **Así lo veo III** con palabras de la lista. Usa la forma correcta de los sustantivos y adjetivos y conjuga los verbos cuando sea necesario. Los verbos se utilizan en el pretérito, el imperfecto y el infinitivo. **¡OJO!** Algunas palabras no se usan.

VERBOS			SUSTANTIVOS	ADJETIVOS
aportar	decir	permitir	juventud	abnegado
atender	estudiar	recoger	quehaceres	
cambiar	lavar	trabajar		
casar	limpiar			
	mandar			

En **Así lo veo III,** Ruth afirma que el hombre mexicano puede ser machista. Es decir que él suele

_____¹ en la casa y aporta lo económico a su familia. Por otro lado, las madres son

más _____² porque se dedican a cuidar a sus hijos. En épocas anteriores, ellas eran

las que siempre _____³ la ropa y _____⁴ la casa. Pero estas actitudes

ya _____⁵ y ahora las cosas son diferentes. La _____⁶ hoy en día

tiene una perspectiva diferente. Los muchachos jóvenes suelen compartir los _____⁷

de la casa y ambos, el hombre y la mujer atienden la casa. Por ejemplo, el hombre puede

_____⁸ a los hijos en la escuela, mientras que la mujer puede _____⁹

en la universidad. Además, Ruth nos habla de su propio matrimonio. Ella se _____¹⁰

con su esposo hace más de cuarenta años. Su esposo le _____¹¹ trabajar fuera

de casa. De hecho ella _____¹² treinta años, aunque su suegra siempre le

_____¹³ a su esposo que su esposa no debía trabajar fuera de casa.

Así lo veo yo preparación

Esta hoja te va a ayudar a organizar tus ideas para la composición que vas a escribir sobre el siguiente tema: ¿En qué se parecen los hombres y las mujeres y en qué son distintos? Sigue las instrucciones de cada uno de los **pasos** para completar el siguiente esquema. Luego, lleva esta hoja a la clase para escribir la composición.

Paso 1: La organización Cada uno de los párrafos de tu composición va a tener una idea principal. Escríbela en el cuadro apropiado. Si vas a escribir sólo dos párrafos, está bien. Si escribes más de tres, puedes usar una hoja más de papel. ¿Qué ideas secundarias o ejemplos te ayudan a apoyar o demostrar estas ideas? Apunta tres ideas o ejemplos en el esquema. ¿Mencionan nuestros amigos algunas ideas en el vídeo que puedes incluir en tu composición?

Paso 2: El vocabulario Repasa las secciones de vocabulario en el libro de texto y apunta las palabras o expresiones que quieres incluir para el argumento principal y las ideas que apoyan tu argumento.

Paso 3: La gramática Repasa las secciones de gramática y escribe dos oraciones usando comparaciones de igualdad y desigualdad (o con otras estructuras de esta lección) como ejemplos para incluir en la composición.

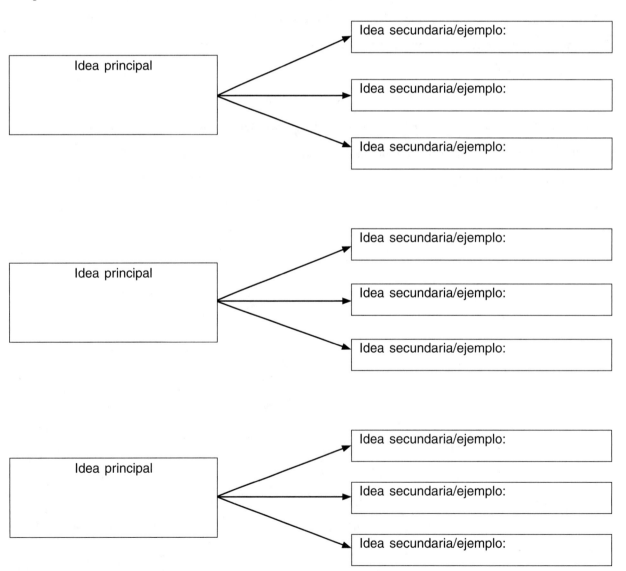

LECCIÓN 6

¿Cómo son diferentes los hombres y las mujeres?

¿Es típica la conducta de esta mujer?

Objetivos

En esta lección vas a seguir:

- practicando el vocabulario relacionado con los problemas con que se enfrentan las mujeres
- usando el artículo definido, el presente perfecto del subjuntivo y el subjuntivo con verbos de volición y claúsulas adverbiales
- escuchando lo que dicen nuestros amigos sobre los desafíos de las mujeres

🎧 Antes de comenzar

Las siguientes oraciones son de la introducción de esta lección. Léelas y luego escucha la introducción, escribiendo las palabras que faltan y poniendo cada oración en el orden correcto.

a. _____ Ambos géneros han sufrido una rigidez _____ sus papeles en la sociedad.

b. _____ ¿Ha cambiado la sociedad tanto como para que los hombres y las mujeres

_____ ser lo que quieran?

c. _____ La mujer debe ser la buena, la sensible, la que debe _____ del hogar y de los niños.

d. _____ ¿Por qué _____ tanto en elegir a una mujer como presidente en América?

e. _____ El hombre debe ser _____, macho, con las emociones bien controladas.

ASÍ LO VEO I

Vocabulario del vídeo

A. Asociaciones. Empareja cada palabra o expresión con la definición más apropiada.

1. _____ la mentira
2. _____ la campaña
3. _____ cortar
4. _____ la discriminación
5. _____ el gobierno
6. _____ golpear
7. _____ la empresa
8. _____ sacar

a. las autoridades que dirigen una nación o país
b. quitar a alguien o algo del lugar donde estaba
c. una compañía industrial o mercantil
d. lastimar a una persona
e. interrumpir la función de algo, despedir (*fire*) a un empleado
f. movimiento organizado para conseguir algo
g. lo opuesto de la verdad
h. dar trato de inferioridad a una persona por motivo de su raza, sexo, clase social, religión, etcétera

B. ¡Basta ya! Completa la historia a continuación con palabras de la lista.

agarró	machote	proteger
campaña	maltratar	semimuerta
en seguida	mentira	violencia doméstica

Esperanza y su esposo, Ricardo, llevaban trece años de casados y tenían dos hijos. Pero este no era un matrimonio feliz. Frecuentemente, Ricardo solía _____[1] a su esposa dándole golpes. Él se creía muy _____[2] o, muy «hombre», una actitud que, desafortunadamente, es muy común en ciertas sociedades. Cada vez que él le pegaba a Esperanza, le decía después que estaba arrepentido[a] y que nunca lo volvería a hacer, pero todo era _____[3] Esperanza se había acostumbrado[b] al abuso, tanto físico como verbal. Pero, una noche, Ricardo llegó muy borracho[c] a la casa y comenzó a pegarle a Esperanza hasta dejarla _____.[4] Pedro, el hijo mayor de ellos, que lo vio todo, _____[5] llamó a la policía. Ricardo quiso escaparse, pero la policía lo _____[6] y lo llevó a la cárcel. Mientras tanto, Esperanza se recuperó en un hospital y cuando salió, decidió dirigir[d] una _____[7] para ayudar a las mujeres y a las familias que han sido víctimas de la _____.[8] Gracias a estos esfuerzos para _____[9] a su familia, Esperanza pudo salir adelante.

[a]*remorseful* [b]*accustomed* [c]*drunk* [d]*to lead*

C. Casos peligrosos. ¿Cómo reaccionas frente a las siguientes situaciones peligrosas si eres una mujer? Escoge la respuesta apropiada, según el contexto.

1. Sales del trabajo de noche y tienes que caminar sola a tu carro. Tienes la impresión de que alguien te está siguiendo. ¿Cómo reaccionas?
   a. No te preocupas y esperas que nada pase.
   b. Regresas a tu oficina y llamas a un amigo (una amiga).

2. Después de tomar mucha cerveza, tu amiga está borracha y quiere conducir su carro. ¿Cómo reaccionas?
   a. Le quitas las llaves de su carro y no la dejas conducir.
   b. La dejas conducir su carro, pero la acompañas.

3. Necesitas sacar dinero de un cajero automático (ATM), pero es de noche y estás sola. ¿Cómo reaccionas?
   a. Sacas dinero de un cajero automático que esté bien alumbrado (lit) y en una zona pública.
   b. Sacas dinero de un cajero automático que esté en un zona aislada (isolated).

4. Alguien te asalta y te roba la cartera. ¿Cómo reaccionas?
   a. Corres detrás de esa persona en seguida.
   b. En seguida, llamas a la policía.

5. Mientras estás en una fiesta, un hombre sospechoso insiste en que tomes una bebida. ¿Cómo reaccionas?
   a. Aceptas la bebida y sigues gozando de la fiesta.
   b. Alertas a tus amigas para que todas dejen la fiesta.

6. Últimamente, tu novio se ha vuelto muy abusivo. Tienen una discusión y él intenta golpearte. ¿Cómo reaccionas?
   a. Le das una bofetada para provocarlo.
   b. Lo amenazas con sacar una orden de restricción si te golpea.

7. Una persona extraña golpea tu puerta fuertemente pidiendo que la dejes entrar. ¿Cómo reaccionas?
   a. Abres la puerta y la dejas pasar.
   b. Coges el teléfono para llamar a la policía.

D. Palabras engañosas: _golpear/ganar/batir._ Escoge la palabra que complete mejor el sentido de cada oración.

1. En el campeonato por la Copa Mundial Femenina de 2008, Brasil le (**golpeó/ganó**) a los Estados Unidos.

2. Aunque la lluvia (**ganaba/batía**) sobre los aficionados, ellos permanecieron en el estadio hasta que terminó el partido.

3. El jugador de béisbol (**golpeó/batió**) el record establecido logrando el mayor número de carreras (homeruns).

4. Tras una falta (foul) muy peligrosa, los dos jugadores enojados se (**batieron/golpearon**).

5. Nuestro equipo de vóleibol fue (**batido/golpeado**) solamente tres veces esta temporada (season).

6. El sol (**batía/golpeaba**) con tal fuerza que los jugadores tuvieron que tomar mucha agua.

7. Si (**ganan/baten**) el partido hoy, ellos van a ir a la final.

8. En el boxeo, los boxeadores se (**ganan/golpean**) hasta noquearse (knock out).

Nuestros amigos hablan. Escucha otra vez lo que dice Leticia en **Así lo veo I** y escribe las palabras que utiliza.

«Pues, entre _____¹ mujeres ahora este... ya hay mucha _____,²

porque ya un hombre si _____³ a la mujer ya lo _____.⁴

Bueno, aparentemente eso dicen, ¿no? Pero... este... ya cuando pasa _____,⁵

el hombre que golpea o casi deja _____⁶ a su _____,⁷ lo

dejan libre _____.⁸ O sea, sí hay _____⁹ porque él ya

está _____¹⁰ de _____¹¹ y mientras a la mujer ya la

_____¹² traumada, ya... este... golpeada, _____¹³ a sus hijos y a

ella. _____,¹⁴ sí hay diferencia porque ¿dónde está _____¹⁵?

Entonces, nada más... este... dicen que van a hacer y van a hacer que... que ni con el

_____¹⁶ de una rosa y eso es _____.¹⁷»

Gramática

LOS USOS DEL ARTÍCULO DEFINIDO

A. La mujer en tiempos de guerra. Escoge el uso correcto del artículo definido subrayado en las siguientes oraciones.

1. Históricamente, en tiempos de guerra (*war*), las mujeres han contribuido mucho a la causa.
   a. concepto abstracto   **b.** gran cantidad   **c.** objetos en general

2. Las contribuciones de estas mujeres fueron muy notables, sobre todo en el ámbito del trabajo.
   a. objetos en general   **b.** tiempo   **c.** bienes personales (*personal possessions*)

3. Mientras los hombres se fueron a pelear, los roles de género se invirtieron al necesitar quienes los reemplazaran (*replaced*) en el trabajo.
   a. bienes personales   **b.** objetos en general   **c.** concepto abstracto

4. En Inglaterra durante la Segunda Guerra mundial, algunas mujeres hicieron de pilotas y volaron los aviones a lado de los hombres.
   a. objetos en general   **b.** tiempo   **c.** bienes personales

5. Durante la Guerra Civil española, un grupo de mujeres llamado *Mujeres Libres* peleó contra el fascismo de Francisco Franco.
   a. tiempo   **b.** concepto abstracto   **c.** gran cantidad

6. Otras mujeres españolas manifestaron su apoyo a través de la literatura, como en las obras de María Teresa León.
   a. concepto abstracto   **b.** bienes personales   **c.** tiempo

7. En la hora de la necesidad, estas mujeres se sacrificaron mucho por sus respectivas causas, y es importante reconocer (*recognize*) los esfuerzos de ellas.
   a. tiempo   **b.** objetos en general   **c.** bienes personales

B. ¿Es necesario? Indica si es necesario utilizar un artículo definido (**Sí**) o no (**No**). Si es necesario o posible, escoge el artículo apropiado.

	SÍ	NO
1. _____ (**El/La**) solidaridad entre las mujeres es muy importante.	☐	☐
2. La reunión para la campaña es a _____ (**los/las**) 8:00 de la noche.	☐	☐
3. El abuso contra _____ (**las/los**) mujeres es inaceptable.	☐	☐
4. _____ (**El/La**) ir de compras es divertido.	☐	☐
5. _____ (**La/El**) Doctora García, ¿qué me recomienda para los dolores de cabeza?	☐	☐
6. Mis amigas prefieren ir de vacaciones _____ (**a la / al**) Florida.	☐	☐
7. Todos _____ (**los/las**) viernes voy al gimnasio.	☐	☐
8. _____ (**El/La**) ver es creer (*believe*).	☐	☐

C. ¿Una solución? Completa el siguiente párrafo con los artículos definidos necesarios. **¡OJO!** No se usan los artículos en todos los casos.

Aunque _____[1] querer buscar una solución al problema de _____[2] violencia intrafamiliar sea de mayor interés para muchos ciudadanos,[a] muchos gobiernos no han hecho lo suficiente para extender _____[3] ayuda necesaria a _____[4] víctimas de estos casos. _____[5] mayoría de estas víctimas son mujeres. Muchas de estas mujeres temen[b] que si denuncian[c] a _____[6] hombres que las maltratan, _____[7] policía los dejará en libertad y _____[8] gobierno no hará nada para castigarlos. En algunos países, como _____[9] Uruguay, para _____[10] luchar contra esta injusticia, se han lanzado campañas para prevenir _____[11] violencia doméstica y establecer _____[12] instituciones para proteger _____[13] derechos de la mujer.

[a]*citizens* [b]*fear* [c]*turn in*

Así lo veo I **en resumen.** Completa el resumen de **Así lo veo I** con palabras de la lista. Usa la forma correcta de los sustantivos y adjetivos y conjuga los verbos cuando sea necesario. Los verbos se utilizan en el presente y como infinitivo. **¡OJO!** Algunas palabras se usan más de una vez y otras no se usan.

VERBOS		SUSTANTIVOS	ADJETIVOS
agarrar	gozar	empresa	traumado
cortar	maltratar	mentira	
destacarse	sacar	policía	OTRAS PALABRAS
		violencia doméstica	el / la / los / las

En **Asi lo veo I,** tanto Ruth como Leticia nos afirman que a pesar de todo, la discriminación en contra de la mujer persiste. Para una mujer que quiere _____[1] en su trabajo, corre el riesgo[a] de que la vayan a _____[2] por ser mejor que un hombre en una misma _____.[3] Además, _____[4] problemas que enfrenta la mujer extienden al matrimonio porque muchos «hombres» _____[5] a sus mujeres. Pero los que también sufren y quedan _____[6] son los hijos de estas relaciones. Leticia agrega[b] que sí hay ayuda para proteger a _____[7] mujeres, pero _____[8] gobierno todavía no hace lo suficiente. Dicen que van a hacer algo pero es _____[9] porque no hacen nada. _____[10] policia agarra a _____[11] abusadores para luego dejarlos libre. Un hombre que deja casi muerta a su mujer en seguida puede _____[12] de su libertad.

[a]*risk*   [b]*adds*

ASÍ LO VEO II

Vocabulario del vídeo

A. Asociaciones. Empareja cada palabra o expresión con la definición más apropiada.

1. _____ la competencia
2. _____ platicar
3. _____ rechazar
4. _____ el promedio
5. _____ la amazona
6. _____ la traba
7. _____ la maestría
8. _____ exitoso/a

a. una mujer fuerte y ambiciosa
b. título a nivel posgrado
c. lo que se dice de una persona que logra triunfar en lo que se propone
d. no aceptar algo
e. obstáculo o dificultad
f. la rivalidad
g. conversar
h. el punto en que se divide algo por la mitad

B. El candidato ideal. Indica si cada una de las siguientes oraciones es cierta (**C**) o falsa (**F**).

Para ganar una beca (*scholarship*) escolar, hay que...

		C	F
1.	... especializarse solamente en matemáticas.	☐	☐
2.	... mantener un promedio bajo.	☐	☐
3.	... impactar de manera positiva a tu comunidad.	☐	☐
4.	... escribir un ensayo muy informal, no uno profesional.	☐	☐
5.	... demostrar la capacidad de vencer (*overcome*) cualquier traba.	☐	☐
6.	... vencer (*to defeat*) la competencia.	☐	☐
7.	... señalar la capacidad para el aprendizaje.	☐	☐
8.	... llegar tarde a la entrevista.	☐	☐

C. Las mujeres profesionales. Completa las siguientes oraciones con las palabras o frases apropiadas de la lista.

acoso sexual   competencia   éxito   impactar   rechazar
amazona   doctorado   ganan   profesionales

1. Hoy en día, hay más mujeres _____ en el ámbito del trabajo.

2. Debido a la alta _____ que existe, las mujeres tienen que estar bien preparadas.

3. Por eso, más mujeres deciden ahora continuar sus estudios a nivel de posgrado, optando por obtener la maestría o hasta el _____.

4. No obstante, la mayoría de estas mujeres se enfrenta con varias formas de discriminación sexual. Por ejemplo, en muchas empresas, los hombres _____ más dinero que las mujeres haciendo el mismo trabajo.

5. Incluso, muchos hombres se sienten amenazados por una mujer inteligente y prefieren _____ a una mujer que consideren ser competencia para ellos.

6. Desafortunadamente, si una mujer es muy competente y está muy segura de sí misma, los hombres la consideran una _____.

7. Debido a esa mentalidad patriarcal, a muchas mujeres les resulta difícil encontrar pareja o a veces son víctimas del _____.

8. Estas actitudes negativas no deberían _____ a aquellas que aspiran a ser mujeres profesionales.

9. Lo bueno es que a pesar de las trabas y los problemas que enfrenta la mujer hoy en día, hay muchas que han logrado el _____, tanto en su vida profesional como personal.

Nuestros amigos hablan.

Paso 1 A continuación hay unas ideas de Yolanda de **Así lo veo II.** Ordena los segmentos de cada idea lógicamente.

1. a la hora / entonces, inclusive yo / de pedir / lo he visto / trabajo

   _____

2. sí he encontrado / yo como / muchas trabas, muchas diferencias / mujer y profesionista

   _____

   _____

3. la vida continúa / no se haga / finalmente / y espero que eso / realidad

   _____

   _____

4. te va a rechazar / si un hombre / eres exitosa / te ve / porque

   _____

   _____

5. me platicó / la veían / que no podía / porque los hombres / como competencia potencial / encontrar pareja

   _____

   _____

Paso 2 Ahora, pon las ideas del **Paso 1** en el orden en que las expresa Yolanda. Luego, escucha **Así lo veo II** para verificar si apuntaste bien sus ideas y si las tienes en el orden correcto.

_____ _____ _____ _____ _____

Gramática

EL PRESENTE PERFECTO DE SUBJUNTIVO; EL SUBJUNTIVO DESPUÉS DE VERBOS DE VOLICIÓN

A. ¿Cuál es? Escoge la forma del verbo que complete mejor cada oración.

1. Me sorprende que Ud. _____ el empleo después de sólo cuatro meses.
   a. hayáis cortado   **b.** hayas cortado   **c.** haya dejado   **d.** hayas dejado

2. El hecho de que nosotros _____ nuestra relación no quiere decir que no podamos ser buenos amigos.
   a. hayamos cortado   **b.** haya llevado   **c.** hayáis cortado   **d.** hayamos llevado

3. Me molesta que me _____ más mentiras después de que te pedí que me dijeras la verdad.
   a. haya llegado   **b.** haya dicho   **c.** hayan llegado   **d.** hayas dicho

4. Dudo que nuestros amigos se _____, porque les di muy buenas direcciones.
   a. hayan perdido   **b.** hayáis perdido   **c.** hayan presentado   **d.** hayáis presentado

5. No es sorprendente que ella _____ muy exitosa en su carrera, ya que es muy trabajadora.
   a. hayan faltado   **b.** haya faltado   **c.** haya sido   **d.** hayan sido

6. Es malo que vosotros _____ la noche entera (*entire*) bebiendo cerveza.
   a. hayan pasado   **b.** hayáis pasado   **c.** hayan sacado   **d.** hayáis sacado

7. Es triste que ella no _____ conmigo de sus problemas.
   a. hayas platicado   **b.** haya mentido   **c.** hayas mentido   **d.** haya platicado

B. Un jefe exigente. Escoge el verbo correcto para completar el siguiente párrafo, según las expectativas del jefe de una empresa grande. Luego, conjuga el verbo utilizando el subjuntivo.

Como jefe de esta empresa, mi mayor deseo es que la compañía _____ (**destacarse/ acordarse**)[1] como la mejor de nuestra ciudad. Para lograr esto, yo espero que todos mis empleados _____ (**llegar/correr**)[2] temprano al trabajo. Soy muy exigente con el reglamento y no permito que mis empleados _____ (**recordar/faltar**)[3] más de dos días al año. También les prohíbo que _____ (**rechazar/platicar**)[4] con sus amigos usando la computadora en la oficina. Durante nuestras reuniones, insisto en que _____ (**cerrar/apagar**)[5] sus teléfonos celulares. Eso sí, quiero que todos _____ (**tratarse/ regirse**)[6] con respeto —sobre todo entre los hombres y las mujeres. Siempre recomiendo que nosotros _____ (**ganar/trabajar**)[7] juntos para lograr el éxito de esta empresa.

C. La mujer empresaria. A continuación, hay una serie de dibujos y oraciones sobre la rutina de trabajo de una mujer empresaria (*businesswoman*) durante un día normal. Para cada oración, escoge el verbo correcto y conjúgalo utilizando el subjuntivo. Luego, escribe el número de cada oración en el dibujo correspondiente.

1. En su presentación ante la junta directiva (*board of directors*), ella sugiere que la compañía

   _____ (**cambiar/agarrar**) la estrategia de su campaña.

2. Al llegar a la oficina, ella revisa su correo electrónico porque espera que uno de sus clientes le

   _____ (**haber/hacer**) contestado su mensaje.

3. Ella llama a su secretaria porque quiere que le _____ (**ganar/pasar**) las llamadas.

4. A la hora del almuerzo, su asistente le recomienda que _____ (**ir/agarrar**) a un restaurante muy bueno.

5. Ella prefiere que su asistente le _____ (**comer/servir**) un café para el desayuno.

Así lo veo II **en resumen.** Completa el resumen de **Así lo veo II** con palabras de la lista. Usa la forma correcta de los sustantivos y adjetivos y conjuga los verbos cuando sea necesario. Los verbos se utilizan en el indicativo y el subjuntivo. **¡OJO!** Algunas palabras se usan más de una vez y otras no se usan.

VERBOS		SUSTANTIVOS		ADJETIVOS
continuar	haber impactado	amazona	maestría	exitoso
ganar	haber ocurrido	competencia	promedio	
haber	pensar	éxito	traba	
haber encontrado	rechazar			

En **Así lo veo II,** Yolanda nos contó de sus experiencias como mujer profesional. Desafortunada-

mente, el hecho de que _____[1] tantas _____[2] es muy común. Ella

explica que los hombres ven a las mujeres como _____[3] en el trabajo. A Yolanda le

frustra que esto _____[4] con muchas mujeres. Muestra como ejemplo el de una

chica que conoció durante su _____[5] Era una chica _____[6] con un

_____[7] casi perfecto. Esta misma chica le contó, años después, de sus propias trabas

al no poder encontrar una pareja que aceptara su _____[8] A Yolanda le molesta que

todavía _____[9] hombres que piensan así. A la hora de pedir trabajo, Yolanda quiere

que las mujeres _____[10] lo mismo que los hombres. Además, Yolanda desea que los

hombres no la _____[11] simplemente porque es una mujer profesional. Al final, con

su actitud optimista, dice que la vida _____[12]

ASÍ LO VEO III

Vocabulario del vídeo

A. Asociaciones. Empareja cada palabra o expresión con la definición más apropiada.

1. _____ demasiado
2. _____ rondar
3. _____ el ritual
4. _____ conveniente
5. _____ el mando
6. _____ la pared
7. _____ toparse (con)
8. _____ tener atenciones (con)

a. apropiado/a
b. un obstáculo
c. en exceso
d. lo que se hace para agradar a alguien por estimación o cariño
e. cortejar o enamorar a una mujer
f. encontrarse, darse contra algo
g. el poder
h. conjunto de hábitos o costumbres

B. El ritual del cortejo. ¿Cómo ha cambiado el ritual del cortejo (*courtship*) en cuanto a las expectativas de la sociedad? Indica si cada oración representa una actitud del año 1910 o del año 2010.

	1910	2010
1. Los hombres siempre tienen que rondar a la mujer.	☐	☐
2. A las parejas, les viene bien cohabitar antes del matrimonio.	☐	☐
3. Sólo el hombre debe llevar la batuta en una relación.	☐	☐
4. Es práctico para las mujeres encontrar parejas a través del Internet.	☐	☐
5. Si tu pareja te lleva a un restaurante, ambos pueden compartir la cuenta.	☐	☐
6. Esta sociedad no ve con buenos ojos el hecho de que una mujer coquetee (*flirt*) con un hombre.	☐	☐
7. La mujer tiene que esperar a que el hombre la conquiste.	☐	☐
8. Es común ver a mujeres independientes que toman el mando en sus relaciones.	☐	☐

C. En aquellos tiempos. Completa la historia a continuación sobre la diferencia de opiniones entre una muchacha y su abuela. Usa la forma correcta de los verbos de la lista.

conquistar
conveniente
darse
demasiadas
llevar
rondar
tener atenciones con
tomar el mando

Según mi abuela, hoy en día hay _____[1] mujeres independientes. Le sorprende,

por ejemplo, que yo quiera _____[2] a un muchacho al cine en una cita. Ella

opina que es el hombre quien tiene que _____[3] a la mujer. Para que algo

bueno pueda _____,[4] la mujer debe esperar a que el hombre inicie la relación.

Yo no estoy de acuerdo con eso, pero entiendo que en aquellos tiempos tenían costumbres[a] diferentes.

Cuando ella era joven, el muchacho tenía que _____[5] a la joven. Además, no

era _____[6] dejar solos a los jóvenes sin chaperones. No obstante, a mí no me

importa _____[7] en mis relaciones amorosas. En lo que sí estamos de acuerdo

mi abuela y yo es que es muy importante _____[8] la pareja de uno.

[a]customs

D. Palabras engañosas: *llevar/traer*. Escoge el verbo correcto entre paréntesis.

1. Mi novio me _____ (**llevó/trajo**) al aeropuerto el domingo pasado.

2. Cada vez que escucho esta canción, me _____ (**lleva/trae**) buenos recuerdos.

3. Voy a _____ (**llevar/traer**) a mi abuela a la clínica porque no se siente bien.

4. La actriz _____ (**lleva/trae**) puesto un vestido hermoso para la ceremonia.

5. Si puedes, me _____ (**llevas/traers**) unas frutas del supermercado, por favor.

6. Ayer mis padres me _____ (**llevaron/trajeron**) unos muebles para mi apartamento.

7. Yo _____ (**llevo/traeigo**) tres años en la universidad pero todavía necesito tomar unos doce cursos.

rentes los hombres y las mujeres?

🎧 **Nuestros amigos hablan.** Escucha otra vez lo que dice Ernesto en **Así lo veo III** y escribe las palabras que utiliza.

«Ahorita en una pareja, en una pareja hombre y mujer: la actitud que siempre se espera de un

hombre es el que _____,[1] el que a lo mejor _____[2] a la mujer, el

que _____[3] la mujer, el que _____[4] a la mujer a su casa, el que la

_____[5] en su casa, el que vaya con ella al trabajo, el que esté, vaya, como rondán-

dola, ¿no? Haciendo su _____.[6] Ahorita como que eso ha _____.[7]

Eso ha cambiado y ya es más, en las generaciones _____,[8] es más común ver

que la mujer es la que _____[9] al hombre, ¿no? Ante... ante eso, yo creo que

hay _____[10] hombres que no saben cómo actuar. Cuando la mujer quiere

_____,[11] cuando la mujer quiere ser la que _____,[12] todos los

hombres no saben qué hacer. No, no saben, ¿no? O sea, como que se _____[13] con

_____.[14] Como que las reacciones que empiezan a tener no son como que las

más... las más _____[15] para que algo _____,[16] ¿no?»

Gramática

EL SUBJUNTIVO DESPUÉS DE CONJUNCIONES CONDICIONALES

A. Cosas de mujeres. Escoge el verbo correcto en el subjuntivo.

1. El esposo no puede salir con sus amigos sin que le _____ permiso a su esposa.
   a. pida **b.** cuidan **c.** pide **d.** cuide

2. Algunas mamás presionan a sus hijas para que ellas _____ peso.
   a. escojan **b.** pierda **c.** escoge **d.** pierdan

3. La novia quiere hablar con su novio antes de que ella _____ sobre los detalles de la boda.
   a. decida **b.** lean **c.** lea **d.** decidan

4. Los niños van a ir al parque, a menos que la madre _____ de opinión.
   a. cambia **b.** coma **c.** cambie **d.** come

5. Nosotras podemos ir de compras con tal de que no _____ mucho dinero.
   a. veamos **b.** gastemos **c.** gaste **d.** vea

6. La esposa no va a volver con su marido abusivo a menos que él _____ ayuda profesional.
   a. siga **b.** consiga **c.** sigue **d.** consiguen

7. En caso de que no te _____ la discoteca, llámame para ir por ti.
   a. gusta **b.** haya **c.** hayan **d.** guste

B. ¿Cierto o falso? Conjuga el verbo en la forma apropiada del subjuntivo. Luego, indica si cada oración es cierta (**C**) o falsa (**F**).

Nada bueno se puede dar entre dos personas...

		C	F
1.	... sin que _____ (**haber**) un mutuo nivel de confianza.	☐	☐
2.	.... a menos que lo _____ (**aprobar**) el gobierno.	☐	☐
3.	... a menos que la pareja _____ (**querer**) conocerse bien.	☐	☐
4.	... sin que ambas _____ (**estar**) dispuestas (*willing*) a comunicarse mutuamente.	☐	☐
5.	... sin que antes la pareja _____ (**tener**) relaciones íntimas.	☐	☐
6.	... a menos que _____ (**existir**) una fuerte atracción entre ellas.	☐	☐
7.	... sin que ellas se _____ (**rechazar**).	☐	☐
8.	... en caso de que una de ellas ya _____ (**tener**) otra relación.	☐	☐

C. Oraciones revueltas. Ordena los segmentos de cada idea lógicamente y modifica los verbos cuando sea necesario.

1. no maltratar / para que / hay campañas / a las mujeres / los hombres

_____

_____

2. poder encontrar pareja / el hombre / como competencia / no verla / una mujer profesional / con tal de que

_____

_____

3. a menos que / no poder avanzar / muchos hombres y mujeres / apoyarlos / en su carrera / su pareja

_____

_____

4. ocurrir / es importante / antes de que / la violencia doméstica / prevenir

_____

_____

5. existir / sin que / mucha violencia doméstica / darse cuenta / la gente

_____

_____

Así lo veo III **en resumen.** Completa el resumen del **Así lo veo III** con palabras de la lista. Usa la forma correcta de los sustantivos y adjetivos y conjuga los verbos cuando sea necesario. Los verbos se utilizan en el indicativo y el subjuntivo. **¡OJO!** Algunas palabras no se usan.

VERBOS		SUSTANTIVOS	ADJETIVOS
acompañar	saber	atención	conveniente
conquistar	salir	mando	demasiado
llevar	ser	pared	
poder	tomar	ritual	
	toparse		

En **Así lo veo III,** Ernesto nos habla sobre las diferencias de actitud en relación a las parejas entre hombre y mujer. De acuerdo a las normas de la sociedad, en una relación se espera que el hombre _____¹ a la mujer. Para lograr esto, él tiene que seguir el típico _____² Por ejemplo, un hombre tiene que tener ciertas _____³ antes de que _____⁴ con su pareja en una cita. Pero hoy en día, los roles de los sexos han cambiado y muchas veces es la mujer quien _____⁵ la batuta. Para que la mujer _____⁶ el mando, es conveniente que el hombre _____⁷ cómo actuar. Los hombres deben darse cuenta de esto antes de que _____⁸ con la _____.⁹ Se puede decir que Ernesto concluye que _____¹⁰ importante que se rompan las expectativas para que en una relación algo bueno _____¹¹ darse.

Así lo veo yo preparación

Esta hoja te va a ayudar a organizar tus ideas para la composición que vas a escribir sobre el siguiente tema: La mujer en la sociedad: retos en el siglo veintiuno. Sigue las instrucciones de cada uno de los **pasos** para completar el siguiente esquema. Luego, lleva esta hoja a la clase para escribir la composición.

Paso 1: La organización Cada uno de los párrafos de tu composición va a tener una idea principal. Escríbela en el cuadro apropiado. Si vas a escribir sólo dos párrafos, está bien. Si escribes más de tres, puedes usar una hoja más de papel. ¿Qué ideas secundarias o ejemplos te ayudan a apoyar o demostrar estas ideas? Apunta tres ideas o ejemplos en el esquema. ¿Mencionan nuestros amigos algunas ideas en el vídeo que puedes incluir en tu composición?

Paso 2: El vocabulario Repasa las secciones de vocabulario en el libro de texto y apunta las palabras o expresiones que quieres incluir para el argumento principal y las ideas que apoyan tu argumento.

Paso 3: La gramática Repasa las secciones de gramática y escribe dos oraciones con el subjuntivo (o con otras estructuras de esta lección) como ejemplos para incluir en la composición.

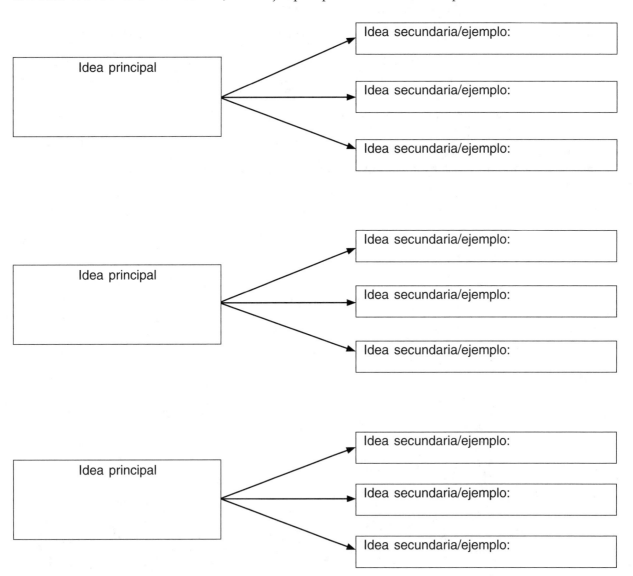

LECCIÓN 7

¿Qué es la religión para ti?

¿Son importantes las celebraciones religiosas en tu comunidad?

Objetivos

En esta lección vas a seguir:

- practicando el vocabulario relacionado con la religión y la espiritualidad
- usando el condicional, la negación, **lo más** + *adjetivo*, el pretérito y el imperfecto
- escuchando lo que dicen nuestros amigos sobre la religión y la espiritualidad y la importancia de estas en la vida de ellos

Antes de comenzar

Escucha la introducción de esta lección y escribe las palabras que faltan.

¿Cuántas veces has oído a una persona decir: «Yo no soy religioso, pero sí soy espiritual»? Por medio de esta declaración, la persona está afirmando que hay una distinción entre _____,[1] por un lado, y _____,[2] por otro. _____[3] sabemos que hay religiones establecidas, como la católica, la bautista, el judaísmo, el Islam y el budismo. Pero, no hay _____[4] parecido que _____[5] a la espiritualidad. ¿Puede ser alguien espiritual, pero no religioso, y viceversa? ¿Es posible llevar una vida sin creer en algo sobrenatural?

ASÍ LO VEO I

Vocabulario del vídeo

A. La religión y la espiritualidad. Completa cada oración correctamente con una de las palabras entre paréntesis.

1. Una buena persona quiere tener pensamientos (*thoughts*) _____ (**puros/vacíos**).

2. Cada religión tiene sus _____ (**creencias/descansos**).

3. _____ (**El dolor / La misa**) lleva muchas personas a la religión porque no quieren sufrir.

4. Un _____ (**encuentro/hueco**) con la posibilidad de la muerte es otro factor que los lleva a la religión.

5. Un _____ (**ateo/camino**) niega la existencia de Dios.

6. ¿Conoces a alguna persona que sigue _____ (**el encuentro / los mandamientos**) de su religión?

7. La familia tiene mucha influencia en lo que una persona _____ (**cree/llena**).

8. Muchos conceptos de la religión se aplican a la vida secular también, como el acto de

   _____ (**apegarse/perdonar**).

B. Asociaciones. Empareja cada palabra con la descripción correcta.

1. _____ agnóstico
2. _____ la Biblia
3. _____ el/la budista
4. _____ la conversión
5. _____ el/la misionero/a
6. _____ el servicio
7. _____ la espiritualidad
8. _____ materialista

a. inclinación más por los sentimientos y por lo religioso que por lo material
b. alguien que sigue las enseñanzas de Siddhartha Gautama
c. el hecho de cambiar, especialmente de cambiarse a otra religión
d. persona práctica que da mucha importancia a las cosas concretas
e. lo que se hace para ayudar a los demás
f. miembro de una iglesia que propaga la fe, generalmente en países no cristianos
g. un conjunto de libros sagrados cuyas enseñanzas siguen judíos y cristianos
h. persona que no tiene las creencias religiosas

C. Palabras engañosas y amigos falsos. Escribe el verbo de la lista que se aplique correctamente en cada caso.

orar   predicar   pronosticar   rezar

1. Un meteorólogo dice si va a llover este fin de semana. _____

2. El pastor enseña de la Biblia. _____

3. Las personas espirituales hacen esto en casa. _____

4. En una religión, las personas recitan algo como parte de los ritos. _____

5. Una persona lee el futuro de otra persona. _____

6. El sacerdote habló una hora sobre las virtudes del santo. _____

7. Una persona pide un milagro repitiendo unas frases. _____

8. Un estudiante espiritual hace esto antes de un examen. _____

Nuestros amigos hablan.

Paso 1 A continuación hay unas ideas de nuestros amigos de **Así lo veo I.** Pon los segmentos de cada idea en un orden lógico.

1. el verse / son / porque / cosas diferentes / la espiritualidad / para mí / es / interiormente

   _____

   _____

2. trate de ocupar / el camino concreto / sería / esa espiritualidad / religión / en que una persona / lo que yo llamaría

   _____

   _____

3. con Dios / del ser humano / es / una comunión / la espiritualidad / perfecta / para mí

   _____

   _____

4. una espiritualidad / la pueden llenar / tienen / los humanos / que / con creatividad / todos / incluso los ateos

   _____

   _____

Paso 2 Ahora, indica quién expresa las ideas del **Paso 1.** Luego, escucha **Así lo veo I** para verificar si apuntaste bien las ideas y si las tienes en el orden correcto.

1. _____   2. _____   3. _____   4. _____

Gramática

EL CONDICIONAL

A. **¿Qué haría?** María es una persona de buen corazón. Ella siempre trata de hacer lo que le dicta su conciencia. Indica la respuesta que muestra lo que posiblemente haría María.

1. Si la invitaran a una fiesta donde las personas hacen algo que va en contra (*against*) de su religión, ella...
   a. aceptaría la invitación.   **b.** no iría.

2. Si un pobre necesitara dinero, ella...
   a. se lo daría.   **b.** se lo negaría.

3. Si María viera que una anciana necesita ayuda para cruzar la calle, ella...
   a. la ayudaría.   **b.** no le haría caso.

4. Hay una conferencia sobre las malas influencias de la religión en la sociedad. Seguro que ella...
   a. estaría presente.   **b.** no asistiría.

5. Si se encontrara con una familia que no tiene dinero para la comida, ella...
   a. se la compraría.   **b.** no les daría nada.

6. Una persona le contó un chisme (*gossip*) y otra persona quiere saberlo. Ella...
   a. no se lo contaría.   **b.** se lo contaría.

7. Hay un videojuego que muestra mucha violencia. Ella...
   a. no lo tendría.   **b.** se lo compraría.

8. Donde trabaja, muchos de sus colegas apuestan (*bet*) dinero en un partido de fútbol americano. Ella...
   a. no arriesgaría su dinero.   **b.** apostaría su dinero también.

B. **Si tuviera mil millones de dólares...** Juan es una persona que practica lo que manda su religión y le gusta ayudar a los demás. Él está soñando con ganar mucho dinero en la lotería y piensa en lo que haría con todo su dinero. Pon las frases en orden, de acuerdo con lo que sabes de Juan.

__1__ Comenzaría por pagar todas mis deudas (*debts*).

_____ Una vez en ese país, me pondría en contacto con una iglesia para patrocinar (*sponsor*) el hospital.

_____ Por fin trataría de ayudar a los miembros de mi familia con el dinero que me quede.

_____ Después de volver, haría campaña para conseguir que varias compañías donaran dinero para el hospital.

_____ Hablaría con varios médicos para convencerlos de que ayudaran en el hospital.

_____ Compraría un billete de avión para ir a ese país.

_____ Luego, investigaría qué país tiene un sistema de salud muy deficiente.

C. En un mundo perfecto. ¿Qué haría la gente en un mundo perfecto? Completa cada oración usando el condicional de uno de los verbos de la lista.

amar   pasar   perdonar   preparar
dedicar   pensar   practicar   tratar

1. Los seres humanos _____ con respeto a los demás.

2. En lugar de ver la televisión, las personas _____ más tiempo contemplando la naturaleza.

3. Las personas religiosas _____ los fundamentos de su religión en paz.

4. Las personas _____ y pedirían perdón.

5. La gente _____ en cosas buenas y positivas.

6. Todos _____ su vida a ayudar a los necesitados.

7. Todos _____ a su prójimo.

8. Los gobiernos se _____ para la paz en vez de la guerra.

Así lo veo I **en resumen.** Completa el resumen de **Así lo veo I** con palabras de la lista. Usa la forma correcta de los sustantivos y conjuga los verbos cuando sea necesario. Los verbos se utilizan, en el condicional o el infinitivo. **¡OJO!** Algunas palabras no se usan.

VERBOS		SUSTANTIVOS	
apegarse	preferir	ateo	filantropía
bautizar	rezar	comunión	hueco
confesarse	ser	dolor	meditación
experimentar	tener	encuentro	necesidad
poder	tratar		

En esta lección, nuestros amigos hablan de lo que significa la espiritualidad y la religión

para ellos. El Padre piensa que el ser humano tiene una _____¹ de llenar el

_____² que tiene en su vida. La manera en que alguien intenta llenarlo depende

de su religión o creencia. Por ejemplo, un budista _____³ de no apegarse a las

cosas materiales. Los ateos _____⁴ otro tipo de espiritualidad

y _____⁵ dedicarse a la filantropía. Además, los que no tienen ninguna religión

_____⁶ la presencia de Dios de otras maneras, como la _____⁷ u

otro tipo de disciplina para tener un encuentro con su propio espíritu.

Yolanda y Ruth piensan que hay una diferencia clara entre la religión y la espiritualidad. Para

ellas, la espiritualidad tiene que ver más con el corazón y la _____⁸ personal que

uno tiene con lo que cree. En cambio, la religión es una conducta. Por ejemplo, un católico iría a

misa, _____⁹ con un sacerdote, _____¹⁰ a los hijos, etcétera, pero no

necesariamente _____¹¹ una persona espiritual.

ASÍ LO VEO II

Vocabulario del vídeo

A. La palabra correcta. Completa cada una de las oraciones con la palabra correcta de la lista.

armonía
considerar
hipócrita
huellas
luna
soberbio
sol
temor

1. Una sinfonía trata de poner todos los instrumentos en _____.

2. Cuando alguien camina por la playa, deja _____ en la arena (*sand*).

3. Si hay _____ llena por la noche, es más fácil ver.

4. Un _____ es alguien que dice una cosa pero hace otra.

5. El _____ es frecuentemente considerado un símbolo (o un dios) en muchas religiones indígenas.

6. Hay personas que son religiosas por el _____ de ir al infierno (*hell*).

7. Muchos líderes religiosos predican que uno no debe ser _____.

8. Hay que _____ muchos factores cuando uno escoge una religión o una iglesia.

B. Palabras engañosas: *temor/miedo.* Indica cuáles de las siguientes oraciones se refieren a la palabra **temor (T)** o a **miedo (M)**.

	T	M
1. Lo que inspira una película de monstruos	☐	☐
2. Lo que la religión inculca	☐	☐
3. Cuando una fantasma aparece en tu casa	☐	☐
4. Cuando estás muy cerca de un león	☐	☐
5. La razón por la cual una persona religiosa no quiere hacer algo malo	☐	☐
6. La razón por la cual los religiosos observan los mandamientos de su religión	☐	☐
7. Cuando casi chocas con otro auto	☐	☐
8. Cuando oyes un ruido extraño en la casa	☐	☐

C. Las supersticiones. Escoge la opción que complete lógicamente cada oración sobre las supersticiones.

1. Debes tener cuidado cuando caminas para...
   a. no dejar una huella donde la acera (*sidewalk*) está quebrada.
   b. no mojarte el pie.

2. Los monstruos tienden a salir...
   a. cuando la luna está llena.
   b. cuando el sol está fuerte.

3. Muchas personas tienen miedo de...
   a. romper un vaso.
   b. romper un espejo.

4. Los vampiros no pueden...
   a. nadar.
   b. salir a la luz del día.

5. Los fantasmas no tienen...
   a. sombra cuando hace sol.
   b. la capacidad de comunicarse.

6. Cuando alguien encuentra en su camino una escalera de mano (*ladder*)...
   a. debe saltar tres veces.
   b. no debe pasar por debajo.

7. Cuando estás dentro de la casa, no debes...
   a. abrir un paraguas.
   b. hablar a solas (*to yourself*).

8. Dicen que Bigfoot deja...
   a. una huella muy grande.
   b. un rastro muy pequeño.

Nuestros amigos hablan. Escucha otra vez lo que dice Ruth en **Así lo veo II** y escribe las palabras que utiliza.

Bueno, yo pienso que es mucho muy importante. Yo pienso que la religión, sea la que sea, es muy importante en una persona porque tienes un _____[1] a algo. Tienes un _____[2] a algo. Tienes la comunión con algo, ¿no? con Dios. Entonces, cuando hay, yo siento, una religión en una familia, _____[3] hay como más eh... pues, más _____[4] en la fa... dentro de una familia. Hay eh... más respeto, hay temor entre los jóvenes. _____,[5] siento que la religión es muy importante. Es muy importante, porque si crecemos sin creer en _____,[6] no le entiendo yo. Yo no _____[7] entender que una persona _____[8] crecer sin, yo no creo en _____.[9] Pues igual puedes creer en el sol, la luna, ¿no? Creer en _____.[10] Pero, ¿en _____[11]? No. Entonces una religión pues es creer en _____.[12]

Gramática

LA NEGACIÓN

A. Los deseos de una madre católica. Indica si una madre católica desearía lo siguiente para sus hijos (**Sí**) o no (**No**).

	SÍ	NO
1. No quiero que mis hijos tengan problemas con el catolicismo.	☐	☐
2. Espero que nunca hagan cosas que no considero buenas.	☐	☐
3. Deseo que jamás digan que la fe es importante.	☐	☐
4. Deseo que nunca dejen de practicar la religión.	☐	☐
5. Espero que tampoco hagan lo que yo sé que nunca debo hacer.	☐	☐
6. Espero que nunca digan: «No quiero tener problemas con nadie.»	☐	☐
7. Tampoco quiero que causen problemas.	☐	☐
8. Espero que yo nunca contradiga mis creencias con mis acciones, para darles un buen ejemplo.	☐	☐

B. La mejor opción. Completa cada oración con la mejor opción.

1. Hay personas que no creen en _____.
   a. nunca   **b.** algo   **c.** nada

2. _____ quiere estar en presencia de una persona soberbia.
   a. Ninguno   **b.** Nadie   **c.** Nada

3. _____ persona puede dejar huella sin creer en algo.
   a. Nadie   **b.** Ninguna   **c.** Nunca

4. Prefiero ser una de esas personas que _____ se pone a filosofar demasiado.
   a. nada   **b.** nunca   **c.** ninguno

5. Casi _____ me olvido de rezar porque me hace sentir tranquilo.
   a. nada   **b.** nadie   **c.** nunca

6. _____ estaría de acuerdo con las ideas de un ateo, porque parecen improbables.
   a. Nada   **b.** Jamás   **c.** Ningunas

7. _____ puede llegar a ser importante sin tener una creencia en algo mayor.
   a. Ningunos   **b.** Nada   **c.** Nadie

8. A veces, cuando pienso en la guerra, siento que no tengo _____ fe en los seres humanos.
   a. nada   **b.** nunca   **c.** ninguna

C. ¿Es buen católico? Completa cada oración con una palabra de la lista. Algunas palabras se usan más de una vez. Luego, indica si la oración describe a una buena persona católica (**Sí**) o no (**No**).

nada   nadie   ningún (ninguno/a)   nunca   jamás

	SÍ	NO
1. _____ va a misa.	☐	☐
2. No tiene _____ duda sobre el amor de Dios.	☐	☐
3. _____ participa en _____ actividad filantrópica.	☐	☐
4. Dice que la vida no sirve para _____.	☐	☐
5. No trata mal a _____.	☐	☐
6. No respeta a _____ sacerdote.	☐	☐
7. _____ pierde la oportunidad de donar su tiempo para una buena causa.	☐	☐
8. No reza por _____.	☐	☐

Así lo veo II **en resumen.** Completa el resumen de **Así lo veo II** con palabras de la lista. Usa la forma correcta de los sustantivos y adjetivos. Los verbos se usan como infinitivos. **¡OJO!** Algunas palabras no se usan.

VERBOS	SUSTANTIVOS		ADJETIVOS	OTRAS PALABRAS
crecer	algo	nadie	algún	nunca
dejar	ateo	ninguno	soberbio	siempre
	nada			tampoco

En **Así lo veo II**, Ruth y Ernesto hablan de la importancia de creer en algo. Aunque ellos tienen

perspectivas distintas en muchas ocasiones, _____[1] de los dos entiende cómo una

persona pueda no creer en _____.[2] De hecho, Ernesto dice que una persona si no

cree en nada, él _____[3] puede creer en esa persona, porque es _____[4]

y vacía. Reconoce que los _____[5] pueden llegar a tener mucho éxito en la vida,

pero no van a _____[6] huella en los demás. Es decir, _____[7] van a

animar a otros a _____[8] para mejorarse como seres humanos. Tampoco van a llegar

a hacer _____[9] importante en la vida. ¿Qué piensas tú? ¿Es necesario creer en

_____[10] ser superior para ser una buena persona e influir en los demás de una

manera positiva?

ASÍ LO VEO III

Vocabulario del vídeo

A. Asociaciones. Empareja cada palabra con la definición más apropiada.

1. _____ la corriente
2. _____ encajar
3. _____ manejar
4. _____ vender
5. _____ pegado/a
6. _____ el/la creyente
7. _____ escoger

a. dar algo a otro por un precio convenido
b. conducir; dirigir
c. persona que profesa una religión
d. ajustar una cosa en otra; ser alguien o algo adecuado
e. elegir
f. lo que está en uso ahora o en el presente; un movimiento
g. muy aficionado/a a algo o a alguien

B. La espiritualidad. Completa cada una de las oraciones con la palabra correcta de la lista.

creyente   pegados
educar   revelar
escoger   santo
pedírsela

1. Un _____ debe poner en práctica lo que cree.

2. Un _____ tiene virtudes extraordinarias.

3. Hay que _____ un buen camino para tener un buen futuro.

4. Algunos creyentes están «_____» a la iglesia; van casi todos los días a misa.

5. Si una persona necesita la ayuda de un sacerdote, primero tiene que _____.

6. Cada religión pretende que puede _____ la verdad a sus creyentes.

7. En el pasado, uno de los propósitos principales de la iglesia era _____ a la gente.

C. El maravilloso verbo *pedir*. Escoge la opción más apropiada de acuerdo a cada situación.

1. _____ No puedes arrancar (*start*) tu carro y tienes que llegar al aeropuerto. Llamas a un amigo y le dices: ...

2. _____ Estás en un restaurante y llega el camarero (*waiter*). Le dices: ...

3. _____ Estás con un amigo en un restaurante en España. Tu amigo no habla español. Entonces, le dices al camarero: ...

4. _____ Tu amiga lleva cinco años con el mismo novio. Por fin, la ves un día con un anillo. Le preguntas: ...

5. _____ Tu amigo está pasando por unos momentos difíciles y rezas por él. Le dices a Dios: ...

a. Te pido que lo ayudes.
b. ¿Ya te ha pedido la mano?
c. Voy a pedir una ensalada.
d. Necesito pedirte un favor.
e. Voy a pedir por él.

Nuestros amigos hablan.

Paso 1 Las siguientes oraciones vienen de lo que dicen Ernesto, Leticia y Gustavo en **Así lo veo III.** Sin embargo, en cada oración hay una palabra o expresión que ellos no utilizan. ¿Puedes identificarlas? Luego, indica quién dijo eso.

1. «[Dios] es algo superior^a a nuestra^b inteligencia, superior a lo espiritual,^c a lo que está^d aquí.»

   Lo dijo _____.

2. «Cuando llego me pongo a^a rezar por^b mi mamá, por^c los que han muerto^d.» Lo dijo

   _____.

3. «Me educaban^a como católico, pero,^b además, desde que me educaron^c me dijeron^d... » Lo dijo

   _____.

4. «No he encontrado^a ninguna^b religión que me guste^c por lo^d mismo.» Lo dijo

   _____.

5. «Mi condición a nadie^a le^b causa problemas, pero religiosamente no encajo^c en nada^d.» Lo dijo

   _____.

Paso 2 Ahora, escucha **Así lo veo III** para verificar tus respuestas y escribe la palabra o expresión que realmente utilizan para cada oración del **Paso 1.**

1. _____
2. _____
3. _____
4. _____
5. _____

Gramática

LO **+** ADJETIVO; REPASO DEL PRETÉRITO Y DEL IMPERFECTO

A. Lo más lógico es... Escoge la opción más adecuada a cada situación.

Cuando alguien tiene un problema muy serio...

1. ... lo más lógico es _____.
   a. pedirle ayuda a alguien   **b.** resolver el problema solo

2. ... lo más típico es _____.
   a. sentir mucho estrés   **b.** estar contento

3. ... lo más espiritual es _____.
   a. olvidarse del problema   **b.** meditar o rezar para encontrar una solución

Cuando alguien tiene mucho dinero...

4. ... lo más lógico es _____.
   a. ahorrar mucho y gastar poco   **b.** darle mucho dinero prestado a un amigo

5. ... lo más típico es _____.
   a. gastar mucho y ahorrar un poco   **b.** darle todo el dinero a la iglesia

6. ... lo más espiritual es _____.
   a. comprar un yate   **b.** donar algo a los pobres

Cuando alguien está buscando pareja...

7. ... lo más lógico es _____.
    a. quedarse en casa solo   **b.** hablar con amigos y hacer vida social.

8. ... lo más típico es _____.
    a. no pensar en la situación   **b.** sentirse solo

9. ... lo más espiritual es _____.
    a. unirse a un grupo religioso   **b.** ir a un bar

B. La vida de un santo. Muchos santos tienen una niñez particular y una mente avanzada. Ordena las frases lógicamente del 1 al 8.

_____ Al poco tiempo, se notaba tendencias espirituales en él.

_____ Entonces, se educó en la iglesia con el sacerdote.

_____ Vivió el resto de sus días en la contemplación de lo infinito.

__1__ Nació en un pueblo pequeño.

_____ Sus padres lo llevaron a la iglesia.

_____ El niño sorprendió al sacerdote, porque entendía fácilmente los textos sagrados.

_____ Dejó sus estudios por la soledad de un monasterio.

_____ Cuando era muy pequeño, tenía una imaginación muy viva.

C. Cuando me mudé a la Florida. Un muchacho cuenta la historia de cuando se mudó de Nueva York a la Florida. Completa la historia con la forma correcta del verbo en el pretérito o el imperfecto.

Cuando yo _____¹(tener) 5 años, yo _____² (vivir) en Nueva York.

_____³ (ir) a la escuela cerca de mi casa, y también _____⁴ (poder)

ir caminando a nuestra iglesia. _____⁵ (pasar) mucho tiempo con mis amigos,

jugando y soñando con el futuro. Un día, mi padre _____⁶ (conseguir) otro

trabajo en la Florida y todos _____⁷ (mudarse) a Miami. Al principio, yo no

_____⁸ (poder) aguantar el calor de allí y tampoco _____⁹ (tener)

muchos amigos, pero con el paso del tiempo, _____¹⁰ (conocer) a muchas personas,

y ahora la Florida es mi estado favorito.

D. La experiencia de Gustavo en una iglesia evangélica. En **Lección 2,** Gustavo habla de lo que le pasó una vez cuando fue a una reunión evangélica. Lee esta paráfrasis de lo que cuenta Gustavo y complétala con la forma correcta del verbo en el pretérito o el imperfecto.

Hace muchos años yo _____[1] (**estar**) pasando una crisis muy fuerte. Una amiga de

mis padres _____[2] (**ser**) cristiana y constantemente les _____[3] (**decir**):

«Vengan a estas pláticas y que es muy bonito». Entonces, un día, ellos me _____[4]

(**llevar**), y yo no _____[5] (**saber**) ni adónde _____[6] (**ir**). Nosotros

_____[7] (**llegar**) a esa plática y _____[8] (*ellos:* **hablar**) maravillas, cosas

muy bonitas. Y mientras yo _____[9] (**recibir**) toda esa información, que además

la _____[10] (**necesitar**), de repente _____[11] (**recordar**) que yo

_____[12] (**estar**) ahí porque ellos me _____[13] (**querer**) curar de mi

homosexualidad, cosa que no se puede curar.

Así lo veo III **en resumen.** Completa el resumen de **Así lo veo III** con palabras de la lista. Usa la forma correcta de los adjetivos. Los verbos se usan en el pretérito y el imperfecto. **¡OJO!** Algunas palabras se usan más de una vez y otras no se usan.

VERBOS			ADJETIVOS	OTRAS PALABRAS
confesar	mostrar	ser	espiritual	aunque
crear	pedir	ver	pegado	de hecho
decir	rezar		religioso	en cambio
encajar				lo
escoger				

En **Así lo veo III,** nuestros amigos hablan de sus creencias personales y sobre cómo ponen en prác-

tica su fe. Supimos que los tres amigos _____[1] espirituales, pero no necesariamente

religiosos. Gustavo, por ejemplo, no _____[2] ninguna religión porque no encajaba en

ninguna. _____[3] Leticia y Ernesto sí son religiosos. Ernesto parece no creer en todas

las enseñanzas del catolicismo, pero nos dijo que sí _____[4] en un Dios superior

a la inteligencia humana. Además, Ernesto _____[5] que era bastante santero,

como muchos mexicanos, y que le _____[6] a la Virgen de Guadalupe y a San

Judas Tadeo, aunque nunca _____[7] nada, sólo la salud. Como Ernesto, Leticia

dijo que no estaba _____[8] a la religión, pero que sí _____[9] creyente.

_____[10] impresionante de Leticia, como nosotros _____[11] en sus entre-

vistas, es su sinceridad y su actitud de agradecimiento.[a] _____[12] nos dijo que en

todas las situaciones de su vida le daba gracias a Dios.

[a]*thankfulness*

Así lo veo yo preparación

Esta hoja te va a ayudar a organizar tus ideas para la composición que vas a escribir sobre el siguiente tema: **La religión y la espiritualidad en tu vida.** Sigue las instrucciones de cada uno de los **pasos** para completar el siguiente esquema. Luego, lleva esta hoja a la clase para escribir la composición.

Paso 1: La organización Cada uno de los párrafos de tu composición va a tener una idea principal. Escríbela en el cuadro apropiado. Si vas a escribir sólo dos párrafos, está bien. Si escribes más de tres, puedes usar una hoja más de papel. ¿Qué ideas secundarias o ejemplos te ayudan a apoyar o demostrar estas ideas? Apunta tres ideas o ejemplos en el esquema. ¿Mencionan nuestros amigos algunas ideas en el vídeo que puedes incluir en tu composición?

Paso 2: El vocabulario Repasa las secciones de vocabulario en el libro de texto y apunta las palabras o expresiones que quieres incluir para el argumento principal y las ideas que apoyan tu argumento.

Paso 3: La gramática Repasa las secciones de gramática y escribe dos oraciones con el pretérito y el imperfecto (o con otras estructuras de esta lección) como ejemplos para incluir en la composición.

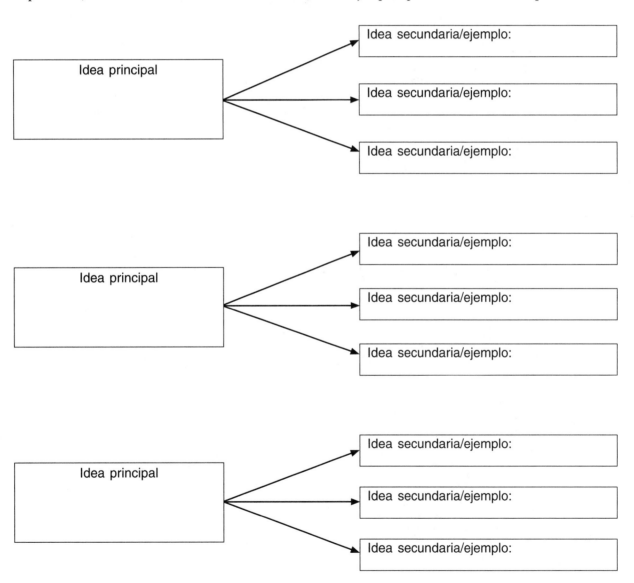

LECCIÓN 8

¿Cómo influye la religión en la sociedad?

¿Tienen mucha influencia las instituciones religiosas en tu comunidad?

Objetivos

En esta lección vas a seguir:

- practicando el vocabulario relacionado con las influencias de la religión en la sociedad
- usando los mandatos afirmativos y negativos, verbos que requieren preposiciones, y el pasado de subjuntivo
- escuchando lo que dicen nuestros amigos sobre la religión en la sociedad y en la política

Antes de comenzar

Escucha la introducción de **Lección 8** e indica si se mencionan las siguientes ideas.

		SÍ	NO
1.	Hay personas de una religión que se casan con personas de otra fe.	☐	☐
2.	Hay personas que hacen peregrinaciones a lugares sagrados.	☐	☐
3.	Hay personas que creen que la religión debe tener un papel importante en la sociedad.	☐	☐
4.	Hay gente que reza antes de comer.	☐	☐
5.	Hay gente que piensa que los aportes negativos de la religión sobrepasan a los positivos.	☐	☐

ASÍ LO VEO I

Vocabulario del vídeo

A. Asociaciones. Empareja cada palabra o expresión con la definición más apropiada.

1. _____ la fe
2. _____ radical
3. _____ alejarse de
4. _____ la postura
5. _____ desnudo
6. _____ mezclar
7. _____ el condón
8. _____ la pastilla

a. apartarse de algo
b. sin ropa
c. juntar, unir una cosa con otra
d. tableta anticonceptiva
e. la creencia en la existencia de un poder divino
f. preservativo que se usa durante el acto sexual
g. actitud que toma una persona con relación a un tema o idea
h. drástico

B. Palabras engañosas: *ahorrar/guardar/salvar.* Completa cada oración correctamente con **ahorrar, guardar** o **salvar.**

1. Para devolver a la tienda una prenda de ropa, es necesario _____ el recibo.

2. Los misioneros buscan _____ muchas almas (*souls*) convirtiendo a las personas a la religión.

3. El salvavidas (*lifeguard*) debe _____ a una persona que se está ahogando (*drowning*).

4. No te olvides de _____ tus joyas en un lugar seguro.

5. Ella quiere _____ todo su dinero para comprarse un carro.

6. Siempre trato de _____ todas mis fotos en la computadora.

7. Es mejor _____ el dinero para pagar el alquiler.

8. Para _____ nuestro planeta, hay que reciclar.

C. Rehabilitación religiosa. Muchas personas piensan que la conversión religiosa ayuda a las personas que están en la cárcel (*jail*). Por eso, hay muchos voluntarios religiosos que dan su tiempo para rehabilitar a los prisioneros. Tomando esto en cuenta, completa las siguientes oraciones con la forma correcta de las palabras o frases apropiadas de la lista a continuación. ¡**OJO**! No se usan todas las palabras.

alejarse de   f~   ~no   salvar   tierra
            ~vación   somero

~nsan que deben _____ las almas de los que van por mal

~lica, el _____ de Dios acepta hasta a los pecadores (*sinners*)
~repentidos (*repentant*).

_____ se arrepienten mucho de sus crímenes.

~neros deciden reencontrar su _____.

religión en la sociedad?

5. En su deseo por _____ su pasado, estos prisioneros tratan de establecer una relación con Dios para demostrar cómo han cambiado.

6. La iglesia es la representación del reino de Dios sobre la _____.

7. Como en muchas cárceles no hay iglesia, muchos sacerdotes visitan a los encarcelados que desean lograr su _____ por medio de Cristo.

8. Debido a esto, algunos encarcelados logran un cambio _____ en su persona, lo que los lleva a su rehabilitación.

D. La Iglesia y la reproducción. Escoge la palabra que complete mejor el sentido de cada oración.

1. Cuando la píldora, o pastilla anticonceptiva (*contraceptive*), se hizo disponible en los años 70, causó un cambio _____ en el control reproductivo.
   a. somero   **b.** radical   **c.** desnudo

2. En general, la Iglesia católica tiene una _____ rígida en contra de los anticonceptivos.
   a. pantalla   **b.** postura   **c.** pastilla

3. Según recomiendan los médicos, hay que _____ dos métodos anticonceptivos.
   a. usar   **b.** gobernar   **c.** salvar

4. Por ejemplo, aunque _____ previene el embarazo (*pregnancy*), no protege a las mujeres contra las enfermedades transmitidas sexualmente, como el SIDA.
   a. el condón   **b.** la postura   **c.** la pastilla

5. Para reducir el riesgo de contraer alguna enfermedad que se transmite sexualmente, una pareja puede _____ en la idea de hacerse exámenes con frecuencia.
   a. gobernar   **b.** alejarse   **c.** concordar

6. A pesar de los beneficios de los anticonceptivos, la Iglesia católica no quiere _____ que se usen porque según sus enseñanzas, el mejor método es la abstinencia.
   a. permitir   **b.** mezclar   **c.** alejarse

7. No obstante, si una persona es sexualmente activa, debe _____ quienes no toman precauciones en sus relaciones sexuales.
   a. salvar   **b.** alejarse de   **c.** permitir

Nuestros amigos hablan. Escucha otra vez lo que dice Yolanda en **Así lo veo I** y escribe las palabras que utiliza.

«La religión en la _____,[1] pues, como ya lo _____,[2] es muy

_____,[3] porque la gente _____[4] de cierta forma y piensa

_____[5] otra. No... no se ven eh... siendo _____[6] como uno ambas

cosas. No _____.[7] Entonces, para mí, a veces siento que aquellas personas, muchas

de las personas que _____[8] religión, son para que la gente los _____[9]

bien, para que sean _____[10] en la sociedad. Pero en realidad no... no

_____[11] la religión. No sienten esa _____.[12] Y con respecto a la...

_____[13] a la... a la política, siento que son cosas _____,[14] muy, muy

aparte, porque una cosa es el _____[15] gobernar al pueblo y _____[16]

con la religión.»

Gramática

LOS MANDATOS

A. Viviendo la fe. Escoge la forma del mandato que complete mejor cada oración.

1. Si quieres que tus hijos tengan una buena educación religiosa, _____ un buen ejemplo para ellos.
   - **a.** toma
   - **b.** sé
   - **c.** tomas
   - **d.** sabes

2. Si tienes tiempo libre, _____ a una organización que ayuda a las personas necesitadas.
   - **a.** dedícate
   - **b.** dedica
   - **c.** haz
   - **d.** hazte

3. _____ todos los domingos a misa.
   - **a.** Deja
   - **b.** Empieza
   - **c.** Ve
   - **d.** Dejas

4. Si hay una buena causa, _____ dinero.
   - **a.** odia
   - **b.** construye
   - **c.** pasa
   - **d.** dona

5. Siempre _____ la verdad.
   - **a.** di
   - **b.** digas
   - **c.** cambia
   - **d.** descuida

6. Si ves a una persona sin recursos, _____ de comer.
   - **a.** mezcla
   - **b.** piensa
   - **c.** dale
   - **d.** den

7. _____ a la gente necesitada la ropa que ya no usas.
   - **a.** Regala
   - **b.** Come
   - **c.** Regalas
   - **d.** Cambia

B. Las vacaciones seguras. Tu mejor amigo/a quiere ir de vacaciones a otro país. Conjuga el verbo en la forma apropiada del mandato entre paréntesis para que sea un buen consejo. **¡OJO!** Puede ser afirmativo o negativo.

1. Si vas a viajar fuera del país, _____ (**olvidarse/gobernar**) de tu pasaporte.

2. _____ (**mezclar/llegar**) tarde al aeropuerto.

3. Si vas a la playa, _____ (**usar/salvar**) una crema contra el sol (*sunblock*).

4. Si vas a la discoteca, _____ (**bailar/alejarse**) con un extraño (*stranger*) sospechoso.

5. _____ (**concordar/conducir**) si has tomado bebidas alcohólicas.

6. _____ (**practicar/permitir**) lo que sabes del sexo seguro.

7. _____ (**estar/ser**) grosero (*rude*) con las personas locales.

8. _____ (**salir/seguir**) todos mis buenos consejos.

C. La primera mascota

Paso 1 Provee el mandato afirmativo formal (**Ud.**) que corresponde a cada dibujo.

1. _____ (**Pagar/Vender**) el pez y por las otras cosas que quieres comprar.

2. _____ (**Buscar/Tomar**) información sobre el tipo de pez que quieres comprar.

3. _____ (**Odiar/Disfrutar**) de tu nueva mascota.

4. _____ (**Dejar/Ir**) a una tienda de mascotas para escoger el pez que quieres.

5. _____ (**Llevar/Prestar**) tu mascota a casa en seguida (*immediately*).

6. _____ (**Preguntar/Escoger**) el pez que más te guste y los materiales que necesites.

Paso 2 Ahora pon los hechos en el orden en que ocurren cuando uno quiere comprar un pez de mascota.

_____ _____ _____ _____ _____ _____

D. Una carta de mamá. A punto de salir para la universidad, tu mamá te da la siguiente carta con algunos consejos. Complétala correctamente con mandatos informales afirmativos o negativos.

Querido hijo/a:

Ahora que te vas a la universidad, lejos de casa, te voy a echar mucho de menos. No obstante,

_____[1] (**recordar/grabar**) siempre todo lo bueno que te he enseñado.

_____[2] (**dejar/abrir**) que las malas influencias se interpongan[a] en tus estudios.

Aunque yo sé que las fiestas son muy divertidas, es preferible que _____[3] (**ver/ir**)

a muchas. Eso sí, _____[4] (**estar/ser**) leal tanto a tus nuevos amigos como a tus

buenos amigos de la secundaria. _____[5] (**creerme/irme**) que vale la pena[b]

mantener estas amistades. En cuanto a tus finanzas, _____[6] (**ahorrar/gastar**)

un poco para que siempre tengas dinero en caso de emergencia. Y, por supuesto,

_____[7] (**cuidarme/llamarme**) todos los días para que yo sepa que estás bien.

Besos y abrazos,
Mamá

[a]se... *interfere*   [b]vale... *it's worth*

Así lo veo I **en resumen.** Completa el resumen de **Así lo veo I** con palabras de la lista. Usa la forma correcta de los sustantivos y adjetivos y conjuga los verbos cuando sea necesario. Los verbos se usan en el imperativo y el infinitivo. **¡OJO!** Algunas palabras no se usan.

VERBOS				SUSTANTIVOS	ADJETIVOS
alejarse	construir	dar	usar	condón	encarcelado
concordar	cumplir	ir	vestir	pastilla	rígido
	mezclar	visitar		tierra	somero

En **Así lo veo I,** hay una diferencia entre las posturas del Padre Aguilar y la de Yolanda en

cuanto a la religión y la política. Mientras que el Padre Aguilar opina que un cristiano no puede

_____[1] de la política, Yolanda piensa que son cosas distintas. Ella cree que no se

deben _____[2] ambas cosas. En cambio, el Padre nos recuerda las palabras de

Cristo: «_____[3] mi reino ya desde la Tierra». Por eso, según él, los intereses de

los cristianos concuerdan con la política. Entre estas sugerencias para hacer política como

cristiano, el Padre nos recomendaría lo siguiente: « _____[4] las bienaventuranzas,

le _____[5] de comer y beber a quien lo necesite, _____[6] con ropa a

una persona desnuda y _____[7] a los criminales que están _____[8]».

Sólo así podrá un cristiano vivir su fe. Pero Yolanda todavía duda de esas personas que hacen estos

actos de caridad[a] por apariencia, practicando una religión _____[9] Además, no está

de acuerdo con que la Iglesia católica diga «no _____[10] los anticonceptivos», como

el condón o la _____[11] Frente a estas posturas _____[12] de la Iglesia,

es difícil ver cambios radicales en esta actitud de querer combinar la religión con la política.

[a]*charity*

ASÍ LO VEO II
Vocabulario del vídeo

A. Asociaciones. Empareja cada palabra o expresión con la definición más apropiada.

1. _____ el difunto
2. _____ soltero/a
3. _____ el/la huérfano/a
4. _____ cobrar
5. _____ el/la agonizante
6. _____ el negocio
7. _____ el hábito
8. _____ desagradable

a. incómodo o molesto
b. persona que ha muerto
c. recibir una cantidad a cambio de algo
d. traje que usan las monjas
e. persona que no está casada
f. el comercio
g. se dice de una persona, particularmente de un niño o niña, que no tiene padres
h. persona que está muriendo

B. El crecimiento (*growth*) evangélico en Latinoamérica. Completa la historia a continuación con palabras de la lista. **¡OJO!** No se usan todas las palabras.

defenden
descuida
desgraciadamente
enriquecerse
evangélicos
grano de arena
rodea
sacerdotes
solteros

Debido al gran esfuerzo misionero en Latinoamérica, se ha visto que muchos católicos se convier-

ten en _____[1] en muchos de estos países. Este crecimiento se ha notado

sobre todo en las áreas en donde se encuentran las clases menos privilegiadas que el gobierno

_____.[2] En este contexto, el mensaje de los predicadores evangélicos concuerda

con la realidad social que los _____.[3] A muchas de estas personas de bajos

recursos, las atrae la aproximación comunitaria y la fe devocional que _____[4]

los pastores evangélicos. A diferencia de los _____[5] católicos, los ministros o

pastores evangélicos no necesitan tantos años de preparación educativa. Entonces, estos grupos

cuentan con una labor misionera más grande. Otra de las diferencias es que los pastores evangéli-

cos no tienen que permanecer _____,[6] es decir que pueden casarse y tener

familia. _____,[7] la imagen de estas iglesias evangélicas sufre cuando ciertas

sectas corruptas intentan _____[8] con el dinero que contribuyen sus creyentes.

C. La labor social. ¿Cuál sería la mejor forma de contribuir con tu propio grano de arena? Escoge la respuesta apropiada, según el contexto.

1. No quieres la comida que te sobra (*is left over*) después de cenar en un restaurante pero no quieres echarla a perder. ¿Qué haces?
   a. Se la ofreces a una persona necesitada.
   b. La dejas pudrir en la basura.

2. Asistes a una escuela católica y necesitas cumplir con tu cuota de servicio a la comunidad. ¿Qué haces?
   a. No cumples con tu cuota del todo (*at all*).
   b. Cumples la cuota de horas sirviendo de voluntario/a en un comedor de beneficencia (*soup kitchen*).

3. Tienes mucha ropa que ya no usas y no sabes qué hacer con ella. ¿Qué decides hacer?
   a. Se la regalas a un hogar de niños huérfanos.
   b. Les cobras dinero a los huérfanos para obtener algún beneficio.

4. Se necesitan voluntarios para cuidar a las personas en un hogar de ancianos. ¿Qué haces?
   a. Te dedicas a visitarlos por lo menos una vez a la semana.
   b. Prefieres hacer dinero trabajando en una tienda de ropa.

5. Tu amiga es una madre soltera y necesita a alguien que le cuide a su hijo para poder ir a trabajar, pero no tiene con qué pagarle. ¿Qué haces?
   a. Le cobras la mitad (*half*) de lo que le cobraría una niñera (*baby-sitter*).
   b. No te molestas en ayudarla.

6. Visitas la tumba (*tomb*) de tu tía difunta y ves que desgraciadamente la tumba de al lado está descuidada.
   a. Dejas la tumba como está.
   b. Compras flores para adornar la tumba abandonada.

7. Los sacerdotes de tu parroquia (*parish*) están recaudando fondos (*collecting funds*) para la construcción de un nuevo orfanato. ¿Qué haces?
   a. Decides apostar el dinero extra que tienes en vez de contribuir a una buena causa.
   b. Organizas una rifa (*raffle*) y cobras dos dólares por cada boleto para recaudar más dinero para el orfanato.

Nuestros amigos hablan.

Paso 1 A continuación hay unas ideas que expresa Leticia en **Así lo veo II**. Ordena los segmentos de cada idea lógicamente.

1. ya piden / de tres años / depende de / por una misa / hasta dos mil pesos / cómo la quiera

   _____

   _____

2. no exigen / porque / en la católica / en otras religiones / tanto como

   _____

3. no nos / lo necesitamos / cuando / apoyan / nosotros

   _____

4. las misas / ya / bien caras / los sacerdotes / están cobrando

   _____

Paso 2 Ahora, pon las ideas del **Paso 1** en el orden en que las expresa Leticia. Luego, escucha **Así lo veo II** para verificar si apuntaste bien sus ideas y si las tienes en el orden correcto.

_____   _____   _____   _____

Gramática

VERBOS QUE REQUIEREN PREPOSICIONES; EL PASADO DE SUBJUNTIVO: INTRODUCCIÓN

A. Un mundo mejor. Indica qué preposición corresponde al verbo en cada oración.

1. Es difícil ser optimista cuando _____ todas las cosas negativas que nos rodean.
   a. piensas en   **b.** cuentas con   **c.** piensas de   **d.** ayudas a

2. Pero para iniciar el cambio, hay que ser más objetivo y _____ ser pesimista.
   a. aprender a   **b.** pensar en   **c.** contar con   **d.** dejar de

3. El verdadero cambio _____ actuar, no solamente en esperar que las cosas mejoren por sí solas (*on their own*).
   a. piensa de   **b.** aprende a   **c.** consiste en   **d.** cuenta con

4. Por ejemplo, no desperdicies (*waste*) la oportunidad de _____ algún pobre o necesitado.
   a. soñar con   **b.** dejar de   **c.** ayudar a   **d.** consistir en

5. La mayoría de las veces, estas personas necesitadas no pueden _____ nadie.
   a. pensar en   **b.** tratar de   **c.** tratar a   **d.** contar con

6. _____ animar (*motivate*) a tus amigos para que participen en una buena causa.
   a. Sueña a   **b.** Aprende a   **c.** Trata de   **d.** Deja de

7. Tienes que _____ no dejarte vencer por los obstáculos.
   a. aprender a   **b.** pensar en   **c.** pensar de   **d.** ayudar a

8. No importa lo que la gente _____ tus ideas —tú puedes lograr tu propio cambio.
   a. piense de   **b.** deje de   **c.** cuente con   **d.** piense en

9. Si entre todos nos ayudamos, entonces, sí podemos _____ un mundo mejor.
   a. consistir en   **b.** soñar con   **c.** dejar de   **d.** aprender a

B. Para pensar. Hay dos preposiciones que pueden acompañar al verbo **pensar.** Escoge la preposición que corresponde según el contenido de la oración.

	EN	DE
1. Necesito más tiempo para pensar _____ su oferta de trabajo.	☐	☐
2. Estoy pensando _____ ti.	☐	☐
3. Esto es lo que pienso _____ tu regalo.	☐	☐
4. Este fin de semana, estuve pensando _____ lo mucho que extraño a mis padres.	☐	☐
5. ¿Qué piensas _____ esa nueva tienda (*store*) de ropa?	☐	☐
6. Tienes que cambiar lo que piensas _____ esa clase si quieres mejorar (*improve*) tu nota.	☐	☐
7. Los jóvenes sólo piensan _____ divertirse los fines de semana.	☐	☐
8. ¿Qué piensas _____ ese artículo controvertido del periódico?	☐	☐

C. Actos de precaución. Conjuga el verbo en la forma apropiada del pasado de subjuntivo. Luego, indica si crees que las precauciones que se tomaron fueron suficientes (**Sí**) o no (**No**).

	SÍ	NO
1. Para prevenir un incendio, era preciso que _____ (**apagarse**) todas las velas (*candles*) antes de irse a acostar.	☐	☐
2. Para prevenir que alguien _____ (**tener**) una intoxicación alimenticia (*food poisoning*), los cocineros guardaron toda la comida en el refrigerador.	☐	☐
3. Para que se _____ (**prevenir**) un accidente, el taxista manejó con más cuidado.	☐	☐
4. Como era torpe el niño, su padre no lo dejó subir al árbol para que no _____ (**caerse**).	☐	☐
5. Con tal de que un hombre _____ (**ser**) una persona fiel, la mujer no veía la necesidad de usar anticonceptivos.	☐	☐
6. Para que no me _____ (**hacer**) daño la comida, me tomé un antiácido, por si acaso.	☐	☐
7. Para que la agonizante _____ (**poder**) confesarse, la familia llamó al sacerdote.	☐	☐
8. Para prevenir que _____ (**enfermarse**) el muchacho, su madre le dio sus vitaminas.	☐	☐

D. La Iglesia y la sociedad. Completa el siguiente párrafo con la forma correcta del pasado de sub-juntivo de uno de los verbos entre paréntesis.

Para que la Iglesia católica en los países de habla hispana _____[1] (**llegar/deber**) a perder tanta influencia, varios eventos sucedieron.[a] En España, por ejemplo, después de que terminó la dictadura de Francisco Franco, muchos españoles quisieron distanciarse de la Iglesia católica ya que esta representaba la intolerancia franquista. Los cambios que comenzaron a darse reflejaban[b] lo que la gente quería que _____[2] (**suceder/saber**) siguiendo tanta represión. La idea era que cada ser humano _____[3] (**deber/detener**) tener el derecho de escoger su propia religión. En vez de que la Iglesia católica _____[4] (**guardar/estorbar**) el proceso de consolidar los derechos humanos, se pasaron leyes que protegen estos derechos. Incluso, para que _____[5] (**poder/haber**) más libertades, se vino a reconocer el matrimonio legal entre dos personas del mismo sexo. Y aunque la Iglesia católica no _____[6] (**apoyar/castigar**) esta ley, ya no ejercía la misma influencia de antes por la secularización[c] del gobierno español.

[a]*happened* [b]*reflected* [c]*secularization (separation of church and state)*

Así lo veo II **en resumen.** Completa el resumen de **Así lo veo II** con palabras de la lista. Usa la forma correcta de los sustantivos y adjetivos y conjuga los verbos cuando sea necesario. Los verbos se usan en el presente y el infinitivo. **¡OJO!** Algunas palabras no se usan.

VERBOS		SUSTANTIVOS	ADJETIVOS
cambiar	echar	hábito	fanático
cobrar	hacer daño	negocio	rígido
contar	pensar	religión	
descuidar	tratar	sacerdote	

En **Así lo veo II,** Ruth, Leticia y Ernesto concuerdan en que desgraciadamente la devoción religiosa tiene sus efectos negativos en la sociedad. Según ellos, uno de estos efectos negativos es cuando las personas se vuelven _____¹ porque _____² a perder lo que está a su alrededor.ᵃ Por _____³ de involucrarse tanto en su religión, la gente no solamente _____⁴ a los demás sino también se daña a sí misma. Por esa razón, estas personas empiezan a _____⁵ de actitud hasta el punto de _____⁶ a sus propias familias. La desilusión con la religión crece cuando las personas piensan que ellos no pueden _____⁷ con los sacerdotes, sobre todo los _____.⁸ En el caso de Leticia, ella opina que ya la Iglesia parece un _____⁹ porque los sacerdotes _____¹⁰ preciosᵇ altos por las misas. De hecho, Ernesto dice que algunos que se ponen un _____¹¹ sólo _____¹² en cómo enriquecerse más. Es esta realidad somera de la religión con la que no están de acuerdo nuestros amigos.

ᵃ*surroundings*   ᵇ*prices*

ASÍ LO VEO III

Vocabulario del video

A. Asociaciones. Empareja cada palabra o expresión con la definición más apropiada.

1. _____ el consejero
2. _____ el soporte
3. _____ odiar
4. _____ lejano/a
5. _____ atrapado/a
6. _____ encasillar
7. _____ la carencia
8. _____ el/la indígena

   a. detestar
   b. sin salida (*exit*)
   c. falta de algo
   d. persona que se encarga de dar recomendaciones o hacer sugerencias
   e. nativo/a
   f. que no está cerca
   g. limitar; clasificar
   h. el apoyo

B. La lucha de los indígenas. Escoge la palabra que complete mejor el sentido de cada oración.

1. En la lucha (*struggle*) por conseguir _____ necesario para sus causas, muchos indígenas encuentran varios obstáculos al ser controlados por la religión dominante.
   a. la carencia   **b.** el consejero   **c.** el soporte

2. Muchos indígenas se sienten _____ entre conservar su cultura y aceptar las creencias religiosas impuestas (*imposed*) por los europeos al llegar a Latinoamérica.
   a. lejanos   **b.** atrapados   **c.** vengativos

3. Por otro lado, como la mayoría de los indígenas de los países latinoamericanos vive en lugares

   _____ de las ciudades principales, la presencia religiosa es más fuerte.
   a. lejanos   **b.** molestos   **c.** vengativos

4. En realidad, muchos indígenas han sido víctimas de discriminación por no _____ completamente en la ideología que predomina en sus respectivos países.
   a. estorbar   **b.** encuadrar   **c.** juzgar

5. Debido a la influencia de la cultura dominante, hasta las nuevas generaciones tienden a _____ las tradiciones religiosas de sus antepasados (*ancestors*) calificándolas de prácticas diabólicas y de brujería (*witchcraft*).
   a. encasillar   **b.** estorbar   **c.** detener

6. Los principales _____ de gran parte del sufrimiento de los pueblos indígenas son los gobiernos nacionales que tratan de oprimirlos o de utilizarlos para sus propios intereses.
   a. crecimientos   **b.** causantes   **c.** carencias

7. Por ejemplo, durante la Guerra Civil en Guatemala, grupos _____ del gobierno asesinaron a más de 200.000 personas, la mayoría de estas indígenas mayas.
   a. lejanos   **b.** atrapados   **c.** vengativos

8. La _____ de atención a las necesidades tanto espirituales como materiales de los indígenas es un problema que continúa hoy en día.
   a. soporte   **b.** indígena   **c.** carencia

C. La fe que une y divide. Completa las siguientes oraciones con palabras o frases apropiadas de la lista a continuación.

causante   crecimiento   encasillar   guardarn rencor
consejeros   detenerse   estorbar   juzgan

1. La mayoría de los _____ espirituales, ya sean sacerdotes, rabinos o pastores, concuerda en que una base fundamental de la religión es el amor.

2. A pesar de eso, muchas veces la religión es la _____ de muchas divisiones.

3. Por ejemplo, en el conflicto entre los palestinos y los israelitas en el medio oriente (*Middle East*), se nota que todavía se _____ entre ellos debido a la religión.

4. Incluso dentro de las comunidades que comparten la misma religión, las personas _____ a los demás sin recordar que el juicio final no lo deciden ellos.

5. Antes de sentir odio o rencor, es bueno _____ a pensar en lo que nuestra religión realmente espera (*expects*) de nosotros.

6. En vez de _____ a las personas de acuerdo a su afiliación religiosa, deberíamos promover la paz entre todos los seres (*beings*) humanos.

7. De lo contrario, en lugar de que la religión sea un mecanismo unitivo, puede _____ el amor universal que tanto profesa (*professes*).

8. No importa a qué religión pertenezca uno, el _____ espiritual depende del esfuerzo (*effort*) que uno ponga por seguir su fe con buenos principios.

Nuestros amigos hablan.

Paso 1 Las siguientes oraciones vienen de lo que dice Gustavo en **Así lo veo III**. Sin embargo, hay una palabra o expresión en cada oración que Gustavo no utiliza. ¿Puedes identificarla?

1. Cuando llegas[a] a un grado[b]... es muy interesante[c] la vida que vivimos[d] ahorita.

2. Eso es bueno. Porque, bueno, no es igual[a] hablar de estos conceptos[b] este... aquí en un departamento y demás[c] que es... que un indígena en la sierra[d] con muchas carencias.

3. Entonces probablemente[a] a esa gente le... le... le... le pueda dar[b] muy buenas cosas la religión[c]... u... un aporte.[d]

4. Eso es lo positivo[a] de la religión[b] que no... siguen atrapados[c] a la idea del Dios padre.[d]

5. No han llegado[a] al apóstol[b] Santo junto con todo el resto[c] de la humanidad.[d]

Paso 2 Ahora, escucha **Así lo veo III** para verificar tus respuestas y escribe la palabra o expresión que realmente utiliza Gustavo para cada oración del **Paso 1.**

1. _____   3. _____   5. _____

2. _____   4. _____

Gramática

EL PASADO DE SUBJUNTIVO: CONTINUACIÓN

A. El maravilloso verbo *echar*. Escoge la forma del verbo que complete mejor cada oración.

1. El niño estaba cansado, entonces decidió _____ para descansar.
   a. echó una siesta   **b.** echar una siesta   **c.** echar a perder   **d.** echó a perder

2. Después de que los estudiantes se portaron mal en la clase, la profesora los _____ del salón.
   a. echó de   **b.** echó   **c.** echó de menos   **d.** se echó

3. Cuando los novios se encuentran a larga distancia, se _____.
   a. echarle la bronca   **b.** echarse   **c.** echaron a perder   **d.** echan de menos

4. El perro _____ debajo de la mesa mientras la familia comía.
   a. se echó   **b.** echó   **c.** echó las tripas   **d.** echó de

5. Mi novia _____ por olvidarme de nuestro aniversario.
   a. me echó a perder   **b.** echarme a perder   **c.** me echó una siesta   **d.** me echó la bronca

6. La comida tan mala hizo que el perro _____.
   a. echara a perder   **b.** echarse a perder   **c.** echara las tripas   **d.** echó las tripas

7. Nosotros lo _____ del equipo por su mal comportamiento.
   a. echar las tripas   **b.** echamos de menos   **c.** echamos una siesta   **d.** echamos

B. Cuando eras más joven. Escoge el verbo correcto entre paréntesis y conjúgalo en la forma apropiada del pasado de subjuntivo. Luego, indica si cada oración se te aplica a ti (**Sí**) o no (**No**).

Cuando eras más joven, ¿tus padres permitían que (tú) ...

		SÍ	NO
1.	... te _____ (**subir/levantar**) a los árboles?	☐	☐
2.	... tú _____ (**cantar/regresar**) tarde de la casa de tu amigo/a?	☐	☐
3.	... tú _____ (**comentar/comer**) chocolate todos los días?	☐	☐
4.	... y tu hermana _____ (**andar/guardar**) en bicicleta sin casco (*helmet*).	☐	☐
5.	... _____ (**pasar/leer**) la noche en casa de un amigo (una amiga)?	☐	☐
6.	... _____ (**hacer/sacar**) lo que querías?	☐	☐
7.	... y tus amigos _____ (**ir/buscar**) solos al cine?	☐	☐
8.	... _____ (**salvar/participar**) en actividades extracurriculares?	☐	☐

C. Mala suerte. Completa las siguientes oraciones con la forma correcta del pasado de subjuntivo de uno de los verbos entre paréntesis.

1. El verano pasado, tenía que estudiar para mi examen final antes de que me _____ (**ir/ver**) de vacaciones.

2. Pero no había un tutor disponible que me _____ (**cantar/ayudar**) con algunas preguntas.

3. La noche antes del examen, para que _____ (**despertarse/acostarse**) a tiempo, puse (*set*) el despertador, pero no sonó.

4. Por si acaso, mi novio me iba a llamar antes de que él _____ (**dejar/salir**) de su casa, pero nunca me llamó.

5. Salí de prisa (*hurry*) porque quería llegar a la clase antes de que _____ (**empezar/terminar**) a llover porque no tenía paraguas (*umbrella*).

6. Por mala suerte, llegué tarde al examen porque habían cerrado el garaje para que nadie se _____ (**estar/estacionar**).

7. Afortunadamente, mi profesora me permitió que _____ (**correr/tomar**) el examen en su oficina el día siguiente.

D. Un viaje inolvidable. Completa el siguiente párrafo con la forma correcta del pasado de subjuntivo de uno de los verbos entre paréntesis.

El año pasado, mis amigas y yo decidimos emprender[a] un viaje para que _____[1] (**celebrar/preferir**) nuestra graduación. Como nunca habíamos ido a Europa, optamos[b] por ir a España para que _____[2] (**conocer/saber**) otro continente. Como nuestros padres querían que todas _____[3] (**caminar/viajar**) juntas, nos fuimos en el mismo vuelo.[c] Llegamos al aeropuerto de Madrid, y en seguida buscamos nuestro hotel para descansar un poco. Pero, primero en el hotel no encontraron nuestra reservación, y luego nos dijeron que debido a las reparaciones que hacían, era necesario que _____[4] (**dejar/compartir**) una habitación pequeña. Decidimos quedarnos en ese hotel con tal de que no _____[5] (**haber/saber**) más problemas. Esperábamos que nada más _____[6] (**estorbar/encuadrar**) nuestros planes. Al día siguiente, llovió constantemente pero nada nos detuvo en nuestra misión de conocer todo lo que _____[7] (**poder/soportar**). Al final, por más que nos _____[8] (**odiar/gustar**) viajar por España, tuvimos que regresar a casa, pero sin duda, fue un viaje inolvidable.

[a]*embark on*   [b]*we opted*   [c]*flight*

***Así lo veo III* en resumen.** Completa el resumen de **Así lo veo III** con palabras de la lista. Usa la forma correcta de los sustantivos y adjetivos y conjuga los verbos cuando sea necesario. Los verbos se usan en el presente y el imperfecto de subjuntivo. **¡OJO!** Algunas palabras no se usan.

VERBOS			SUSTANTIVOS		ADJETIVOS	
controlar	permitir	ver	concepto	crecimiento	atrapado	religioso
encuadrar	ser		consejero	enemigo	estresante	vengativo

En **Así lo veo III,** Gustavo y el Padre Aguilar hablaron de los aspectos positivos y negativos de la religión. Gustavo admitió que no era muy _____,[1] pero dijo que era probable que la religión _____[2] un soporte para muchos, sobre todo en esta época _____[3] en la que vivimos. Por otro lado, dijo que era malo que la Iglesia _____[4] y _____[5] la vida de muchos. Según Gustavo, este deseo de controlar a la gente continúa hasta hoy con el tema del matrimonio gay.

Para el Padre Aguilar, los aspectos positivos y negativos de la religión tienen mucho que ver con el _____[6] de Dios. Si la gente considera a Dios como el _____[7] que juzga en vez de un buen _____[8] que ayuda, la religión llega a ser un impedimento en el _____[9] espiritual. Por eso, es necesario que la gente _____[10] a Dios como un ser comprensivo que ama en vez de un Dios _____.[11]

Así lo veo yo preparación

Esta hoja te va a ayudar a organizar tus ideas para la composición que vas a escribir sobre el siguiente tema: **La influencia de la religión en la sociedad.** Sigue las instrucciones de cada uno de los **pasos** para completar el siguiente esquema. Luego, lleva esta hoja a la clase para escribir la composición.

Paso 1: La organización Cada uno de los párrafos de tu composición va a tener una idea principal. Escríbela en el cuadro apropiado. Si vas a escribir sólo dos párrafos, está bien. Si escribes más de tres, puedes usar una hoja más de papel. ¿Qué ideas secundarias o ejemplos te ayudan a apoyar o demostrar estas ideas? Apunta tres ideas o ejemplos en el esquema. ¿Mencionan nuestros amigos algunas ideas en el vídeo que puedes incluir en tu composición?

Paso 2: El vocabulario Repasa las secciones de vocabulario en el libro de texto y apunta las palabras o expresiones que quieres incluir para el argumento principal y las ideas que apoyan tu argumento.

Paso 3: La gramática Repasa las secciones de gramática y escribe dos oraciones con el pasado de subjuntivo (o con otras estructuras de esta lección) como ejemplos para incluir en la composición.

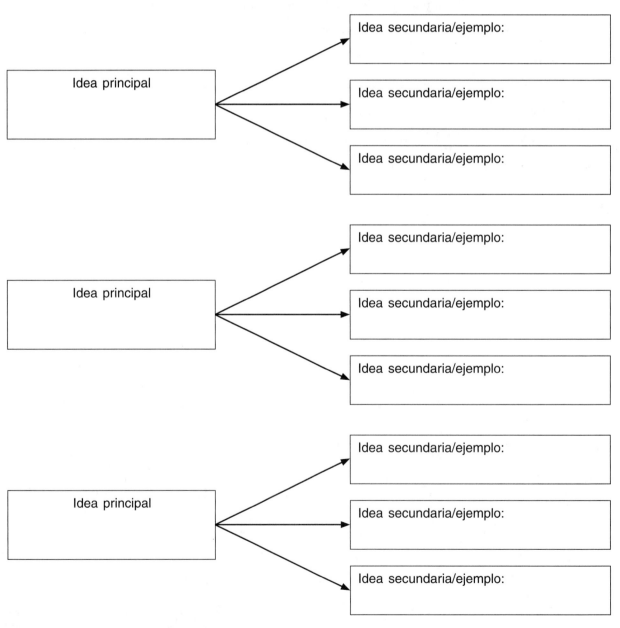

LECCIÓN 9

¿Con qué problemas sociales se enfrenta la sociedad?

¿Cómo contribuye la sobre-población a otros problemas sociales?

Objetivos

En esta lección vas a seguir:

- practicando el vocabulario relacionado con los problemas actuales de la sociedad
- usando el subjuntivo después de antecedentes indefinidos y negativos y en oraciones condicionales
- escuchando lo que dicen nuestros amigos sobre los problemas más serios en México

Antes de comenzar

Las siguientes oraciones vienen de la introducción de esta lección. Léelas y luego escucha la introducción, escribiendo las palabras que faltan y poniendo cada oración en el orden correcto.

a. _____ ¿Cuántas personas _____ entran en el país cada año y qué deberíamos hacer con ellas?

b. _____ Las _____ en este país no suelen llegar al mismo nivel socioeconómico que tiene el grupo dominante.

c. _____ El _____ sigue siendo un problema que parece no tener una solución fácil.

ASÍ LO VEO I

Vocabulario del vídeo

A. Asociaciones. Empareja cada palabra o expresión con la definición más apropiada.

1. _____ rescatable
2. _____ menospreciar
3. _____ abusar de
4. _____ reubicar
5. _____ el poblado
6. _____ el vagabundo
7. _____ la pobreza

   a. una población pequeña
   b. la falta de lo necesario para vivir
   c. una persona sin un lugar fijo donde vivir ni ocupación
   d. no darle a una persona el valor e importancia que tiene
   e. atropellar, violentar; aprovecharse de alguien
   f. poner en un lugar conveniente
   g. que se puede salvar o recuperar

B. Oraciones. Completa con palabras de la lista cada una de las oraciones sobre los problemas mundiales. ¡OJO! No se usan todas las palabras.

abusar	alfabetización	menospreciar
aislados	analfabetismo	pobreza
alcohólicos	delincuencia	vagabundos

1. El _____ es uno de los problemas que comparten de los países subdesarrollados.

2. En las ciudades grandes el nivel de _____ es, por lo general, muy alto.

3. Debido a la extrema _____, muchos niños mueren de hambre.

4. Los estados donde el clima es caluroso (*hot*) atraen a numerosos _____.

5. Muchos grupos indígenas viven _____ de los centros industrializados.

6. Hay muchos gobiernos que tratan de mejorar la situación de sus países a través de la

   _____ y la educación.

C. Respuestas lógicas. Escoge la respuesta lógica para cada una de las siguientes preguntas sobre los problemas mundiales.

1. ¿Qué problema social se refiere a la falta de educación de la población?
     a. el analfabetismo   **b.** el alcoholismo

2. ¿Qué acción es necesaria cuando las personas viven en zonas peligrosas?
     a. reubicar   **b.** alfabetizar

3. ¿Cómo se le llama a una persona que va de un lugar a otro, sin hogar ni trabajo?
     a. un alcohólico   **b.** un vagabundo

4. ¿Qué nombre se le da al problema social que crean algunos delitos, como el robo de autos y la venta de drogas?
     a. la delincuencia   **b.** la pobreza

5. ¿Qué expresión es sinónimo de «opinión»?
     a. hacerse de la vista gorda   **b.** el punto de vista

6. ¿Qué palabra se refiere al hecho de no darle a una persona el valor e importancia que tiene?
   a. abusar   **b.** menospreciar

7. ¿Qué persona no se relaciona ni se comunica con los demás?
   a. una persona aislada   **b.** una persona cómoda

D. El maravilloso verbo *sentir*. Completa cada oración con la forma correcta de **sentir, sentirse** o **sentir que.**

1. Un amigo acaba de regresar de África donde vio mucha pobreza; ahora _____ triste por la situación.

2. Muchas personas _____ el hambre es un problema que se puede solucionar.

3. (Yo) _____ mucho llegar tarde. Normalmente soy una persona muy puntual.

4. Estoy preocupado por mi madre. Lleva varios días enferma y espero que ella

   _____ mejor.

5. Parece que el aire acondicionado no funciona porque estamos todos sudando y

   _____ calor.

6. Ruth _____ el problema más serio es la educación.

Nuestros amigos hablan.

Paso 1 A continuación hay unas ideas que expresa Ruth en **Así lo veo 1.** Ordena los segmentos de cada idea lógicamente.

1. analfabetismo / en México / aquí / mucho / todavía / hay

   _____

2. son regiones que son mucho / son analfabetas / de pobreza / las mismas regiones / extrema / de que

   _____

   _____

3. a alfabetizar / para ir a la sierra / están invitando / muy importante / y yo siento que / a personas / eso es

   _____

   _____

4. el problema / está muy grave / la educación / que siento que / social / en México / es

   _____

   _____

Paso 2 Ahora, pon las ideas del **Paso 1** en el orden en que las exprese Ruth. Luego, escucha **Así lo veo I** para verificar si apuntaste bien las ideas y si las tienes en el orden correcto.

_____   _____   _____   _____

Gramática

REPASO DEL SUBJUNTIVO DESPUÉS DE ANTECEDENTES NEGATIVOS O INDEFINIDOS

A. Itzel: una estudiante maya. Escoge la respuesta que refleje lo que Itzel, una estudiante de origen maya, desea y necesita. Ella logró asistir a la escuela y ahora está en la universidad estudiando antropología social y quiere graduarse pronto para ayudar al desarrollo de su comunidad.

Itzel...

1. ... aspira a hacer algo en el futuro que...
    a. termine con la pobreza de su pueblo.
    b. incremente el analfabetismo.
    c. aísle más a su comunidad.

2. ... necesita ayuda de algunas personas que...
    a. estén interesadas en la cultura maya.
    b. sepan matemáticas y física.
    c. busquen abusar de los indígenas.

3. ... necesita un trabajo temporal que...
    a. esté lejos de su casa.
    b. le ofrezca vivir en el extranjero.
    c. le permita trabajar y estudiar al mismo tiempo.

4. ... quiere hacer algunos amigos entre personas que...
    a. detesten el tema de los indígenas.
    b. sean de origen indígena también.
    c. no pueda ver frecuentemente.

5. ... espera vivir en algún lugar que...
    a. esté muy cerca de las montañas.
    b. tenga un clima muy frío.
    c. esté cerca de su comunidad y su familia.

6. ... desea tener como pareja a alguien que...
    a. acepte su cultura y sus costumbres.
    b. no sepa nada sobre las culturas indígenas.
    c. le guste vivir en ciudades grandes y modernas.

7. ... está contenta de hacer algo que...
    a. favorezca el analfabetismo en su comunidad.
    b. ayude al desarrollo de su comunidad.
    c. aumente la discriminación en su comunidad.

B. ¿Hay algo o alguien que... ? Primero, escoge el verbo que mejor complete las oraciones, conjugándolo en el presente de indicativo o subjuntivo. Luego, indica si estás de acuerdo (**Sí**) o no (**No**) con las ideas.

		SÍ	NO
1.	Siempre hay alguien que _____ (**reprimir/querer**) resolver la pobreza en África.	☐	☐
2.	Hay algo que _____ (**poderse/dejarse**) hacer contra la delincuencia en las ciudades grandes.	☐	☐
3.	No hay nada que _____ (**mejorar/empeorar**) más el analfabetismo que la apatía.	☐	☐
4.	Sí hay algo que _____ (**incrementar/resolver**) el problema de la discriminación en contra de los indígenas y eso es la educación.	☐	☐
5.	Hay alguien que _____ (**poder/gustarle**) resolver la pobreza extrema y ese es el gobierno.	☐	☐

SÍ   NO
☐   ☐

6. No hay nada que _____ (**ayudar/prevenir**) el cáncer en los
   poblados aislados.

7. ¿Hay alguien que _____ (**pensar/aumentar**) que la inmigración   ☐   ☐
   de indocumentados es positiva?

C. Una organización civil. Completa las oraciones sobre las organizaciones civiles con la opción más apropiada. Luego, escribe la forma correcta del presente de subjuntivo o indicativo del verbo entre paréntesis.

Una organización civil...

1. ... lucha en contra de algunos de los problemas que...

   a. _____ (**afectar**) a las personas más vulnerables.

   b. _____ (**molestar**) a las personas poderosas.

2. ... desea encontrar buenas personas que...

   a. _____ (**querer**) donar recursos a la organización.

   b. _____ (**usar**) sus recursos para hacerse ricos.

3. ... no trabaja con ninguna persona que...

   a. _____ (**estar**) interesada en ayudar.

   b. _____ (**ser**) ambiciosa.

4. ... no se relaciona con nada que...

   a. _____ (**beneficiar**) a los delincuentes.

   b. _____ (**ayudar**) a las personas marginadas.

5. ... se dedica a algunos de los problemas actuales que...

   a. _____ (**favorecer**) a nuestra sociedad.

   b. _____ (**tener**) nuestra sociedad.

6. ... se ocupa de gente que...

   a. _____ (**ser**) abogado.

   b. _____ (**ser**) discriminada.

7. ... no se debe preocupar por alguien, que sí...

   a. _____ (**poder**) solventar sus gastos.

   b. _____ (**tener**) mucha hambre.

Así lo veo I **en resumen.** Completa el resumen de **Así lo veo I** con palabras de la lista. Usa la forma correcta de los sustantivos y adjetivos y conjuga los verbos cuando sea necesario. Los verbos se usan en el infinitivo, el presente de indicativo y el presente de subjuntivo. **¡OJO!** Algunas palabras se usan más de una vez y otras no se usan.

VERBOS			SUSTANTIVOS	ADJETIVOS	OTRAS PALABRAS
causar	poder	reubicar	poblado	menospreciado	en cuanto
deber	querer	ser	vagabundos	rescatable	sin embargo
estar					

En **Así lo veo I,** Ernesto y Ruth nos hablan de la marginación de los niños y los indígenas en México, así como del analfabetismo. Para Ernesto, no hay nada que se _____[1] hacer por algunas personas como los _____[2] o los alcohólicos, pero sí hay algo que se _____[3] hacer por los niños de la calle, ya que ellos sí son _____.[4] Para él, este sí es un problema que se puede atacar si se trata de _____[5] a los niños abandonados. Para Ruth, algo que se _____[6] hacer es dar un hogar a los hijos de mujeres que trabajan como sirvientas. _____[7] a los indígenas, el punto de vista de Ernesto es que estos grupos son _____[8] y discriminados, además de que las sociedades modernas los mantienen aislados en _____[9] alejados de las ciudades grandes. Ruth aborda el tema de los indígenas desde el punto de vista del analfabetismo y opina que es necesario alfabetizar principalmente a las mujeres para evitar que las demás personas abusen de ellas ya que no hay nadie que _____[10] dispuesto a ayudarlas. Nos ofrece también una perspectiva muy interesante con respecto a la delincuencia. Nos dice que si hay algo que _____[11] altos niveles de delincuencia —la extrema pobreza. Para ella, no hay nada que _____[12] más terrible que la situación de la gente pobre y analfabeta, ya que estas personas pueden convertirse en delincuentes.

ASÍ LO VEO II

Vocabulario del vídeo

A. Asociaciones. Empareja cada palabra con la definición más apropiada.

1. _____ el petróleo
2. _____ el salario
3. _____ la limosna
4. _____ el clima
5. _____ un empresario
6. _____ una mina
7. _____ el hambre

a. condiciones de la atmósfera de un lugar que consisten en la temperatura, las lluvias, vientos, etcétera
b. la falta de alimentos básicos
c. líquido que usamos como combustible
d. dinero que recibe una persona a cambio de su trabajo
e. lugar de donde se extraen minerales como el oro, la plata y otros
f. dinero o cosa que se da para ayudar a los pobres
g. director o dueño de una empresa

B. Busca lo opuesto. Indica qué palabra *no* se asocia con la primera.

1. la actualidad
   a. el presente
   b. pasado
   c. hoy en día
2. aguantar(se)
   a. tolerar
   b. sobrellevar
   c. rendirse
3. desarrollar(se)
   a. empeorar
   b. mejorar
   c. crecer
4. comprometido
   a. responsable
   b. desentendido
   c. interesado
5. solventar
   a. solucionar
   b. complicar
   c. resolver
6. apretar
   a. soltar
   b. presionar
   c. oprimir
7. convertirse
   a. transformarse
   b. cambiar
   c. permanecer

C. Amigos falsos: *actualidad/actualmente.* Escoge una de las palabras entre paréntesis para completar las siguientes oraciones.

1. En los países en vías de desarrollo, (**ahora/actual**) los indígenas están más concientes de sus derechos.

2. El analfabetismo no sólo es un problema (**de hecho / en la actualidad**), ha sido un problema de muchos desde hace muchos años.

3. (**Actualidad/Actualmente**), muchas familias viven en circunstancias muy difíciles por la falta de desarrollo en sus comunidades.

4. En muchos países del mundo se discrimina a los grupos indígenas; (**actualmente / de hecho**) a muchos no se les da derecho a la educación.

5. En la (**actual/actualidad**), una de las prioridades de los gobiernos del mundo es proveer de bienestar a los niños sin hogar.

6. El hambre es ya un problema muy serio; (**actualidad / de hecho**), en África, se le considera como una epidemia.

7. (**Hoy en día / Actual**), las potencias mundiales ayudan a los países subdesarrollados a luchar contra la pobreza.

Nuestros amigos hablan.

Paso 1 Escucha otra vez lo que dice Yolanda en **Así lo veo II** y escribe las palabras que utiliza.

«Los problemas más serios en la _____¹ en México es la _____,²

porque el _____³ no se ha preocupado por _____⁴ esos problemas

que son _____.⁵ Al contrario, creo que no... cada vez nos _____⁶

más el cuello, ¿no? Se preocupa más por el, por hacer relaciones internacionales, que obviamente

también son muy importantes, pero lo más importante es la _____⁷ mexicana.

Y mucha gente se está _____⁸ de _____,⁹ que ellos dicen que no

existe, que es algo irreal. Pero, si uno sale a las calles, no es cierto. Uno... Una persona no puede

vivir con un _____¹⁰ _____,¹¹ por ejemplo, que no va más allá de

cincuenta pesos diarios. Entonces, estoy hablando de tener _____¹² básicas, que

muchas veces no pueden solventar ellos mismos. A veces, tienen que _____¹³ el

hambre por unas... o quizás, un día más. O, a lo mejor, no pueden _____¹⁴ algún

otro producto básico porque no tienen _____.¹⁵»

Paso 2 Ahora escucha lo que dice el Padre Aguilar y escribe las palabras que utiliza.

«Me parece que uno de los problemas más importantes que tiene la _____¹ en

México es _____² de educación y la cultura. Es increíble que un país que tiene

tantos kilómetros de mar, que tiene tantos espacios de _____,³ que tiene tanto

_____,⁴ que tiene tantas _____,⁵ que tiene tantos árboles frutales, un

_____⁶ formidable, haya gente que esté muriendo de _____,⁷ mien-

tras contemos en la lista de los más ricos del mundo a un mexicano. Esto indica que la educación

no está permitiendo que la gente desarrolle, y, en algunos campos políticos, algunos políticos, lo

que han hecho no es educar a la gente para que crezca, crear caminos para que la gente camine.

Han querido dar regalos, limosnas, para que la gente siga siendo dependiente, pero no crece. Es

como querer hacer que el niño siempre sea niño y evitarle que _____⁸ joven, en

líder, en _____.⁹ Me parece que ese es uno de los más eh... grandes problemas que

tiene México. Si México _____¹⁰ mayor educación _____¹¹ mayores

mexicanos _____,¹² mayores mexicanos empresarios que podrían cambiar fácil-

mente a nuestro _____¹³ en una de las principales _____¹⁴

_____.¹⁵»

Gramática

EL SUPERLATIVO; EL IMPERFECTO DE SUBJUNTIVO EN CLÁUSULAS CON *SI*

A. Asociaciones. Empareja cada forma superlativa con la expresión más apropiada para formar oraciones lógicas.

1. _____ La peor...
2. _____ El mejor...
3. _____ La solución más...
4. _____ Las peores...
5. _____ El mayor...
6. _____ La crisis más...
7. _____ La menos...

a. ... común de las enfermedades en la actualidad es la poliomielitis.
b. ... problema en la actualidad es el analfabetismo.
c. ... grande que ha ocurrido ha sido la de 1929.
d. ... decisión de un gobierno es empezar una guerra civil.
e. ... gobierno es el que ayuda al desarrollo económico de su país.
f. ... efectiva contra la pobreza es solventar las necesidades básicas de las personas.
g. ... situaciones por las que puede pasar una persona son la discriminación y el hambre.

B. Un buen ciudadano. Escoge la respuesta que refleje lo que un buen ciudadano haría en cada una de las situaciones a continuación.

Un buen ciudadano...

1.

   a. ... llamaría a la policía para que arrestara al vagabundo.
   b. ... les diría a los chicos que dejaran de molestar al hombre.
   c. ... se iría a su casa por temor a meterse en problemas.

2.

   a. ... apoyaría a la mamá para que maltratara más al niño.
   b. ... golpearía a la madre para que ella sintiera lo mismo que el niño.
   c. ... hablaría con la mamá para que se calmara.

3.

   a. ... saldría a confrontar al delincuente.
   b. ... llamaría a su vecino para que él saliera a pelear con el delincuente.
   c. ... avisaría a la policía para que ellos detuvieran al ladrón (*thief*).

4.

   a. ... aconsejaría al chico para que lo devolviera.

   b. ... lo ayudaría al chico para que se escapara de la tienda.

   c. ... lo llevaría a las autoridades para que lo metieran en la cárcel.

5.

   a. ... le pagaría a alguien para que cortara el pasto de la señora.

   b. ... cortaría su propio pasto cuando no lo viera la señora.

   c. ... no cortaría su propio pasto para que no tuviera que cortar el pasto de ella.

6.

   a. ... le sugeriría a su vecino que reciclara.

   b. ... no le importaría que su vecino no reciclara.

   c. ... no diría nada para que así no hubiera problemas.

C. El presidente. Escoge el verbo correcto entre paréntesis para completar las oraciones sobre las acciones de un «buen presidente». No te olvides de conjugar correctamente el verbo.

Un buen presidente...

1. ... compraría las deudas de los bancos si estas instituciones _____ (**poner/ tener**) la economía en riesgo.

2. ... aumentaría el salario mínimo si _____ (**haber/incrementar**) un bajo nivel de desempleo.

3. ... apoyaría a los pequeños empresarios si estos _____ (**tener/poder**) dificultad en obtener crédito.

4. ... protegería a las especies de animales si _____ (**estar/disminuir**) en riesgo de extinción.

5. ... explotaría las minas y los pozos de petróleo si los _____ (**querer/ necesitar**) el país para su desarrollo.

6. ... impulsaría el desarrollo de los pueblos indígenas si estos _____ (**vivir/ser**) aislados de los demás.

7. ... debería solventar las necesidades de los pobres si el país _____ (**sufrir/ pasar**) por la falta de empleos.

D. **¿Qué harías?** Completa las oraciones usando las frases a continuación para expresar lo que harías para ayudar a una comunidad pobre. No te olvides de conjugar los verbos. **¡OJO!** No se usan todas las frases.

apoyarlos en la agricultura
comprar los materiales para su construcción
enseñarles a leer
haber muchos niños en la comunidad
hablarle a la policía

necesitar comida
pagar salarios justos
querer dormir
tener recursos

1. Si las personas fueran analfabetas, yo...

   _____

2. Les daría ayuda económica si no...

   _____

3. Si hubiera delincuentes en esa comunidad, yo...

   _____

4. Les buscaría trabajos en una mina si allí les...

   _____

5. Si la comunidad tuviera tierras (*land*) y buen clima, yo...

   _____

6. Si las personas necesitaran mejores casas, yo...

   _____

7. Me comprometería a construir una escuela y un hospital si...

   _____

Así lo veo II **en resumen.** Completa el resumen de **Así lo veo II** con palabras de la lista. Usa la forma correcta de los sustantivos y adjetivos y conjuga los verbos cuando sea necesario. Los verbos se usan en el infinitivo, el imperfecto de subjuntivo y el condicional. ¡OJO! Algunas palabras no se usan.

VERBOS		SUSTANTIVOS	ADJETIVOS
aguantarse	dejar	desarrollo	comprometido
apoyar	estar	limosna	inmediato
cambiar	poder	petróleo	mayor
convertirse	solventar	salario	mundial
dar	tener		pobre

En **Así lo veo II,** Yolanda y el Padre Aguilar nos hablan de los problemas más serios en México.

Según Yolanda, el _____¹ problema es la pobreza, y para el Padre es la falta de

educación entre la población. Para ambos, el gobierno y los políticos son los causantes del pro-

blema. Al respecto, Yolanda opina que el gobierno no se ha preocupado por _____²

los problemas más _____,³ como la pobreza. Ella opina que, al contrario, lo que ha

hecho el gobierno es apretarles más el cuello a los ciudadanos con el _____⁴

mínimo cada vez más bajo. En su opinión, esto obliga a muchos mexicanos a _____⁵

el hambre y vivir en la miseria. Para el Padre, la alfabetización es la clave para acabar con la

pobreza y él se sorprende de que uno de los países más ricos en recursos naturales como el

_____⁶ y las especies, no tenga una buena educación. Según él, la situación en

México _____,⁷ primero, si el gobierno diera más dinero para educación. También

las cosas mejorarían si los ciudadanos _____⁸ mayor educación y si más personas

_____⁹ tener acceso a la educación, entonces el país _____¹⁰ lleno

de mexicanos comprometidos. El Padre cree que si el gobierno dejara de dar limosnas y

_____¹¹ más a los ciudadanos en su desarrollo, habría más empresarios y México

_____¹² en una potencia mundial.

ASÍ LO VEO III

Vocabulario del vídeo

A. Asociaciones. Empareja cada palabra o expresión con la definición más apropiada.

1. _____ la sobrepoblación
2. _____ corrupto/a
3. _____ la cantidad
4. _____ la apatía
5. _____ el/la indocumentado/a
6. _____ la frontera
7. _____ el/la refugiado/a

a. línea que divide un estado o país de otro
b. falta de interés
c. persona que por dinero acepta hacer algo en contra de la ley
d. persona que busca protección en un país extranjero debido a guerras y persecuciones
e. aumento drástico de la población
f. número o cifra que determina el precio o el tamaño de algo
g. persona que no tiene documentos de identidad personal

B. En otras palabras. Busca en la lista de vocabulario la palabra que corresponde a cada una de las siguientes definiciones.

1. quitarle la vida a un ser vivo — — — — —
2. cuando se deja algo o a alguien en libertad — — — — — —
3. el hecho de extenderse — — — — — — — — — —
4. cuando cosas o personas están juntas sin orden — — — — — — — — —
5. lo que se ha reunido en un solo lugar — — — — — — — — — —
6. atravesar, pasar al lado opuesto — — — — — —
7. escapar de alguien o algo — — — — — —

C. ¿Estás de acuerdo? Completa las oraciones a continuación usando palabras de la lista. Luego, indica en la escala si estás de acuerdo o no con estas ideas (1 = no estoy de acuerdo; 5 = sí estoy de acuerdo). ¡OJO! No se usan todas las palabras.

apatía	fronteras	matar
concentrada	huir	resolver
corruptos	indocumentados	sobrepoblación

	NO				SÍ
1. La _____ es un problema que sólo afecta a los que viven en las ciudades.	1	2	3	4	5
2. La pobreza está _____ en las áreas donde hay un alto nivel de analfabetismo.	1	2	3	4	5
3. Los países subdesarrollados generalmente tienen gobiernos _____.	1	2	3	4	5
4. Las _____ son zonas donde el nivel de delincuencia es bajo.	1	2	3	4	5
5. La inmigración de _____ es un problema exclusivo de los Estados Unidos.	1	2	3	4	5
6. Los refugiados salen de sus países con el fin de _____ de las guerras.	1	2	3	4	5
7. La _____ es lo que no nos permite resolver algunos de los problemas mundiales como la pobreza.	1	2	3	4	5

Nuestros amigos hablan.

Paso 1 Las siguientes oraciones vienen de lo que dicen Gustavo y Leticia en **Así lo veo III.** Sin embargo, en cada oración hay una palabra que ellos no utilizan. ¿Puedes identificarlas?

Gustavo

1. Más que[a] el problema sea la sobrepoblación,[b] es la pobreza.[c]

2. ... si nos expandiéramos[a] un poquito más, tuvimos[b] un poquito más espacio[c] cada quien.

3. La cultura madre es tan fuerte,[a] que estamos amontonados[b] en nuestros centros.[c]

4. Somos muchos millones y es[a] demasiada cantidad[b] de gente concentrada.[c]

Leticia

5. El hombre y... este... a veces llega hasta[a] a maltratar a[b] la mujer.

6. La policía son[a] unos ingenuos,[b] la verdad. No, no ayudan.

7. Porque todos quieren este... dinero... un problema, y todo lo quieren solventar[a] con dinero.[b]

Paso 2 Ahora, escucha **Así lo veo III** para verificar tus respuestas y escribe la palabra que realmente utilizan ellos para cada oración del **Paso 1.**

1. _____   4. _____   7. _____

2. _____   5. _____

3. _____   6. _____

Gramática

EL PLUSCUAMPERFECTO DE SUBJUNTIVO EN CLÁUSULAS CON *SI*

A. Arrepentidas. Escribe la forma correcta de **haber** entre paréntesis y luego indica el participio pasado más lógico (**a, b, c** o **d**) para completar lógicamente las oraciones.

1. Si Claudia (**hubiera/habría**) _____ su carrera, se habría convertido en una gran abogada.
   a. seguido   **b.** dejado   **c.** cubierto   **d.** pospuesto

2. Julia (**hubiera/habría**) _____ una gran empresaria si hubiera terminado sus estudios en la universidad.
   a. estado   **b.** abierto   **c.** formado   **d.** sido

3. Pilar (**hubiera/habría**) _____ el caso si el delincuente no se hubiera escapado.
   a. complicado   **b.** resuelto   **c.** olvidado   **d.** mejorado

4. Si Carmen no se (**hubiera/habría**) _____ con un alcohólico, no habría sido una mujer maltratada.
   a. dormido   **b.** dejado   **c.** casado   **d.** hablado

5. La jueza no habría ido a la cárcel si no (**hubiera/habría**) _____ tan corrupta.
   a. actuado   **b.** sido   **c.** estado   **d.** hablado

6. Si Marisela no hubiera estado tan estresada, ella no se (**hubiera/habría**) _____ de los nervios.
   a. enfermado   **b.** dormido   **c.** reído   **d.** calmado

7. La ciudad habría progresado más si la gobernadora (**hubiera/habría**) _____ el desarrollo industrial.
   a. destinado   **b.** solventado   **c.** apoyado   **d.** mejorado

B. Ojalá que hubiera... Mira cada uno de los dibujos y escribe una oración que refleje los remordimientos de estos chicos. Usa en tus oraciones el pluscuamperfecto de subjuntivo del verbo entre paréntesis más apropiado.

1. **(dar las joyas / robar el dinero)**

   Ojalá que no _____.

2. **(trabajar en un restaurante / decidir ir a la universidad)**

   Ojalá que _____.

3. **(invertir todo mi dinero / ganar mas dinero)**

   Ojalá que no _____.

4. **(llamar a la policía / darle algo de dinero)**

   Ojalá que _____.

5. **(casarse con ella / romper con ella)**

   Ojalá que _____.

6. **(decir que no / aceptar el dinero)**

   Ojalá que no _____.

7. **(ser honesto / saber mentir)**

Ojalá que _____.

C. **La historia de la Malinche**. Completa la historia de la Malinche con la forma correcta de los verbos de la lista. Si hay dos espacios en blanco, debes usar un tiempo perfecto del verbo. **¡OJO!** Algunas palabras se usan más de una vez y otras no se usan.

ayudar   haber   matar   poner   ser   viajar
ganar   interpretar pasar   registrar servir

La Malinche o Marina (su nombre católico) fue una indígena azteca que sirvió como intérprete a

Hernán Cortés durante la conquista de México en 1520. Hoy en día, esta figura femenina sigue

rodeada de mucha controversia ya que aparece en la historia como traidora[a] y heroína a la vez.

Los que la consideran una traidora, piensan que si ella no hubiera _____[1] a

Cortés, las cosas _____[2] sido muy diferentes para los pueblos indígenas de

México. Muchos de los que la ven como una traidora piensan que _____

_____[3] mejor que ella no _____ _____[4] al español

el náhuatl (lengua de los aztecas), pues de esta forma los españoles no _____

_____[5] ninguna batalla. Sin embargo, los que la ven como una heroína piensan

que ella jugó un papel muy importante en la conquista. Ellos creen que si ella no les hubiera

_____[6] de intérprete y consejera a los conquistadores, el número de indígenas

que ellos _____ _____[7] hubiera sido mayor, ya que ella actuó

como mediadora en el conflicto. La Malinche no se habría _____[8] el título de

heroína si la historia no _____ _____[9] que ella siempre trató de

negociar con los conquistadores medios menos violentos para llevar a cabo la conquista. ¿Qué

_____ _____[10] si ella no _____ _____[11]

la intérprete de Cortés? Eso es algo que nunca vamos a saber, pero lo cierto es que ella salvó la

vida de muchos indígenas al lograr negociaciones pacíficas con los conquistadores. ¿Heroína o

traidora? ¿Qué crees tú?

[a]*traitor*

Así lo veo III **en resumen.** Completa el resumen de **Así lo veo III** con palabras de la lista. Usa la forma correcta de los sustantivos y adjetivos y conjuga los verbos cuando sea necesario. Los verbos se usan en el infinitivo, el pluscuamperfecto del subjuntivo y el condicional perfecto. ¡OJO! Algunas palabras no se usan.

VERBOS		SUSTANTIVOS			ADJETIVOS
cruzar	matar	apatía	concentración	policía	actual
dejar	resolver	cantidad	corrupción	sobrepoblación	amontonado
hacer	suceder	ciudad	maltrato		corrupto

En **Así lo veo III,** Gustavo y Leticia nos hablan de dos de los problemas sociales en México: la

sobrepoblación y la corrupción en el gobierno. Para Gustavo, la situación _____[1] en

la Ciudad de México es muy difícil debido a la _____[2] de la población. En su opinión,

la gente de esta ciudad vive _____.[3] Gustavo no criticó al gobierno por su

_____[4] o su falta de interés; al contrario, él se sorprende del esfuerzo del gobierno

en manejar los recursos para satisfacer las necesidades básicas de una _____[5] tan

grande de personas.

Leticia, al contrario, criticó al gobierno y llamó a los policías unos _____.[6] Ella

nos dio el ejemplo de las mujeres que denunciaron el _____[7] que recibían de sus

esposos a la policía. Desafortunadamente, en vez de llevarlos a la cárcel, las autoridades los dejaron

ir y, en algunos casos, estos hombres libres llegaron a _____[8] a sus mujeres. Si la

policía no los _____[9] libres, quizás no lo _____.[10] Con respecto a la

corrupción, ella dijo que los policías querían _____[11] todo con dinero, es decir, con

soborno[a] y como la gente pobre no tiene dinero, pues no hay justicia para ellos.

[a]*bribery*

Así lo veo yo preparación

Esta hoja te va a ayudar a organizar tus ideas para la composición que vas a escribir sobre el siguiente tema: **El problema más serio en la sociedad**. Sigue las instrucciones de cada uno de los **pasos** para completar el siguiente esquema. Luego, lleva esta hoja a la clase para escribir la composición.

Paso 1: La organización Cada uno de los párrafos de tu composición va a tener una idea principal. Escríbela en el cuadro apropiado. Si vas a escribir sólo dos párrafos, está bien. Si escribes más de tres, puedes usar una hoja más de papel. ¿Qué ideas secundarias o ejemplos te ayudan a apoyar o demostrar estas ideas? Apunta tres ideas o ejemplos en el esquema. ¿Mencionan nuestros amigos algunas ideas en el vídeo que puedes incluir en tu composición?

Paso 2: El vocabulario Repasa las secciones de vocabulario en el libro de texto y apunta las palabras o expresiones que quieres incluir para el argumento principal y las ideas que apoyan tu argumento.

Paso 3: La gramática Repasa las secciones de gramática y escribe dos oraciones condicionales (o con otras estructuras de esta lección) como ejemplos para incluir en la composición.

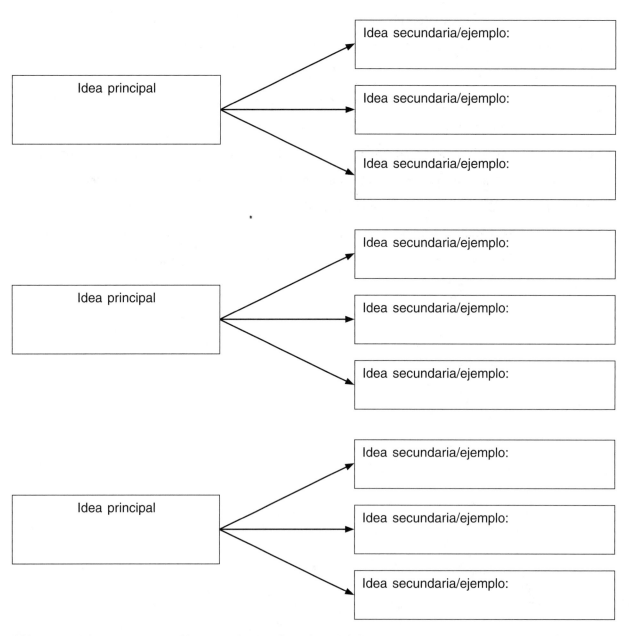

LECCIÓN 10

¿Cómo podemos solucionar los problemas sociales?

¿Qué importancia tiene la educación para solucionar los problemas sociales?

Objetivos

En esta lección vas a seguir:

- practicando el vocabulario relacionado con soluciones posibles a los problemas actuales de la sociedad
- usando el pluscuamperfecto, contrastes entre el pretérito y el imperfecto, la diferencia entre **por** y **para,** y verbos que requieren la preposición **a**
- escuchando lo que dicen nuestros amigos sobre algunas soluciones a varios problemas

Antes de comenzar

Escucha la introducción de esta lección y escribe las palabras que faltan.

Una cosa es identificar un _____,[1] otra cosa es buscarle una solución

_____.[2] En el caso de la pobreza, ¿qué deberíamos hacer con los millones de

personas que pasan _____,[3] que no encuentran _____[4] o que

no tienen las destrezas ni los recursos para seguir adelante? En el caso de la sobrepoblación, ¿qué

_____[5] hacer? En la China se imponen restricciones sobre el número de hijos que

puede tener una pareja —sólo uno. ¿Crees que esta es una solución posible o apropiada para otras

culturas?

ASÍ LO VEO I

Vocabulario del vídeo

A. Asociaciones. Empareja cada palabra o expresión con la definición más apropiada.

1. _____ la mercadotecnia
2. _____ las leyendas
3. _____ formidable
4. _____ acostumbrarse
5. _____ asesinar
6. _____ la materia
7. _____ el compañerismo
8. _____ el requisito
9. _____ enfrentarse

a. matar, quitarle la vida a otra persona
b. la amistad o solidaridad
c. tener el hábito de hacer algo, familiarizarse
d. condición u obligación; algo que se tiene que satisfacer
e. comercialización, análisis de mercados
f. cuento tradicional, mito
g. colosal, extraordinario
h. oponer o confrontar
i. un tema o disciplina; curso que se estudia

B. Una buena comunidad. Indica si cada declaración describe lo que ocurre en una buena comunidad según el Padre Aguilar (**Sí**) o no (**No**).

En esta comunidad...

	SÍ	NO
1. ... hay conferencias organizadas en que se profundiza sobre los problemas sociales y se buscan soluciones posibles.	☐	☐
2. ... hay un asesinato cada semana porque no vigilan las calles por la noche.	☐	☐
3. ... la gente está acostumbrada a la corrupción y no hay interés por mejorar la comunidad.	☐	☐
4. ... uno de los medios que se utiliza para reeducar a los adultos con el fin de hacer algo positivo en la comunidad es la mercadotecnia.	☐	☐
5. ... los miembros de las pandillas se enfrentan a los niños escolares mientras estos juegan.	☐	☐
6. ... hay un vínculo fuerte entre los adultos y los niños y entre la iglesia y la gente.	☐	☐
7. ... a cada persona le importan más los intereses de la comunidad que sus propios intereses.	☐	☐

C. Amigos falsos: *conferencia/lectura*. Escribe **conferencia(s)** o **lectura(s)** según el contexto de la oración.

1. Para empezar el semestre, la profesora quiere que los estudiantes hagan dos _____ que sirven de introducción a la materia.

2. Durante los últimos años, muchas escuelas han decidido dar una _____ en que los estudiantes puedan hacer preguntas acerca de la salud sexual, la abstención y los anticonceptivos.

3. Como requisito del curso, los estudiantes deben hacer varias _____ cada día antes de ir a clase.

4. A veces las _____ sobre la sexualidad no tienen éxito porque, como no hay un vínculo entre los estudiantes y los maestros, los estudiantes no confían en sus maestros.

5. Las _____ que tuvieron que hacer anoche, eran muy complicadas. Esperan que hoy el profesor les dé explicaciones durante la clase.

D. Profundizar las relaciones sociales. Completa la descripción con las palabras de la lista. **¡OJO!** No se usan todas las palabras.

abstenerse   asesinatos   constatar   formidable   requisito
anticonceptivo compañerismo enfrentamientos pandillas   vínculos

En una buena comunidad, es importante que haya _____[1] entre sus miembros.

Por ejemplo, deben existir _____[2] fuertes entre los adultos y los jóvenes. Por

supuesto, siempre va a haber personas que no están de acuerdo, pero por lo general, los miem-

bros de una comunidad deben _____[3] de _____[4] En una

comunidad unida, se evitarán crímenes como los robos y los _____[5] La comuni-

dad también puede hacer esfuerzos para reducir la infiltración de _____[6] u otros

grupos violentos. No hay fórmulas fijas para formar una comunidad unida y segura, pero un

_____[7] básico sería la comunicación entre sus miembros.

Nuestros amigos hablan. Escucha otra vez lo que dice el Padre Aguilar en **Así lo veo I** y escribe las palabras que faltan.

«La situación de la educación se va _____,[1] comenzando especialmente con

las nuevas generaciones. Quizás, cambiar a una juventud o a una etapa de gente adulta que

ya _____[2] ser corrupta, a dar lo que decimos nosotros «mordidas», a

_____[3] en la fila sin respetar a los demás, a vivir en una forma deshonesta, a

_____[4] cuando no está el policía. Quizás, gente que ya esté educada de esta

manera, será difícil _____.[5] Pero se puede hacer mucho. Nuevamente con

_____,[6] muchos comerciales, muchos anuncios, muchas _____[7]

que la gente escuche, escuche, escuche, en el cine, en cualquier parte. Pero lo _____[8]

es empezar con las etapas menores de edad. Esto lo _____,[9] porque en la primera

parroquia donde estuve donde _____[10] mucha gente que se dedicaba a robar,

donde había un muerto a la semana por _____[11] de pandillas dentro del mismo

grupo, yo no podía hacer que se hablaran los adultos y se _____[12] en paz.

Yo no _____[13] que dejaran de tener rencores o cambiar ya costumbres que

_____[14] desde antaño.[a] Lo que hice fue empezar a acercar a los niños, y con los

niños ir creando lazos, con los niños ir creando _____,[15] con los niños ir creando

una colonia distinta donde cuidaban los árboles, donde se cuidaban ellos mismos. Y ellos fueron

cambiando, incluso, a sus padres. Y, actualmente, en esa colonia, ya no hay _____.[16]

Hay gente muy unida.»

[a]desde... _for a long time_

Gramática

EL PLUSCUAMPERFECTO

A. El día de Juanita. Indica la opción que está de acuerdo con lo que había hecho Juanita **antes** de lo que ocurrió en cada dibujo.

1.

  a. Juanita se había puesto una blusa y una falda.
  b. Juanita se había puesto ropa deportiva.

2.

  a. Juanita se había duchado y se había lavado el pelo.
  b. Juanita había desayunado.

3.

  a. Juanita se había puesto un traje de baño.
  b. Juanita se había puesto un traje profesional.

4.

  a. Juanita había invitado a sus amigas a ver una película.
  b. Juanita había llamado a sus amigas para almorzar.

5.

  a. Juanita había ido de compras con sus amigas.
  b. Juanita había visto una película con sus amigas.

6.

  a. Juanita había vuelto al trabajo.
  b. Juanita había vuelto a casa.

7.

  a. Juanita había hecho un buen trabajo y terminado su proyecto.
  b. Juanita había faltado demasiado tiempo al trabajo.

B. Lograr las metas personales. Escoge en cada situación la opción que indica la manera más probable de lograr o no las metas personales.

1. Antes de ser aceptado en la universidad, ...
   a. en el colegio, Juan había estudiado mucho para sacar buenas notas.
   b. en el colegio, Juan nunca había hecho sus tareas.
2. Anita no tomó el examen porque...
   a. había pasado toda la noche anterior estudiando en la biblioteca.
   b. se había olvidado de la fecha del examen.
3. El profesor no recomendó a Miguel para el puesto de trabajo porque...
   a. nunca había entregado sus trabajos a tiempo.
   b. se había preparado muy bien para los exámenes.
4. La compañía le ofreció el trabajo a Susana porque...
   a. ella había demostrado sus habilidades durante su entrevista.
   b. ella había mostrado malos modales durante su entrevista.
5. El matrimonio de esta pareja es feliz porque antes de casarse...
   a. ellos habían peleado mucho sin razón.
   b. ellos siempre habían resuelto sus conflictos de manera civilizada.
6. En esta clase de español sacas buenas notas porque antes de comenzar el curso...
   a. habías repasado los apuntes de la clase anterior.
   b. habías faltado a muchas clases en el nivel anterior.
7. Tenemos mucho dinero ahora porque antes de la recesión económica...
   a. habíamos gastado todo nuestro dinero.
   b. habíamos trabajado mucho y ahorrado nuestro dinero.

C. ¿Es probable o no? Escoge el verbo que complete mejor la oración y escríbelo en el pluscuamperfecto. Luego, indica si lo que se dice de María es probable (**P**) o no (**N**) según el contexto a continuación.

María finalmente dejó su ciudad natal para asistir a la universidad. Es una estudiante muy responsable y trabajadora. Estudia español y le interesa mucho la cultura de los países hispanos.

		P	N
1.	Esta mañana antes de las 9:00, ella ya _____ (**hablar/revisar**) su correo electrónico.	☐	☐
2.	Ella no _____ (**hacer/charlar**) la tarea antes de llegar a clase.	☐	☐
3.	Antes de entrar en la universidad, ella no _____ (**trabajar/salir**) duro para sacar buenas notas.	☐	☐
4.	Aunque no se _____ (**olvidar/preparar**), sacó una nota buena en el trabajo que hizo en este curso.	☐	☐
5.	Ella no _____ (**estudiar/enseñar**) nada antes de entrar en la universidad.	☐	☐
6.	Antes de aprender español, nunca _____ (**ayudar/pensar**) en viajar a España.	☐	☐
7.	Antes de ser una estudiante universitaria, ella ya _____ (**viajar/aprender**) mucho con su familia por el extranjero.	☐	☐
8.	Antes de revisar las respuestas de su examen, ella ya lo _____ (**sentarse/entregar**).	☐	☐

Así lo veo I **en resumen.** Completa el resumen de **Así lo veo I** con palabras de la lista. Usa la forma correcta de los sustantivos y adjetivos y conjuga los verbos cuando sea necesario. Los verbos en el infinitivo y el pluscuamperfecto. **¡OJO!** Algunas palabras no se usan.

VERBOS			SUSTANTIVOS		ADJETIVOS
abstenerse	establecer	profundizar	compañerismo	pandilla	formidable
acostumbrarse	experimentar	ver	enfrentamiento	requisito	
asistir			interés		

En **Así lo veo I,** el Padre Aguilar y Ernesto hablaron de la educación y de su papel en la sociedad. El Padre habló de la dificultad de reeducar a los adultos en comparación con los niños. Hace unos años, él mismo[a] _____[1] estas dificultades cuando trabajaba con personas que ya _____[2] a ser corruptas. A estas personas, les importaban más sus propios _____[3] que los de la comunidad. Además, antes de llegar a la parroquia donde trabaja ahora, él _____,[4] con sus propios ojos, muchos _____[5] violentos entre miembros de las pandillas locales.

Por otro lado, Ernesto se enfocó en la sobrepoblación y en la educación sexual. Dijo que cuando estaba en la escuela _____[6] a varias conferencias en las que hablaban del uso de los anticonceptivos y de la importancia de _____.[7] Según Ernesto, esta estrategia no tiene mucho éxito porque muchos estudiantes la ven sólo como un _____[8] más que tienen que cumplir y no van por interes. Parece que tanto Ernesto como el Padre Aguilar creen que para poder _____[9] más sobre la importancia de estos temas, es importante crear _____[10] en las escuelas y en las comunidades.

[a]él... *he himself*

ASÍ LO VEO II

Vocabulario del vídeo

A. Asociaciones. Empareja cada palabra o expresión con la definición más apropiada.

1. _____ suceder
2. _____ la porquería
3. _____ el seguro médico
4. _____ la inversión
5. _____ echarle ganas a
6. _____ la izquierda
7. _____ el impuesto
8. _____ la derecha
9. _____ confiar en

a. poner interés y dedicar esfuerzo al logro de algo
b. ideología política que se opone a los conservadores
c. emplear dinero en alguna cosa, para recibir más a cambio
d. ocurrir, pasar
e. lo que se compra para protegerse de los gastos que ocasiona una enfermedad
f. acciones malas: trampas, injusticias, sobornos
g. fiarse o no dudar de alguien
h. ideología política que apoya lo conservador
i. tributo o contribución al gobierno

B. ¿Cuál es? Completa las siguientes oraciones con la palabra o frase más apropiada.

1. Como en los Estados Unidos, en México hay _____ que se enfrentan durante las elecciones para puestos del gobierno.
   a. impuestos b. partidos políticos c. socialismo d. seguro médico

2. Muchas veces, los partidos políticos tienen perspectivas diferentes acerca de temas como _____ y la forma en que el gobierno debe utilizarlos.
   a. los impuestos b. los conservadores c. el seguro médico d. la ideología

3. Otro de los temas de mucha importancia es _____, que protege económicamente a los enfermos.
   a. los impuestos b. los liberales c. el seguro médico d. la ideología

4. A causa de las perspectivas opuestas acerca de estos temas, un país puede estar muy _____ en lugar de muy unido.
   a. confiado b. invertido a c. socialista d. polarizado

5. Dentro de un sexenio, pueden _____ muchos cambios si estos son provocados por el gobierno.
   a. polarizar b. suceder c. invertir d. basarse en

6. Sin duda, los miembros de _____ son más liberales que los miembros del partido opuesto.
   a. la izquierda b. la derecha c. la confianza d. los partidos políticos

7. Para fomentar al turismo en el país, es preciso evitar que la _____ contamine las aguas.
   a. izquierda b. confianza c. socialismo d. suciedad

C. Salir adelante. Empareja las frases de las dos columnas para formar oraciones lógicas que expresen cosas que benefician a un país.

1. _____ La inversión debe...

2. _____ La gente necesita...

3. _____ Las decisiones políticas deben...

4. _____ La derecha política no debe...

5. _____ Los impuestos tienen que...

6. _____ El seguro médico debe...

a. discutir temas triviales con la izquierda.
b. estar disponible para toda la gente.
c. tener confianza en el gobierno.
d. ser usados para mejorar al país.
e. enfocarse en compañías nacionales.
f. basarse en el bienestar del país.

D. La salud de un país. Completa las siguientes oraciones con las palabras o frases apropiadas de la lista a continuación. **¡OJO!** No se usan todas las palabras.

asistencia sanitaria
derecha
impuestos
invertir
liberales
partidos políticos
polarizando
provocar
seguro médico

Un tema que parece _____[1] muchos debates en un país es el de asegurar que toda persona esté protegida económicamente en caso de que se ponga enferma o necesite ir al hospital. A esto se le llama el _____[2] Este tema suele tener mucha importancia durante las elecciones y muchas veces los _____[3] no están de acuerdo en cuanto a la aplicación del seguro médico y del sistema de _____[4] Por ejemplo, muchos miembros de los partidos de la izquierda, que son por lo general muy _____,[5] creen que todos los ciudadanos deben tener un seguro médico del gobierno. Es decir, que piensan que los _____[6] deben ser usados por el gobierno para garantizar seguro médico a cada persona que los paga. Por otro lado, los miembros del partido político de la _____[7] son más conservadores y creen que cada ciudadano debe garantizar su propio seguro. Sin duda, la opinión de cada lado tiene ventajas y desventajas y el tema continúa _____[8] a la sociedad.

Nuestros amigos hablan.

Paso 1 A continuación hay unas ideas que expresa Gustavo en **Así lo veo II**. Ordena los segmentos de cada idea lógicamente.

1. tantos años / de un partido político / durante / México / que / salió / gobernó

_____

_____

2. o la izquierda / no sé si / la derecha / el ideal / sería / para mí

_____

_____

3. de que así sucederá ahí / que es porque / yo tengo / se está limpiando / la confianza / se va a limpiar y /

_____

_____

4. porque / el socialismo / creo en / no somos / los seres humanos / iguales / yo no

_____

_____

5. de dinero / como un poquito más / falta como / circulante / siento que / liquidez

_____

_____

Paso 2 Ahora, pon las ideas del **Paso 1** en el orden en que las expresa Gustavo. Luego, escucha **Así lo veo II** para verificar si apuntaste bien las ideas y si las tienes en el orden correcto.

_____ _____ _____ _____ _____

Gramática

LOS USOS DE *POR* Y *PARA*

A. La sociedad y el medio ambiente. Completa las siguientes oraciones con la preposición o conjunción entre paréntesis más apropiada.

1. La mayoría de la gente cree que (**por/para**) mejorar la sociedad, es necesario cuidar el medio ambiente.

2. Es importante mantener limpias las calles (**por / para que**) evitemos problemas mayores.

3. Muchas personas que pasean a sus mascotas (**por/para**) los parques, contaminan el ambiente cuando no limpian los desechos de sus animales.

4. (**Por/Para**) muchas personas, el medio ambiente no afecta directamente a la sociedad.

5. La protección del medio ambiente debería ser uno de los temas centrales (**por/para**) todos los gobiernos que se preocupen por el futuro de la humanidad.

6. La gente que vive en las ciudades grandes tiene problemas respiratorios (**por/para**) la contaminación del aire.

7. La sociedad tiene la responsabilidad de preservar el medio ambiente (**por/para**) su futuro y el de los niños.

B. Situaciones. Escoge la respuesta que mejor complete la oración de acuerdo a lo que ocurre en los siguientes dibujos. Luego, escribe la preposición correcta: **por** o **para.**

1.

Todas las mañanas, Sergio...

a. ... pasa _____ la biblioteca.

b. ... va _____ la casa de su madre.

2.

La abuelita está muy...

a. ... fuerte _____ sus 75 años.

b. ... débil _____ su corazón.

3.

Te voy a dar 100 dólares...

a. ... _____ tu pelota.

b. ... _____ tu cuenta de ahorros.

4.

Nuestro avión sale mañana...

a. ... _____ la tarde.

b. ... _____ Cabo San Lucas.

5.

No te asustes, este aparato es...

a. ... _____ lo general muy barato.

b. ... _____ escuchar tu corazón.

6.

Este dinero es...

a. ... _____ mi esfuerzo y trabajo duro.

b. ... _____ pagar los gastos de mi madre que está enferma.

7.

Estos problemas son...

a. ... _____ culpa tuya.

b. ... _____ la falta de dinero.

C. **¿Perspectiva de la izquierda o de la derecha?** Completa las siguientes oraciones correctamente con **por** y **para.** Luego, indica si asocias cada oración con una perspectiva política de izquierda (**I**) o de derecha (**D**).

	I	D
1. Los ciudadanos deben asegurar el bienestar del país _____ medio del pago de impuestos.	☐	☐
2. _____ mí, es preciso que cada persona provea el seguro médico _____ su familia.	☐	☐
3. El seguro médico es un derecho _____ todos.	☐	☐
4. El pueblo debe votar _____ los candidatos políticos que están a favor de los impuestos altos.	☐	☐
5. _____ casi todos los cubanos, la situación en Cuba ha empeorado _____ el socialismo.	☐	☐
6. _____ lo general, el matrimonio entre dos personas del mismo sexo no se apoya.	☐	☐

Así lo veo II **en resumen.** Completa el resumen de **Así lo veo II** con palabras de la lista. Usa la forma correcta de los sustantivos y adjetivos y conjuga los verbos cuando sea necesario. Los verbos se usan en el presente de indicativo y el infinitivo. **¡OJO!** Algunas palabras se usan más de una vez y otras no se usan.

VERBOS		SUSTANTIVOS		ADJETIVOS	OTRAS PALABRAS
basarse en	dar miedo	derecha	partido político	polarizado	para
confiar en	echarle ganas a	impuesto	socialismo		por
		izquierda	suciedad		

En **Así lo veo II,** Gustavo habla de los cambios por los cuales está pasando México y todo el

mundo. Se refiere a la situación política y económica con limpiarlas de la suciedad. Aunque

_____[1] ver toda la suciedad a flote, esto es necesario _____[2]

poder limpiarla. Gustavo es bastante optimista y parece _____[3] el gobierno.

Dice que su propia contribución es hacer su parte y _____[4] su negocio.

Gustavo también habla de los _____[5] y cómo el mundo está

_____[6] entre la derecha y la izquierda. Además, menciona la tendencia de varios

países latinoamericanos hacia el _____.[7] _____[8] su parte,

Gustavo no cree en el socialismo porque, según él, nos hace pensar erróneamente que el gobierno

lo debe hacer todo. Luego, concluye con lo que sería lo ideal _____[9] él. Dice que

no sería ni la _____[10] ni la derecha, sino que sería _____[11]

respetar las diferencias ideológicas. ¿Cómo sería la política ideal _____[12] ti?

ASÍ LO VEO III

Vocabulario del vídeo

A. Asociaciones. Empareja cada palabra o expresión con la definición más apropiada.

1. _____ residir en
2. _____ el beneficio
3. _____ sacar adelante
4. _____ la cadena
5. _____ humilde
6. _____ la computación
7. _____ cooperar
8. _____ el obligado
9. _____ remunerado/a

a. modo de hacer un trabajo en el que todos cooperan para lograrlo
b. estar, hallarse
c. pagado/a o recompensado/a
d. ciencia que se relaciona con la informática y las computadoras
e. provecho, ganancia
f. colaborar o contribuir
g. avanzar, desarrollar
h. modesto, pobre
i. que tiene la obligación o es responsable de algo

B. La responsabilidad del gobierno. Completa las siguientes oraciones con las palabras o frases apropiadas de la lista a continuación.

campaña
ciudadanos
colaborar
esfuerzos
explote
obligada
reside
sacar adelante

La opinión de muchas personas es que el gobierno tiene la responsabilidad de cuidar a los

_____.[1] Pero además, existe la opinión de que esta responsabilidad también

_____[2] en los ciudadanos. Por ejemplo, Yolanda parece pensar que, en México,

la gente que puede ayudar a los pobres está _____[3] a hacerlo y debe hacer

verdaderos _____[4] para realizarlo. Ruth explica que, aunque el gobierno mexicano

pueda iniciar una _____[5] de conciencia en cuanto a la pobreza, la gente necesita

_____[6] para poder _____[7] al país. Sin duda, es preciso que la gente

no _____[8] a los pobres, como es común en ciertas partes del mundo.

C. ¿Quién es el responsable? Indica si cada oración sería cierta (**C**) o falsa (**F**) según lo que dicen Yolanda y Ruth en **Así lo veo III.**

	C	F
1. La enseñanza de la computación lleva muchos beneficios a los que viven en regiones humildes.	☐	☐
2. Es del gobierno la responsabilidad de sacar adelante al país. Los ciudadanos no deben hacer ningún esfuerzo.	☐	☐
3. Es necesario demostrar esfuerzos de colaboración y de cooperación como ciudadano. El gobierno no debe hacerlo todo.	☐	☐
4. Para el progreso de la sociedad, se debe explotar a los pobres.	☐	☐
5. Es bueno explotar a la gente que vive en las regiones humildes cuando hay problemas sociales.	☐	☐
6. El progreso de la sociedad se realiza fácilmente sólo con los esfuerzos del gobierno.	☐	☐
7. Es mejor renunciar a los propios beneficios, si uno puede ayudar a los demás al hacerlo.	☐	☐
8. Para sacar adelante a un país hay que cooperar, colaborar, en una cadena de esfuerzos.	☐	☐

D. Amigos falsos: *explotar/estallar.* Lee las siguientes oraciones. Indica si se puede sustituir **estallar** por **explotar.**

	SÍ	NO
1. El jefe suele explotar a sus empleados.	☐	☐
2. La bomba va a explotar en menos de tres minutos.	☐	☐
3. Si se detona la bomba, explota.	☐	☐
4. El granjero reconoció que había explotado tanto la tierra, hasta quitarle todos los nutrientes.	☐	☐
5. La botella de Coca-Cola explotó cuando se cayó al piso.	☐	☐

Nuestros amigos hablan.

Paso 1 Las siguientes oraciones vienen de lo que dice Ruth en **Así lo veo III**. Sin embargo, hay una palabra o expresión en cada oración que Ruth no utiliza. ¿Puedes identificarlas?

1. Siento que está tratando[a] de hacer[b] muchísimo precisamente[c] de la pobreza.[d]

2. Están haciendo[a] la cadena[b] para que[c] se vaya a alfabetizar a.... a la sierra.[d]

3. Si yo colaboro,[a] si yo le enseño a la niña[b] que me viene a hacer el favor de ayudarme en[c] el servicio.[d]

4. El gobierno tiene que[a] colaborar, pero también el ciudadano[b] tiene la obligación[c] a colaborar.[d]

5. Si yo uno[a] voy a ayudar a,[b] pues, a colaborar, con mucho[c] para que la gente progrese.[d]

Paso 2 Ahora, escucha **Así lo veo III** para verificar tus respuestas y escribe la palabra o expresión que realmente utiliza Ruth para cada oración del **Paso 1**.

1. _____ 3. _____ 5. _____

2. _____ 4. _____

Gramática

VERBOS QUE REQUIEREN LA PREPOSICIÓN *A*

A. ¿Cuál es? Escoge la respuesta que complete mejor cada oración.

1. Los partidarios de la derecha se _____ apoyar las campañas de la izquierda.
   a. comprometen a **b.** comprometen   **c.** oponen   **d.** oponen a

2. A veces, los partidos políticos se _____ cooperar y esto causa problemas en el país.
   a. niegan   **b.** polarizan   **c.** niegan a   **d.** polarizan a

3. Los miembros de las pandillas se _____ cometer asesinatos aunque saben que es ilegal e inmoral.
   a. atreven   **b.** atreven a   **c.** invitan   **d.** comienzan

4. Los padres deben _____ sus hijos a ser buenos.
   a. enseñar a   **b.** comenzar   **c.** enseñar   **d.** comenzar a

5. Una persona que tiene problemas financieros debe _____ comprar solamente lo necesario.
   a. constatar   **b.** limitar   **c.** constatar a   **d.** limitar se a

6. Todos los miembros de la comunidad deben _____ ayudar a los pobres.
   a. obligarse   **b.** dedicarse   **c.** dedicarse a   **d.** oponerse

7. Los que trabajan en el gobierno no siempre quieren _____ el progreso del país.
   a. ayudar a   **b.** apoyar   **c.** enseñar   **d.** enseñar a

B. El gobierno y los indígenas. ¿Qué responsabilidad tiene el gobierno hacia los ciudadanos? Complete el párrafo con las palabras entre paréntesis correctas.

El gobierno debe (**acostumbrarse a / comprometerse a**)[1] sacar adelante al país. Por eso, es necesario que (**se oponga a / se dedique a**)[2] tomar decisiones basadas en lo mejor para todos. Para realizar esto, algunas autoridades gubernamentales quizás deberían (**aprender / aprender a**)[3] lenguas indígenas. Si no hay ninguno que (**evite a / se atreva a**)[4] comunicarse con los indígenas, muchos de estos (**se comprometen a / se acostumbran a**)[5] ser ignorados. Para (**evitar / evitar a**)[6] situaciones como esta, el gobierno tiene que tratar de servir a todos los miembros de la sociedad. Por ejemplo, es necesario que (**empiece / empiece a**)[7] ayudar a los pobres tanto como a los ricos. Pero para lograrlo, las autoridades necesitarán (**renunciar / renunciar a**)[8] la costumbre de hacer lo que quieren para los que se aprovechan de su influencia, o sea, los ricos.

C. El verbo apropiado. Completa cada oración con la mejor opción.

1. _____ decirle la verdad, porque si se la digo le va a hacer mucho daño.
   a. No me acostumbro a   **b.** No me atrevo a   **c.** Me comprometo a

2. Mi padre _____ conducir cuando tenía 16 años.
   a. me enseñó a   **b.** me limitó a   **c.** me ayudó a

3. Después de muchos años sin fumar, Marta _____ hacerlo y ahora no puede dejar el cigarrillo.
   a. ha aprendido a   **b.** ha renunciado a   **c.** ha vuelto a

4. No te pueden _____ hacer algo que te pueda perjudicar (*hurt*).
   a. obligar a   **b.** contribuir a   **c.** renunciar a

5. Debes _____ gastar sólo lo que tienes en vez de pedir otro préstamo (*loan*).
   a. oponerte a   **b.** limitarte a   **c.** negarte a

6. No _____ vivir sola después de estar tres años con mi novio.
   a. comienzo a   **b.** salgo a   **c.** me acostumbro a

7. Necesito que me _____ entender este mensaje. No sé qué quiere decir.
   a. ayudes a   **b.** obligues a   **c.** contribuyas a

D. El maravilloso verbo *deber*. Completa cada oración correctamente, usando **debe(n)**, **debe(n) de** o **se debe(n) a**.

1. Los invitados no han llegado todavía, pero _____ estar en camino (*on the way*).

2. El presidente no cumplió con las promesas y ahora les _____ una explicación a los ciudadanos.

3. La crisis económica _____ muchos años de malas inversiones.

4. Para mejorar la educación, el gobierno _____ invertir más dinero en las escuelas.

5. Casi todos los problemas sociales _____ la falta de colaboración entre el gobierno y los ciudadanos.

Así lo veo III **en resumen.** Completa el resumen de **Así lo veo III** con palabras de la lista. Usa la forma correcta de los sustantivos y adjetivos y conjuga los verbos cuando sea necesario. Los verbos se usan en el presente de indicativo y el infinitivo. **¡OJO!** Algunas palabras no se usan.

VERBOS			SUSTANTIVOS		ADJETIVOS
atreverse	confiar	progresar	analfabetismo	cadena	humilde
ayudar	enfocarse	residir	beneficio	esfuerzo	remunerado
colaborar	explotar	sacar adelante			OTRAS PALABRAS
					sin embargo

En **Así lo veo III,** Yolanda y Ruth contestan la siguiente pregunta: «¿Cómo puede progresar la

sociedad?» Yolanda _____[1] en el problema de la pobreza y dice que la responsabili-

dad de solucionar la pobreza no sólo _____[2] en el gobierno, sino que en los que tienen

las posibilidades de _____[3] a los que no tienen nada. Además, comenta que muchos

trabajos no son bien _____[4] porque muchos creen que pueden _____[5]

a la gente más pobre sin ningún tipo de consecuencia.

La preocupación principal para Ruth sigue siendo la educación. Como Gustavo en **Así lo veo**

II, Ruth _____[6] en el gobierno y parece estar contenta con los _____[7]

del gobierno para mejorar la educación en las zonas más _____[8] del país.

_____,[9] reconoce que mucha gente piensa que la obligación reside sólo en el

gobierno cuando en realidad, todos tienen que colaborar para _____[10] al país. Ruth

concluye con la idea de hacer una cadena. Si cada uno enseña a otra persona a leer y escribir

habrá[a] cero _____[11] en el país. ¿Cómo puedes _____[12] tú para que

progrese la sociedad?

[a]*there will be*

Así lo veo yo preparación

Esta hoja te va a ayudar a organizar tus ideas para la composición que vas a escribir sobre el siguiente tema: **Soluciones para combatir los problemas sociales.** Sigue las instrucciones de cada uno de los **pasos** para completar el siguiente esquema. Luego, lleva esta hoja a la clase para escribir la composición.

Paso 1: La organización Cada uno de los párrafos de tu composición va a tener una idea principal. Escríbela en el cuadro apropiado. Si vas a escribir sólo dos párrafos, está bien. Si escribes más de tres, puedes usar una hoja más de papel. ¿Qué ideas secundarias o ejemplos te ayudan a apoyar o demostrar estas ideas? Apunta tres ideas o ejemplos en el esquema. ¿Mencionan nuestros amigos algunas ideas en el vídeo que puedes incluir en tu composición?

Paso 2: El vocabulario Repasa las secciones de vocabulario en el libro de texto y apunta las palabras o expresiones que quieres incluir para el argumento principal y las ideas que apoyan tu argumento.

Paso 3: La gramática Repasa las secciones de gramática y escribe dos oraciones con verbos que requieren preposiciones (o con otras estructuras de esta lección) como ejemplos para incluir en la composición.

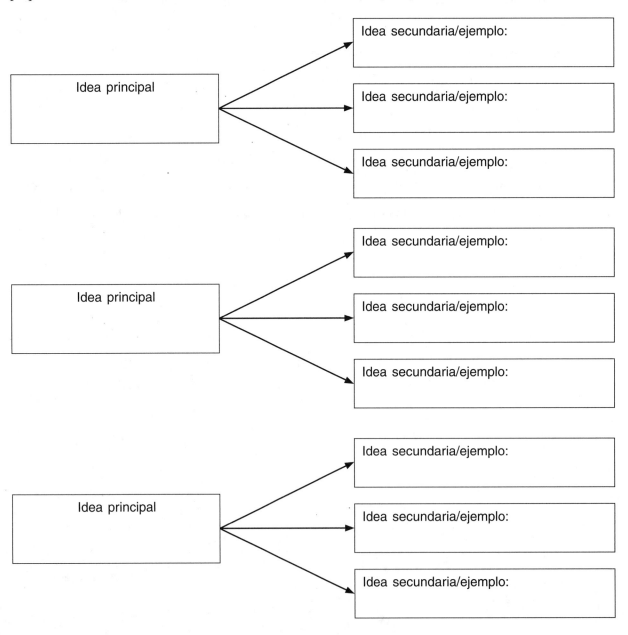

LECCIÓN 11

¿Cuáles son nuestros problemas medioambientales?

¿Qué problemas causa la deforestación?

Objetivos

En esta lección vas a seguir:

- practicando el vocabulario relacionado con los problemas medioambientales
- usando los verbos copulativos **ser** y **estar,** el infinitivo como sustantivo y los usos del gerundio
- escuchando lo que dicen nuestros amigos sobre los problemas medioambientales

Antes de comenzar

Escucha la introducción de esta lección y escribe las palabras que faltan.

En 1997 se estableció el Protocolo de Kyoto, en el cual las naciones del mundo reconocieron

el problema del _____[1] y decidieron tomar acciones específicas para

_____.[2] Hasta ahora, sólo los Estados Unidos y Australia no han ratificado el

_____,[3] y así no _____[4] en la lucha internacional contra el

cambio climático, aunque parece que hoy hay mayor interés por parte de estos dos países hacia

este problema global. Pero, ¿es el cambio climático el único problema _____[5]

que nos enfrenta? ¿Hay problemas locales, diferentes al cambio climático, que nos afectan?

ASÍ LO VEO I

Vocabulario del vídeo

A. Asociaciones. Empareja cada palabra o expresión con la definición más apropiada.

1. _____ la presa
2. _____ quemar
3. _____ reducido
4. _____ la basura
5. _____ acabar
6. _____ talar
7. _____ el cerro
8. _____ el tiradero
9. _____ saturado
10. _____ respirar

a. terminar, consumir
b. limitado, muy pequeño
c. cortar o destruir árboles
d. alguna cosa que está llena completamente de otra
e. colina o monte pequeño
f. lugar donde se tira y se acumula la basura
g. restos de alimentos, papeles, etcétera, que se tiran porque ya no sirven
h. lugar donde se almacena el agua para proveer a las ciudades o producir energía eléctrica
i. inhalar aire por la nariz y luego expulsarlo
j. destruir algo por el fuego

B. El medio ambiente y la responsabilidad personal. Indica si cada situación ocurre en una casa en la cual los residentes son responsables (**Sí**) o no (**No**) en cuanto a la conservación del medio ambiente.

	SÍ	NO
1. Los padres esperan que sus hijos pongan la basura en los basureros.	☐	☐
2. Los niños tiran la basura al suelo (*floor*) porque saben que la mamá la va a recoger.	☐	☐
3. La familia recicla sólo cuando es fácil.	☐	☐
4. La cocina parece un tiradero.	☐	☐
5. Cuando la madre acaba un producto de limpiar, lee las instrucciones para saber cómo tirar el envase (*container*) a la basura.	☐	☐
6. La familia deja que la basura se acumule en un lugar reducido del garaje.	☐	☐
7. La hija inició un programa de reciclaje en su comunidad.	☐	☐
8. Después de la cena del domingo, la familia planea cómo mejorar el uso de algunos productos dentro de la casa.	☐	☐

C. Una comunidad contaminada. Completa el siguiente párrafo con palabras o frases de la lista. **¡OJO!** No se usan todas las palabras.

basura	edificio	olor	se acumulan
cerro	grave	preocupante	tiradero
departamento	oler	reducido	tiran

En la ciudad, nosotros vivimos en un _____[1] muy alto. En esta comunidad

viven más de cuarenta familias. Nuestra familia vive en la última planta[a] del edificio, en un

_____[2] muy grande y bonito. En los últimos años, hemos tenido muchos problemas con la acumulación de _____.[3] Aparentemente, los residentes de la

comunidad _____[4] su basura en los basureros que están al lado del edificio.

Desgraciadamente, las bolsas de basura _____[5] durante toda la semana y parece

un verdadero _____.[6] Las personas que recogen la basura sólo vienen una vez

por semana y tanta basura empieza a _____[7] muy mal. ¡A veces, el mal

_____[8] es tanto que llega hasta nuestra planta! Este problema es verdadera-

mente _____.[9] Espero que pronto se le encuentre solución para que no se

vuelva más _____[10] en extremo.

[a]*floor*

D. **Palabras engañosas:** *grave/serio.* Para cada oración indica cuál de las opciones es la más apropiada: grave (**G**), serio/a (**S**) o los dos (**D**).

	G	S	D
1. La situación en la cual se encontraba la compañía que recoge la basura era muy ____.	☐	☐	☐
2. Después de visitar la ciudad grande, el turista, que no se sentía bien, ahora está muy ____ por tanta contaminación.	☐	☐	☐
3. El niño no podía respirar bien y el doctor dijo que estaba ____.	☐	☐	☐
4. Cuando mi novio llegó a mi departamento, estaba muy ____. Se veía enojado.	☐	☐	☐
5. El mal olor que venía del tiradero les causó a los vecinos una reacción ____.	☐	☐	☐
6. La niña se dañó la cabeza cuando jugaba en el parque y ahora está en el hospital. Está muy ____.	☐	☐	☐
7. El padre estaba ____ cuando hablaba de la deforestación.	☐	☐	☐

Nuestros amigos hablan.

Paso 1 A continuación hay unas ideas que expresa Leticia en **Así lo veo I.** Ordena los segmentos de
cada idea lógicamente.

1. pues todo aquí / todo aquí en San Mateo / cuando llueve y el olor / huele horrible / se
penetra

_____

_____

2. aquí del medio ambiente / huele horrible / nosotros ten⬛
cuando... este... llueve, / un tiradero

_____

_____

3. a todos / eso nos daña / los que vivimos / a mí / aquí

_____

4. estaba más tranquilo... / ya hay mucha contaminación / ahora ya no / antes no había / o sea, que eso nos daña demasiado / ya dondequiera tiran animales, / a nosotros / tanto carro

_____

_____

5. de basura / vienen / al tiradero y / todo / a tirar acá / carros

_____

Paso 2 Ahora, pon las ideas del **Paso 1** en el orden en que las expresa Leticia. Luego, escucha **Así lo veo I** para verificar si apuntaste bien las ideas y si las tienes en el orden correcto.

_____ _____ _____ _____ _____

Gramática

MÁS SOBRE *SER* Y *ESTAR*

A. Los problemas medioambientales. Escoge el verbo correcto para completar cada oración.

1. Cuando se acumula mucha basura en las calles, _____ posible sentir el mal olor incluso dentro de los edificios.
   a. está   b. estuvo   c. es   d. ser

2. Toda la casa _____ tan caótica que parecía un tiradero y por eso se molestó la mamá de los niños.
   a. estaba   b. estar   c. era   d. es

3. El problema que se nos presenta por causa de la presa seca _____ verdaderamente preocupante.
   a. está   b. estaba   c. es   d. era

4. Para solucionar el problema del tiradero, el dueño de la tierra _____ decidido a quemarlo.

   Muchos de los residentes de la zona no _____ de acuerdo con la decisión.
   a. está, eran   b. está, es   c. estoy, estaba   d. está, están

5. Proteger el medio ambiente _____ una de las cosas más importantes hoy en día.
   a. estar   b. está   c. ser   d. es

6. Los tiraderos de la región se encuentran saturados de basura. Las autoridades del lugar _____ tratando de encontrar una solución pronto.
   a. estamos   b. están   c. son   d. eran

7. Había toneladas y toneladas de basura sobre el cerro. El cerrito que _____ al lado, _____ muy verde y allí vivían muchos animales.
   a. están, son   b. estaba, ser   c. es, estar   d. estaba, era

B. ¿Cuál es la mejor solución para el problema? Escoge la mejor solución para cada situación.

1. En las calles hay mucha basura tirada.
   a. Cada persona debe tener la responsabilidad de no tirar la basura.
   b. Si una persona está caminando por la calle, debe tener cuidado de no pisar la basura.

   La presa de agua se está secando y debido a esto la compañía de energía eléctrica va a tener muchos problemas en los próximos meses.

   El presidente de la compañía debe encontrar otro trabajo porque es la persona responsable que la presa esté seca.

   ...idente debe hablar con sus empleados para explicarles que la compañía está en una ...grave, pero que se está buscando una solución adecuada.

uestros problemas medioambientales?

3. El coche de la familia es tan viejo que contamina el aire cuando lo usan.
   a. La familia debe comprar otro coche que no sea tan viejo.
   b. La familia debe seguir usando su coche viejo, porque lo necesita para su transporte.
4. Los niños que viven en el cerro respiran el humo de la fábrica todos los días. No se encuentran bien de salud y los padres no saben qué hacer.
   a. Los padres deben quedarse en su casa; es un caso perdido.
   b. Los padres deben contratar a un abogado para que reclame sus derechos ante la fábrica.
5. En el lago (*lake*) de la comunidad hay peces muertos a causa de las sustancias tóxicas que vienen de los jardines residenciales.
   a. Los residentes deben usar pesticidas que no causen daño al medio ambiente.
   b. Los residentes deben dejar de comer el pescado que está contaminado.
6. Una de las zonas ecológicas fue comprada el mes pasado y los nuevos dueños quieren talar los árboles y levantar muchos edificios para negocios nuevos.
   a. Los residentes tienen que estar contentos con el progreso y no hacer nada.
   b. Los residentes deben ser persistentes y luchar en contra de la deforestación.
7. Los tiraderos de la ciudad están saturados de basura.
   a. La ciudad debe iniciar un programa de reciclaje que sea eficiente y reduzca la cantidad de basura.
   b. La ciudad debe iniciar un programa de reciclaje que esté muy lejos de la ciudad.

C. **El primer día de clase.** Juana es una nueva estudiante en la clase de ecología. Completa el diálogo entre ella y su maestra con la forma más apropiada de **ser** o **estar**.

MAESTRA: Buenos días. ¿Cómo _____¹ Uds. hoy?

ESTUDIANTES: Muy bien, gracias. ¿Cómo _____² Ud.?

MAESTRA: Muy bien, gracias. Hoy tenemos a una nueva estudiante. Se llama Juana y _____³ de Costa Rica. Juana, en esta clase nosotros _____⁴ tratando del medio ambiente y la ecología de esta área. ¿Nos puedes decir un poco sobre Costa Rica y su medio ambiente, por favor?

JUANA: Por supuesto que sí. Yo _____⁵ de San José, la capital. A pesar de que hay muchos árboles en la ciudad, como hay mucha gente, la ciudad _____⁶ muy contaminada. Tenemos un problema muy grave con los tiraderos que _____⁷ por la ciudad. También, en el norte del país, hay un gran problema con la deforestación.

MAESTRA: Eso sí que _____⁸ un gran problema. Aquí tenemos los mismos problemas medioambientales, pero el público en general _____⁹ haciendo mucho para mejorar la situación.

JUANA: Sí, en mi ciudad también ha aumentado el número de gente que recicla. La gente _____¹⁰ más consciente de lo que hace.

MAESTRA: Muy bien, Juana. Pues yo creo que esta clase te va a gustar mucho. ¿Por qué no te sientas allí donde _____¹¹ Marco? Muy bien, ahora vamos a empezar la lección de hoy...

Así lo veo I **en resumen.** Completa el resumen de **Así lo veo I** con palabras de la lista. Usa la forma correcta de los sustantivos y conjuga los verbos cuando sea necesario. Los verbos se usan en el presente de indicativo. **¡OJO!** Algunas palabras se usan más de una vez y otras no se usan.

VERBOS		SUSTANTIVOS		ADJETIVOS	
estar	ser	cerro	olor	grave	reducido
quemar	talar	deforestación	tiradero	inimaginable	saturado
reciclar		departamento		preocupante	tóxico

En **Así lo veo I,** Leticia, Ruth y Ernesto nos hablaron de la situación medioambiental en que se

encuentran los lugares donde viven. Por ejemplo, en la zona donde _____¹

Leticia, los cambios se ven con facilidad. Según ella, antes había muchos árboles y

_____,² ahora hay departamentos y todo _____³ saturado de

casas. Para Leticia, uno de los problemas más _____⁴ en cuanto al medio ambiente

_____⁵ el de los tiraderos. Esto _____⁶ un gran problema

porque produce un _____⁷ muy feo, especialmente cuando la basura se

_____.⁸ Por la cantidad de basura que hay en los _____,⁹

las comunidades _____¹⁰ muy contaminadas y los residentes sufren de

enfermedades.

Ernesto, como Ruth, también expresa su frustración con el problema ambiental. Sin

embargo, para él, el problema _____¹¹ también causado por el espacio muy

_____.¹² A causa de este espacio pequeño, no hay un buen lugar para poner tanta

basura. Desgraciadamente, la contaminación ha llegado a niveles _____,¹³ creando

un ambiente _____¹⁴ para todos.

ASÍ LO VEO II

Vocabulario del vídeo

A. Asociaciones. Empareja cada palabra o expresión con la definición más apropiada.

1. _____ ensuciar
2. _____ pescado
3. _____ relajarse
4. _____ el grifo
5. _____ el plomo
6. _____ el peligro
7. _____ derrochar
8. _____ angustiado/a
9. _____ la botella

a. envase que se usa para guardar líquidos
b. llave por donde sale el agua
c. desperdiciar, gastar una cosa
d. metal denso, pesado, que se utiliza en la fabricación de armas de fuego
e. descansar, calmarse
f. pez que se saca del agua para comer
g. muy preocupado/a
h. situación que puede causar un daño
i. poner sucio algo, contaminar

B. Amigo falso: *colonia*. Después de leer cada oración, indica a cuál de las siguientes definiciones se refiere: territorio (**T**), fragancia que se ponen los hombres (**F**) o barrio o lugar residencial (**B**).

	T	F	B
1. Cuando el chico me preguntó dónde vivía yo, le contesté que mi casa estaba en la colonia del valle.	☐	☐	☐
2. Cuando entré en la habitación, sentí por la fuerte colonia que se había puesto mi esposo, y me dio dolor de cabeza.	☐	☐	☐
3. Nuestra casa está un una zona que hace siglos era parte de la colonia española.	☐	☐	☐
4. Yo sólo he visitado nueve de las trece colonias originales.	☐	☐	☐
5. Para su cumpleaños, le regalé a mi padre una colonia muy popular.	☐	☐	☐
6. La colonia donde vivo es muy peligrosa.	☐	☐	☐
7. Louisiana formaba parte de la colonia francesa.	☐	☐	☐

C. Palabras engañosas: *pez/pescado*. Completa las siguientes oraciones con **pez, peces, pescado** o **pescados** según el contexto. Después, indica si estás de acuerdo (**Sí**) o no (**No**) con lo que dice cada frase.

	SÍ	NO
1. En un restaurante de lujo (*fancy*) los _____ deben ser exóticos y muy caros.	☐	☐
2. Cuando yo era pequeño/a, tenía un _____ amarillo y azul.	☐	☐
3. Yo nunca he comido _____; prefiero el pollo o la carne.	☐	☐
4. No se debe comer tiburón (*shark*) porque es un _____ en peligro de extinción.	☐	☐
5. Me encantan los acuarios. La última vez que fui, vi muchos _____.	☐	☐
6. Es importante pescar muchos _____ en el océano porque hay demasiados (*too many*).	☐	☐
7. Es bueno pedir _____ en vez de carne de vaca.	☐	☐

D. Para el futuro de nuestro planeta. Completa el siguiente párrafo con palabras o frases de la lista. **¡OJO!** No se usan todas las palabras o frases.

abrir la llave	cierran el grifo	cristalinos	modificar
bisnietos	conservar	embotelladas	peligro de extinción
botellas	contaminado	gastar	percibir

Es importante que cuidemos nuestro planeta. Si no lo hacemos bien, nuestros _____[1]

y los hijos de ellos van a heredar un planeta muy _____.[2] Hoy en día, la gente ha

empezado a reciclar _____[3] de plástico y vidrio, pero eso no es suficiente. Es

también necesario _____[4] energía eléctrica y _____[5] con cuidado el

agua que usamos a diario.[a] Por ejemplo, es bueno _____[6] sólo mientras se está

usando el agua para ducharse o lavar los trastes.[b] Muchas personas no _____[7]

cuando hacen estas actividades y desperdician mucho el agua. Para poder salvar el planeta y

dejarles a las generaciones futuras una Tierra limpia, es necesario _____[8] nuestros

hábitos. Queremos que nuestros descendientes hereden lagos _____[9] y especies de

animales que no están en _____.[10]

[a]a... *daily*   [b]*dishes*

Nuestros amigos hablan. Escucha otra vez lo que dice Yolanda en **Así lo veo II** y escribe las palabras que utiliza.

«Bueno, el lugar, Xochimilco, que es el lugar donde estamos, fue, en el México

_____,[1] un lago. Cuando llegaron aquí los aztecas, estaban habitados por otras

culturas... otra cultura. Antes, era a... agua _____,[2] pura, donde había muchos

_____,[3] como peces, plantas acuáticas, eh... _____,[4] una de las

especies en peligro de extinción y el _____,[5] conocido localmente como acocil.

Ahora con la contaminación, prácticamente, el agua está _____[6] de... de metales

pesados. Casi no tiene oxígeno. Entonces, muchas comunidades se han visto reducidas y

obviamente la... las comunidades que existen están _____,[7] tienen metales pesados,

en _____[8] y plomo, en sangre, por ejemplo. En el aire pues podemos

_____,[9] sobre todo los que no son de aquí, pueden percibir que el aire está tan

_____[10] que les afecta las _____.[11] Les modifica su... sus

características de la _____.[12] Y bueno, actualmente, ya no se puede beber agua.

Antes sí se podía beber agua. De hecho, las familias sacaban el agua para cocinar, cosa que

actualmente ya no se hace.»

Gramática

ESTAR Y EL PRESENTE PROGRESIVO

A. El día típico de Marco

Paso 1 Marco es ecologista y trabaja en una ciudad grande. Indica qué es lo que está haciendo Marco en cada dibujo.

1.

    a. Se está lavando los dientes rápidamente para ahorrar agua.
    b. Se está duchando rápidamente para ahorrar agua.

2.

    a. Está llegando al trabajo y está reciclando su botella de agua.
    b. Está llegando al trabajo y está abriendo la puerta.

3.

    a. Está saliendo para el trabajo en su pequeño coche híbrido.
    b. Está hablando de su coche con la vecina.

4.

   a. Se está levantando temprano para poder aprovechar el día.
   b. No se está levantando porque a él no le gustan las mañanas.

5.

   a. Está preparándose para ir a cenar después de un día muy largo, pero productivo.
   b. Está regresando a su casa después de un día de trabajo muy largo, pero productivo.

6.

   a. Está mostrando a sus compañeros una foto muy divertida y espera que ellos se rían.
   b. Está proponiendo una nueva campaña para promover (*promote*) el reciclaje entre los niños.

Paso 2 Ahora, pon los eventos en orden cronológico, empezando por lo primero que está haciendo Marco y terminando por lo último que está haciendo.

_____ _____ _____ _____ _____ _____

B. La conservación. Completa cada oración con el verbo apropiado y conjúgalo usando el gerundio. Después, indica si, en tu opinión, se trata de una medida apropiada (**Sí**) para la conservación del planeta o no (**No**).

Si una persona quiere ayudar a la conservación del planeta, esa persona...

	SÍ	NO
1. ... está _____ (**contaminar/usar**) su casa con productos dañinos.	☐	☐
2. ... está _____ (**hablar/relajar**) con sus amigos sobre las cosas que todos podemos hacer por el planeta.	☐	☐
3. ... está _____ (**terminarse/limpiar**) con su familia una playa o jardín público.	☐	☐
4. ... está _____ (**consumir/correr**) carne de animales en peligro de extinción.	☐	☐
5. ... sigue _____ (**requerir/gastar**) mucha gasolina con su coche viejo.	☐	☐
6. ... está _____ (**conservar/aprovechar**) todas las oportunidades para ayudar en su comunidad.	☐	☐
7. ... sigue _____ (**insistir/participar**) en eventos que la ciudad organiza para salvar el planeta.	☐	☐
8. ... está _____ (**terminarse/ducharse**) todos los días usando mucha agua.	☐	☐

C. En el parque. Completa cada oración con el verbo correcto de la lista.

estaban ocupando	iban a volver
estaban tristes	juegan
están compartiendo	seguir jugando
están usándolos	tomaron

1. Los niños siempre _____ en el parque todos los días.
2. Hoy los niños _____ la bola de fútbol con sus amigos.
3. Después de jugar al fútbol varias horas y de usar los columpios (*swings*), los niños _____ un descanso en la sombra (*shade*).
4. Cuando volvieron a los columpios, unos niños mayores _____.
5. Los niños pequeños _____, pero decidieron jugar en otra parte del parque.
6. Después de jugar al fútbol un rato, los niños regresaron a los columpios y encontraron que los niños mayores ya no los _____.
7. En la tarde, los niños se despidieron y prometieron que _____ el próximo día para _____.

Así lo veo II **en resumen.** Completa el resumen de **Así lo veo II** con palabras de la lista. Usa la forma correcta de los sustantivos y adjetivos y conjugar los verbos cuando sea necesario. Los verbos se usan en el presente progresivo y el infinitivo. **¡OJO!** Algunas palabras no se usan.

VERBOS			SUSTANTIVOS	ADJETIVOS	OTRAS PALABRAS
acabar	colaborar	intentar	sangre	contaminado	sin embargo
beber	conservar	modificar	agua potable	precolombino	de hecho
causar	convertir				

En **Así lo veo II,** Gustavo, Ruth y Yolanda comparten sus opiniones sobre el problema del agua.

Gustavo nos explica que el agua no se _____,[1] pero sí se va a convertir en algo

_____.[2] Ruth, como Gustavo, también está angustiada por la situación del

_____.[3] Dice que la comunidad donde vive _____[4] y

_____[5] cuidar el agua, pero hay que hacer algo para reducir la contaminación del

agua que los residentes de otras colonias _____.[6] Según Ruth, si no cuidamos el

agua hoy, nuestros bisnietos, y hasta los hijos de ellos, van a sufrir mucho.

Hablando en particular de Xochimilco, Yolanda explica que este lago _____[7]

era antes un lugar donde el agua era cristalina. _____,[8] todo ha cambiado. Yolanda

se enfoca más en los problemas de salud que la contaminación de este lugar _____[9]

entre personas de la comunidad. El plomo y los metales pesados que se encuentran en el agua,

aparecen en la _____[10] de los residentes de las comunidades. Los tres amigos

están de acuerdo en que el problema es muy serio y se debe hacer todo lo posible para

_____[11] el agua que queda.

ASÍ LO VEO III

Vocabulario del vídeo

A. Asociaciones. Empareja cada palabra o expresión con la definición más apropiada.

1. _____ destruir
2. _____ evitar
3. _____ la estrella
4. _____ agigantado/a
5. _____ el glaciar
6. _____ derretir
7. _____ la mugre
8. _____ acelerar
9. _____ detenerse

a. astro que tiene su propia luz en el espacio
b. hacer líquido algo sólido por medio del calor
c. hacer más rápido un proceso
d. suciedad
e. deshacer o hacer desaparecer una cosa
f. algo de tamaño mucho más grande de lo normal
g. parar, impedir que algo continúe
h. impedir que ocurra un peligro o algo malo
i. masa de hielo que cubre grandes zonas en las regiones polares

B. El cambio climático. Completa las siguientes oraciones con las palabras apropiadas de la lista. **¡OJO!** Vas a usar cada palabra sólo una vez.

agigantados	capa de ozono	deterioro	inundaciones
cambio climático	derritan	evitar	planeta
caos	detener	glaciares	Tierra

En la actualidad, estamos viendo muchos cambios ecológicos en el _____.[1] En

particular, uno de los problemas más graves es el del _____.[2] En general, este

problema es causado por los cambios drásticos en el clima y las temperaturas en el planeta.

Problemas como este son causados tanto por el impacto humano como por causas naturales.

Algunos científicos dicen, por ejemplo, que los seres humanos estamos creando, a pasos

_____,[3] un agujero[a] en la _____.[4] Esto, como resultado, está

causando que los _____[5] se _____.[6] Desgraciadamente, este efecto

puede causar graves problemas, incluyendo _____.[7] Afortunadamente, hay muchas

cosas que se pueden hacer para evitar _____[8] total. Como residentes del planeta

_____,[9] debemos _____[10] su destrucción reciclando más y gastando

menos sus recursos. Esta es una de las formas en que podremos _____[11] los efectos

del cambio climático y, en general, el _____[12] del medio ambiente.

[a]*hole*

C. **Amigo falso:** *desgraciadamente.* Completa cada frase con **desgraciadamente** o **vergonzosamente** de acuerdo con el contexto.

1. El agua es uno de los elementos ambientales del cual más dependemos para vivir.

   _____, muchas personas no conservan el agua.

2. _____, la familia no pudo pagar sus deudas y el banco le negó el préstamo.

3. _____ para los padres, el chico fue acusado de robar.

4. Estuvo lloviendo todo el día. Por eso, _____, tuvimos que cancelar el evento.

5. El equipo de fútbol fue derrotado _____ por diez goles a cero.

6. _____, durante la presentación sonó un teléfono celular y la presentadora se puso muy nerviosa y suspendió la plática.

D. **El maravilloso verbo** *dar.* Indica qué forma de **dar** debe usarse en cada oración. Cuidado con el uso del pseudo-reflexivo.

1. La semana pasada fuimos a una fiesta; lo pasamos tan bien que nos _____ las tres de la mañana.
   a. dieron   **b.** dio

2. Todos los días _____ parte de nuestro tiempo para ayudar en los programas extracurriculares de las escuelas locales.
   a. nos damos   **b.** damos

3. Pasamos todo el día en la biblioteca hasta que _____ cuenta de que no habíamos comido nada.
   a. nos dimos   **b.** dimos

4. En el cine del centro de la ciudad, _____ la película nueva a las 8:00 y a las 10:30 de la noche.
   a. le da   **b.** se da

5. El ascensor es muy viejo y hay que _____ muy fuerte al botón para que funcione.
   a. darle   **b.** darse

6. Al hablar con mi madre sobre la fiesta de mi cumpleaños, me di cuenta de que _____ igual dónde sea con tal de que mis amigos estén allí.
   a. me da   **b.** me doy

7. Después de dos horas de hablar en clase sobre el cambio climático, nosotros _____ una posible solución al problema.
   a. dimos en   **b.** dimos con

8. El pájaro _____ la ventana al tratar de salir de la casa.
   a. dio contra   **b.** dio en

Nuestros amigos hablan.

Paso 1 Escucha lo que dicen Ruth, Gustavo y Yolanda sobre el cambio climático. Después, determina si la palabra subrayada es la que usan. Si no es la palabra o frase correcta, escribe la palabra correcta.

Ruth

1. «Es algo, la Tierra ya tiene miles de años que se formó y pienso que también igual se esta gastando, se debe deteriorar como los meteoritos que pum, se terminan, <u>los planetas</u> se terminan... »

   _____

2. «Lo del ozono, pues, lo protegemos <u>provocando</u> tanta mugre, tanto, evitamos todo el ozono, entonces tenemos cincuenta y cincuenta.»

   _____

Gustavo

3. «No, cómo no, es un <u>tema</u> que nos afecta a todos.»

   _____

4. «Probablemente, y <u>afortunadamente</u>, al estar un poquito más hacia el trópico, aquí son menos evidentes los cambios climáticos.»

   _____

Yolanda

5. «También <u>existen</u> los cambios que pueda tener la Tierra naturales. Pero va muy relacionado con lo que nosotros hacemos.»

   _____

6. «Los estamos <u>acelerando</u>[a] a pasos <u>pequeños</u>.[b] Entonces, por eso, precisamente si no nos detenemos o no aminoramos todas esas acciones que nosotros tenemos para el medio ambiente en lo que... en un abrir y cerrar de ojos, nos vamos a destruir y vamos a destruir el planeta Tierra.»

   a. _____   b. _____

Paso 2 Indica con quién estás de acuerdo en cuanto a lo que piensan del cambio climático. Puedes indicar más de uno.

Yo estoy de acuerdo con...

   ❏ ... Gustavo.   ❏ ... Ruth.   ❏ ... Yolanda.

Gramática

LOS INFINITIVOS Y LOS GERUNDIOS

A. Una persona responsable. Completa el párrafo con las palabras más apropiadas entre paréntesis.

Me gusta (**ser/siendo**)[1] una persona responsable. Para mí, la idea de (**reciclar/reciclando**)[2] es muy importante y la (**practicar/practico**)[3] todos los días. Los fines de semana, me gusta (**caminar/camino**)[4] por la calle de mi casa y (**recoger/recogiendo**)[5] la basura que encuentro. A veces, mi esposa viene conmigo. (**Hablar/Hablando**)[6] mucho y (**hacer/haciendo**)[7] ejercicio logramos pasar el tiempo rápidamente. Entre semana, (**evitar/evitamos**)[8] el consumo de muchos productos que pueden (**destruir/destruyen**)[9] el medio ambiente.

B. **¿Qué hago?** Un estudiante de la universidad te pide consejo sobre algunos asuntos medioambientales. Escoge la respuesta más ecologista según cada situación.

1. Antes de salir en la noche con mis amigos, ellos insisten en dejar encendidas las luces de su casa.
   a. Conservar energía es importante y tus amigos deben apagar las luces que no necesitan, especialmente cuando no están en casa.
   b. Apagar las luces es peligroso, porque si no, no van a poder encontrar la casa cuando vuelvan.

2. Cuando termino de comer en la cafetería, tengo que tirar la basura, pero no hay un lugar para reciclar.
   a. Es importante comunicarse con los amigos porque ellos te escuchan y te quieren mucho.
   b. Es importante comunicarse con los dueños de la cafetería porque ellos pueden instalar recipientes para el reciclaje.

3. Tengo miedo de que la gasolina se acabe totalmente y no tenga con qué llenar mi coche.
   a. Usar mucho el coche ahora es importante, porque si no, en el futuro, no vas a poder ir si no tienes un coche.
   b. Usar el coche sólo lo necesario es importante; lo juicioso es caminar o usar la bicicleta para ir a los lugares más cercanos.

4. Al conducir por las calles sin pavimento, el coche se llena de mugre. No me gusta andar en un coche sucio.
   a. Mirar el pronóstico (*forecast*) del tiempo es necesario y si ves que va a llover en los próximos días, espera a lavar tu coche con la lluvia.
   b. Los coches sucios no son bonitos, entonces es necesario lavarlo inmediatamente usando mucha agua.

5. Ayer, cuando estaba en la biblioteca, sin querer (*without meaning to*) imprimí un artículo que no quería ni necesitaba.
   a. Lo que debes hacer es buscar el basurero más cercano y tirar el papel.
   b. Lo que debes hacer es guardar el papel y usarlo para tomar apuntes en clase.

6. Cuando voy al supermercado para hacer la compra, llevo bolsas que me dieron allí la última vez. Mis amigos me critican mucho porque las bolsas no se ven bien, se ven muy viejas.
   a. Dejar de usar las bolsas sería lo más juicioso si no quieres que tus amigos te vean mal.
   b. Sería bueno educar a tus amigos para que ellos puedan aprender algo sobre el reciclaje.

7. Cuando salgo con mi novia a ella le gusta pedir el agua en botella en vez de pedir agua del grifo. No sólo me cuesta más dinero, pero también no sé si el restaurante recicla la botella después de que nos vamos.
   a. Beber agua pura es importante, pero si el agua del grifo es buena, debes explicarle a tu novia que es mejor que gastar en las botellas para así proteger el medio ambiente.
   b. Beber agua pura es importante y la única manera de asegurarse de que el agua sea pura es beber agua en botella.

C. Un amigo del medio ambiente. Completa cada oración con el infinitivo o el gerundio del verbo entre paréntesis. Después, indica si esta persona es amigo (**A**) o enemiga (**E**) del medio ambiente.

A   E

1. Al _____ (**entrar**) en su casa, el chico enciende todas las luces para poder verlo todo. ☐ ☐

2. El hombre ahorra mucho dinero _____ (**reciclar**) todas las botellas que usa en casa. ☐ ☐

3. Ir _____ (**caminar**) al trabajo es algo que el hombre de negocios nunca hace porque le gusta mucho conducir su coche deportivo. ☐ ☐

4. El chico no ayuda al medio ambiente _____ (**aminorar**) sus gastos en botellas de plástico. ☐ ☐

5. El hombre, al _____ (**cerrar**) el grifo ahorra agua. ☐ ☐

6. Para _____ (**dormir**) al bebé, el padre condujo su coche por cuatro horas. ☐ ☐

7. El hombre tiró la basura en la calle, _____ (**mostrar**) así su indiferencia por los niños que lo veían del otro lado de la calle. ☐ ☐

8. El señor gastó mucha agua _____ (**limpiar**) el coche. ☐ ☐

Así lo veo III **en resumen.** Completa el resumen de **Así lo veo III** con palabras de la lista. Usa la forma correcta de los sustantivos y adjetivos y conjuga los verbos cuando sea necesario. Los verbos se usan en el infinitivo y el gerundio. **¡OJO!** Algunas palabras se usan más de una vez y otras no se usan.

VERBOS			SUSTANTIVOS			ADJETIVOS
acabar	detener	gastar	cambio climático	estrella	planeta	evidente
acelerar	evitar	ver	caos	ozono	Tierra	
aminorar	formar		deterioro			

En **Así lo veo III,** Ruth, Gustavo y Yolanda nos hablaron sobre sus perspectivas en cuanto al estado del planeta y los cambios que se están viendo en él. Ruth, por ejemplo, piensa que así como las _____[1] y los meteoritas, la Tierra también se está _____[2] En su opinión, el _____[3] es un proceso natural, pero, al mismo tiempo, todos los humanos contribuyen un 100 por ciento a este deterioro _____[4] los recursos naturales y _____[5] el proceso natural. Para Ruth, es importante que protejamos la _____[6] y que no contribuyamos a su deterioro protegiendo el ozono al _____[7] tanta mugre y suciedad.

Gustavo también piensa que es un problema que nos afecta a todos. Él explica que el lugar donde uno vive puede _____[8] el efecto del _____[9] Por ejemplo, Gustavo vive más cerca al trópico y siente que los cambios no son tan _____[10] o grandes como, por ejemplo, en los Estados Unidos. Finalmente, Yolanda habló principalmente del aceleramiento del cambio climático. En una palabra, ella define este problema como un _____[11] Para ella, _____[12] y aminorar el impacto que nosotros como humanos tenemos sobre la Tierra es imprescindible. De acuerdo con los tres amigos, al no detener nuestras acciones destructivas, vamos a _____[13] el deterioro del planeta.

Así lo veo yo preparación

Esta hoja te va a ayudar a organizar tus ideas para la composición que vas a escribir sobre el siguiente tema: **El problema más serio del medio ambiente.** Sigue las instrucciones de cada uno de los **pasos** para completar el siguiente esquema. Luego, lleva esta hoja a la clase para escribir la composición.

Paso 1: La organización Cada uno de los párrafos de tu composición va a tener una idea principal. Escríbela en el cuadro apropiado. Si vas a escribir sólo dos párrafos, está bien. Si escribes más de tres, puedes usar una hoja más de papel. ¿Qué ideas secundarias o ejemplos te ayudan a apoyar o demostrar estas ideas? Apunta tres ideas o ejemplos en el esquema. ¿Mencionan nuestros amigos algunas ideas en el vídeo que puedes incluir en tu composición?

Paso 2: El vocabulario Repasa las secciones de vocabulario en el libro de texto y apunta las palabras o expresiones que quieres incluir para el argumento principal y las ideas que apoyan tu argumento.

Paso 3: La gramática Repasa las secciones de gramática y escribe dos oraciones con el gerundio (o con otras estructuras de esta lección) como ejemplos para incluir en la composición.

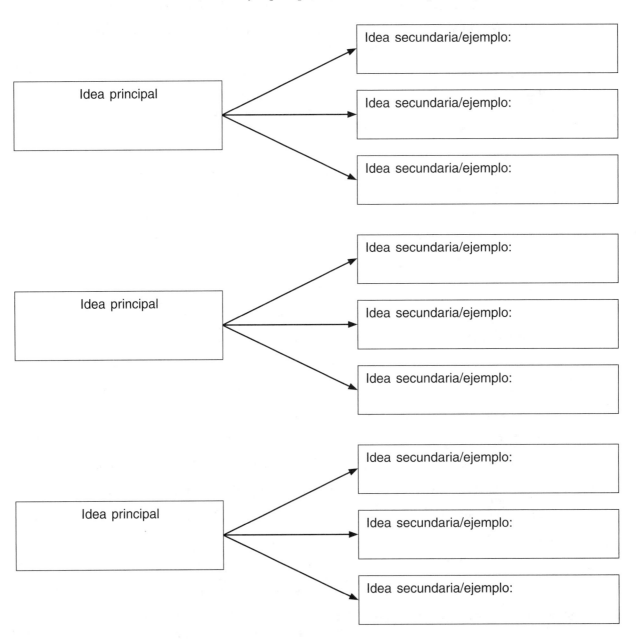

LECCIÓN 12

¿Cómo podemos solucionar los problemas medioambientales?

¿Cómo nos afecta la contaminación del aire?

Objetivos

En esta lección vas a seguir:

- practicando el vocabulario relacionado con los problemas medioambientales y sus posibles soluciones
- trabajando con los usos del condicional, el uso del subjuntivo con cláusulas adverbiales y contingencias, y el futuro simple
- escuchando lo que dicen nuestros amigos sobre cómo resolver los problemas medioambientales en la Ciudad de México y a nivel mundial

Antes de comenzar

Escucha la introducción de esta lección y escribe las palabras que faltan.

Las soluciones a un problema no son _____[1] fáciles _____[2] su

identificación. Por eso, los Estados Unidos no han ratificado el Protocolo de Kyoto, citando el costo

y los problemas _____[3] en implementarlo. ¿Qué se puede hacer, entonces? ¿Hasta

qué punto debe _____[4] tomar la responsabilidad de actuar? ¿Hasta qué punto

debe tomar responsabilidad _____[5] y cambiar sus hábitos para ayudar en la

lucha contra los problemas ambientales?

ASÍ LO VEO I

Vocabulario del vídeo

A. ¡Busca lo opuesto! Indica la palabra que tiene un significado opuesto al de la palabra numerada.

1. la limpieza
   - **a.** el medio ambiente
   - **b.** el contaminante
   - **c.** la leyenda

2. condonar
   - **a.** lucrar
   - **b.** cumplir
   - **c.** multar

3. beber
   - **a.** cumplir
   - **b.** evaporarse
   - **c.** escupir

4. olvidar
   - **a.** dejar huella
   - **b.** desintegrarse
   - **c.** disminuir

5. simpático
   - **a.** amable
   - **b.** desagradable
   - **c.** tibio

6. cumplir
   - **a.** fracasar
   - **b.** lograr
   - **c.** pisar

7. disminuir
   - **a.** bajar
   - **b.** aumentar
   - **c.** manejar

B. ¿Cuál es la mejor solución? Escoge la solución más conveniente de acuerdo con la situación presentada en cada caso.

1. Una fábrica está produciendo muchos contaminantes. La mejor solución es...
   - **a.** ponerles una multa para que los sigan produciendo.
   - **b.** cambiar el lineamiento para que la fábrica no pueda seguir produciéndolos.

2. Un país pequeño está consumiendo muchos productos importados y por eso hay mucho desempleo. La mejor solución es...
   - **a.** disminuir la demanda de esos productos para promover la industria.
   - **b.** mandar que el país exportador baje los precios.

3. Los niños de kínder siempre traen su almuerzo en envases de plástico, y después los tiran. La mejor solución es...
   - **a.** hablar con los padres para buscar otros tipos de envases.
   - **b.** imponer una multa por cada envase de plástico.

4. Los turistas que visitan esta ciudad siempre tiran sus botellas en la calle, y hay vidrio por todos lados. La mejor solución es...
   - **a.** aplicar un impuesto a todos los turistas.
   - **b.** comenzar una campaña para reciclar las botellas de vidrio.

5. El ventilador de tu carro está roto y gasta mucha energía. La mejor solución es...
   - **a.** no darle importancia y esperar a que no se desintegre completamente.
   - **b.** llevarlo al mecánico para repararlo, y así tal vez ahorrar gasolina.

6. Las cajas vacías de comida están por todos lados, contaminando la ciudad. La mejor solución es...
   - **a.** quejarse con (*to complain to*) un amigo.
   - **b.** promover la obligación cívica de reciclar.

C. Situaciones. Completa las oraciones con palabras de la lista.

contaminantes
ecología
impuestos
kínder
manejar
microorganismos
multa
se enfermó

1. Un científico estudia las plantas y los animales y su interacción con el planeta Tierra porque le

   interesa la _____.

2. Los _____ son peligrosos para el medio ambiente por su contenido tóxico.

3. Mis padres se quejan porque tienen que pagar _____ y no quieren reconocer que
   pagarlos es bueno para el buen funcionamiento del país.

4. Solamente podemos observar los _____ a través de un microscopio porque son
   demasiado pequeños.

5. La policía me paró y me puso una _____ porque no respeté la señal de tráfico.

6. Muchos niños lloran el primer día que van al _____ porque piensan que sus padres
   los van a abandonar.

7. Mi amigo _____ porque comió comida que estaba pasada (*gone bad*).

8. Muchos criticaban al presidente de los Estados Unidos por su forma de _____ la
   política exterior.

Nuestros amigos hablan. Escucha otra vez lo que dice Ernesto en **Así lo veo I** y escribe las palabras
que utiliza.

«Yo creo que respetando estos _____[1] que te dan desde que vas al

_____,[2] respetar una luz roja, si _____[3] este tipo de cosas,

_____[4] la contaminación por el ruido, no, por el ruido. Que si nos vamos

a la basura, pues, la gente no está consciente que si yo _____[5] un papel,

no se queda ahí. O sea, el problema me sigue hasta donde voy. ¿Por qué? Porque eso,

_____,[6] son contaminantes y los _____[7] Hay algo muy

desagradable. La gente _____[8] sus fluidos y no está consciente que eso se

evapora, son _____,[9] la gente _____[10] por eso. Es por falta de

cultura. No hay cultura de esto. No hay conocimiento de tales cosas. Entonces, la base de todos

estos problemas es la _____[11] Que la educación está. La educación ahí te la dan,

una embarrada, te la dan. Pero no _____[12] Realmente, no... no se hace al

alumno consciente, ¿no? Se hace al alumno que va a la escuela por ir a la escuela y ya.»

Gramática

REPASO DEL CONDICIONAL

A. ¿Qué harías? ¿Qué es lo que harías para salvar el planeta? Escribe el verbo adecuado en el condicional. Después indica si lo harías (**Sí**) o no (**No**).

		SÍ	NO
1.	Yo _____ (**decir/poner**) en riesgo mi vida para devolver a su nido a un pajarito perdido.	☐	☐
2.	Yo _____ (**iniciar/saber**) una campaña en contra de la producción de contaminantes.	☐	☐
3.	Yo no _____ (**tener/venir**) aire acondicionado en mi casa para conservar energía.	☐	☐
4.	Yo _____ (**salir/venir**) de mi casa para educar a muchas personas sobre la necesidad de proteger el medio ambiente.	☐	☐
5.	Yo _____ (**aprender/salir**) más sobre la ecología para poder conversar dando información válida y no sólo opiniones.	☐	☐
6.	Yo _____ (**poder/vender**) verduras de mi jardín para promover la agricultura local.	☐	☐
7.	Yo les _____ (**decir/saber**) a todos mis amigos que usaran bolsas de algodón en vez de plástico.	☐	☐
8.	Yo _____ (**tener/poder**) vivir completamente sin electricidad.	☐	☐

B. Un deseo para el futuro. Carmen es ecologista y habla de sus deseos para un futuro mejor. Completa sus pensamientos con la opción más apropiada.

1. _____ Si mis padres no se preocuparan tanto por el dinero, ...

2. _____ Si viviera en otro planeta, ...

3. _____ Si tuviera más tiempo para ayudar a los demás, ...

4. _____ Si no trabajara los fines de semana, ...

5. _____ Si pudiera prohibir la producción de un producto, ...

6. _____ Si quisiera mejorar mi vida, ...

7. _____ Si los humanos usaran energía solar, ...

8. _____ Si todos comieran productos naturales, ...

a. no se consumiría tanta gasolina.
b. crearía un programa de mejoramiento social.
c. tendrían más tiempo para disfrutar de la vida.
d. iría a la playa los domingos para ayudar a limpiarla.
e. habría más basura orgánica.
f. sería el plástico.
g. viviría cada día de una manera más sencilla.
h. intentaría crear una sociedad pacífica.

C. Un ciudadano responsable. Tomás vive en una ciudad muy grande y quiere mejorar la vida diaria de la sociedad. Conjuga el verbo correcto en el condicional y luego indica si la declaración es lógica (**L**) o ilógica (**I**) según lo que sabes de Tomás.

	L	**I**
1. Tomás no _____ (**donar/tener**) su dinero para un buen programa de ayuda social.	☐	☐
2. Él _____ (**ser/querer**) responsable de sus palabras.	☐	☐
3. Tomás _____ (**estar/ir**) a reuniones cívicas.	☐	☐
4. No les _____ (**decir/pedir**) la verdad a sus hijos.	☐	☐
5. Él _____ (**querer/hacer**) mucho ruido por la noche en su barrio.	☐	☐
6. Tomás _____ (**odiar/poder**) ayudar a sus vecinos y lo haría.	☐	☐
7. Él _____ (**querer/tener**) mucho dinero sin compartirlo con los demás.	☐	☐
8. Tomás _____ (**llegar/salir**) mucho antes del trabajo de la hora sin respetar salida.	☐	☐

Así lo veo I **en resumen.** Completa el resumen de **Así lo veo I** con palabras de la lista. Usa la forma correcta de los sustantivos y adjetivos y conjuga los verbos cuando sea necesario. Los verbos se usan en el infinitivo, el presente y el condicional. **¡OJO!** Algunas palabras se usan más de una vez y otras no se usan.

VERBOS			SUSTANTIVOS	ADJETIVOS
contribuir	enseñar	poder	falta de cultura	mismo
darse cuenta	escupir	poner	medio ambiente	OTRAS PALABRAS
disminuir	manejar	profundizarse	sobrepoblación	por eso
enfermarse				sin embargo

En **Así lo veo I,** el Padre Aguilar y Ernesto siguen hablando de los problemas medioambientales.

Para los dos, estos problemas se _____[1] resumir en la siguiente idea: la

_____[2] a todos los niveles de la sociedad. Por ejemplo, el Padre dice que todos

tienen la responsabilidad y la obligación a _____[3] a la reeducación de la gente.

_____,[4] dice que si él pudiera, le _____,[5] una multa tanto al

policía que no cumple su misión de enseñar a la gente, como a los padres que no enseñan a sus

hijos a utilizar el agua correctamente. Ernesto nos dice que la gente no _____[6]

de los efectos de sus acciones. Dice que cuando alguien _____[7] en la calle, eso se

evapora y luego los microorganismos están en el aire y la gente puede _____.[8]

En cuanto a la educación, Ernesto toma la _____[9] postura que cuando nos

habló de la _____.[10] Dan mucha información en las escuelas, pero el problema

es que no _____[11] el tema para ponerlo en práctica. ¿Qué piensas tú?

¿Cómo se puede animar a la gente a que se dé cuenta de sus acciones y sus efectos sobre el

_____[12]?

ASÍ LO VEO II
Vocabulario del vídeo

A. Asociaciones. Empareja la palabra con la definición más apropiada.

1. _____ la atmósfera	**a.** trabajo
2. _____ la vergüenza	**b.** un plan para lograr algo
3. _____ petulante	**c.** todo ser orgánico dotado de vida: seres humanos, animales, plantas
4. _____ el ser vivo	**d.** lugar donde limpian el agua contaminada
5. _____ la emisión	**e.** persona arrogante
6. _____ la planta de tratamiento	**f.** sentimiento provocado por alguna acción que causa humillación
7. _____ el proyecto	**g.** lo que echa o despide una cosa
8. _____ la estrategia	**h.** aire, ambiente

B. Pistas. Empareja cada una de las descripciones con el verbo correspondiente. **¡OJO!** No se usan todos los verbos.

1. _____ lo que hace una persona hipócrita	**a.** aparentar
2. _____ cuando un animal está en vías de extinción	**b.** desaparecer
3. _____ cuando las cosas van a ponerse bien	**c.** desinflarse
4. _____ cuando alguien quiere participar en algo	**d.** implantarse
5. _____ lo que uno hace cuando quiere cambiar de profesión	**e.** involucrarse
6. _____ lo que uno debe hacer cuando hay un problema	**f.** mejorar
7. _____ cuando la llanta del auto se pincha	**g.** reeducarse
	h. remediarlo

C. Palabras engañosas: *¿Que o Qué?* Completa cada oración con la palabra apropiada.

1. El hombre _____ tiene la casa grande es profesor.

2. Fernando dice _____ no quiere ir a la manifestación (*protest*).

3. Jeremías no sabe _____ hacer con la basura que no se puede reciclar.

4. La mujer _____ habla cinco lenguas viaja mucho.

5. No puedes imaginar _____ bonito es el mar.

6. Hace tres días leí un reportaje en el periódico _____ se trataba de los problemas ecológicos.

7. ¡_____ petulante es ese hombre _____ tira la basura en la calle!

8. No sé _____ decirles a las personas que no piensan en el medio ambiente.

Nuestros amigos hablan.

Paso 1 A continuación hay unas ideas que expresa Yolanda en **Así lo veo II.** Ordena los segmentos de cada idea lógicamente.

1. tanto a los adultos / a los más pequeños / dar educación / para que / hay que / los adultos eduquen

   _____

   _____

2. en esos planes / no van a haber / si no hay / buenos resultados / una educación ambiental

   _____

   _____

3. o algunas... no sé, algunos filtros / a la atmósfera / deberían de implantarse / para / plantas de tratamiento, por ejemplo / aminorar emisiones

   _____

   _____

4. hay que / en donde / obtener / se involucre / crear proyectos / la gente / una educación ambiental / para que pueda

   _____

   _____

5. la calidad / mejorar / por... con / se podría / planes / del medio ambiente / varios / o estrategias

   _____

   _____

Paso 2 Ahora, pon las ideas del **Paso 1** en el orden en que las expresa Yolanda. Luego, escucha **Así lo veo II** para verificar si apuntaste bien las ideas y si las tienes en el orden correcto.

_____ _____ _____ _____ _____

Gramática

REPASO DEL SUBJUNTIVO EN CLÁUSULAS ADVERBIALES

A. **¿Es bueno para el medio ambiente?** Escoge el verbo apropiado y conjúgalo en el presente de subjuntivo. Luego, indica si cada oración describe algo bueno (**B**) o malo (**M**) para la Tierra y los recursos naturales.

	B	M
1. Mi hermano estudió biología y tiene planes de trabajar en algo relacionado con el medio ambiente cuando _____ (**graduarse/casarse**).	☐	☐
2. Guillermo piensa quemar la basura que tiene detrás de su casa cuando _____ (**llegar/vivir**) a casa.	☐	☐
3. Mi mecánico dice que debo usar el carro hasta que se _____ (**mejorar/descomponer**) completamente, aunque tiene una fuga (*leak*) de aceite.	☐	☐

4. Después de que _____ (**empezar/terminar**) el plan para ayudar ☐ ☐
   a la comunidad, se lo mandaré a mi senador.

5. Tan pronto como la energía alternativa _____ (**generar/ocupar**) ☐ ☐
   más dinero para las empresas, se encontrará una solución a la contaminación.

6. Hasta que no _____ (**tener/querer**) que cambiar mis ideas, ☐ ☐
   continuaré pensando que el calentamiento global no existe.

7. Mientras que _____ (**haber/tener**) bastante gasolina en el ☐ ☐
   planeta, no se buscará otro tipo de energía.

8. En cuanto _____ (**comer/terminar**) de comer esta manzana, voy ☐ ☐
   a sembrar (*plant*) las semillas en mi jardín.

B. **Lo que hago y lo que pienso hacer.** Escoge el verbo que corresponde para cada oración, y
   conjúgalo en el presente de subjuntivo o de indicativo.

   1. Cuando _____ (**tener/salir**) tiempo libre, me gusta ver películas.

   2. Tan pronto como _____ (**empezar/graduarse**) en la universidad, voy a buscar
      un trabajo que ayude a la sociedad.

   3. No puedo ir al mercado hasta que _____ (**perder/encontrar**) las llaves de
      mi carro.

   4. Me gusta escuchar música clásica mientras _____ (**estudiar/oír**).

   5. En cuanto _____ (**llegar/salir**) las vacaciones, voy a París.

   6. Después de ocho horas de descanso, _____ (**correr/hacer**) mucho ejercicio,
      especialmente los fines de semana.

   7. Cuando _____ (**salir/venir**) con mis amigos, nunca tomo bebidas alcohólicas.

   8. Tan pronto como _____ (**hacer/terminar**) la tarea, dormiré.

C. **El subjuntivo con expresiones adverbiales.** Empareja frases de las dos columnas para formar
   oraciones lógicas. Luego, conjuga el verbo entre paréntesis en la forma apropiada.

   1. _____ Tendrás buenas notas...

   2. _____ Es bueno que leas mucho
      en español...

   3. _____ No vas a ayudar a la sociedad...

   4. _____ Debes ponerle identificación a
      tu mascota...

   5. _____ Te vas a enfermar...

   6. _____ Por favor, despídete...

   7. _____ Debes manejar bien tu vida...

   8. _____ No vas a tocar bien la guitarra...

   a. a menos que _____ (**practicar**)
      todos los días.

   b. antes de que _____ (**ayudar**) a los
      demás.

   c. con tal de que _____ (**estudiar**)
      mucho.

   d. para que tú _____ (**aprender**) la
      lengua.

   e. sin que _____ (**participar**) en
      alguna causa noble.

   f. a menos que _____ (**cuidarse**)
      mucho.

   g. en caso de que _____ (**escaparse**)
      de tu casa.

   h. antes de que _____ (**irse**) de
      vacaciones.

Así lo veo II **en resumen.** Completa el resumen de **Así lo veo II** con palabras de la lista. Usa la forma correcta de los sustantivos y conjuga los verbos cuando sea necesario. Los verbos se usan en el presente de indicativo y subjuntivo. **¡OJO!** Algunas palabras no se usan.

VERBOS				SUSTANTIVOS	OTRAS PALABRAS
aparecer	existir	involucrarse	reducir	calentamiento	a diferencia de
aparentar	haber	provocar	seguir	planeta	de hecho
desaparecer	implementar				en cambio
					sin embargo

¿Se puede remediar o mejorar el medio ambiente? Esta es la pregunta que contestan Yolanda y

Gustavo en **Así lo veo II.** _____[1] los dos tienen unas ideas muy diferentes sobre el

papel del ser humano en el calentamiento global. Yolanda piensa que es importante que las

empresas implementen filtros para que la contaminación del aire se _____.[2] En

cuanto a establecer más leyes para proteger el medio ambiente, Yolanda dice que hasta que se

_____[3] las leyes que ya existen, no vale la pena hacer más. _____,[4]

lo más importante es reeducar a la gente. Según ella, a menos que _____[5] una

educación ambiental, tanto para los adultos como para los niños, no va a haber ningún cambio.

_____[6] Yolanda, Gustavo no sabe si el hombre puede cambiar el medio

ambiente. Por ejemplo, piensa que es posible que el calentamiento global _____[7]

sin que los seres humanos lo _____[8] porque el sol tiene sus ritmos.

_____,[9] comenta que especies, lagos y mares _____[10] y

_____[11] a lo largo de la historia del planeta sin ninguna influencia humana. ¿Qué

piensas tú? ¿Te parece una excusa para no hacer algo? ¿O es que el _____[12] global

es un proceso natural?

ASÍ LO VEO III

Vocabulario del vídeo

A. Definiciones. Empareja los lugares con la definición correcta. **¡OJO!** Algunas palabras se usan más de una vez y otras no se usan.

1. _____ el campo
2. _____ la carretera
3. _____ la junta
4. _____ el presupuesto
5. _____ el sembradío
6. _____ el microbús

a. tipo de transporte
b. tierra no ocupada
c. poner algo en la tierra para que crezca
d. camino ancho (*wide*) para autos y camiones
e. los gastos anticipados de algo
f. la reunión

B. El maravilloso verbo *dejar*. Escoge la mejor opción para sustituir el verbo **dejar**.

1. A Marta no le gusta nada su trabajo y piensa en dejarla.
   a. permitirla   b. esperarla   c. renunciarla

2. Dejé las llaves dentro del auto y necesito llamar a la policía para que me lo abran.
   a. Olvidé   b. Paré   c. Permití

3. Si quieres perder peso, tienes que dejar de comer tanto.
   a. parar de   b. acabar de   c. empezar a

4. Mis padres no me dejan fumar en casa.
   a. paran   b. permiten   c. olvidan

5. Decidí dejar la clase de filosofía porque cambié mi especialización.
   a. añadir   b. esperar   c. no tomar

6. El mejor jugador dejó el equipo para pasar más tiempo con su familia.
   a. olvidó   b. salió de   c. permitió

7. Debemos dejar que llegue el jefe para empezar la reunión.
   a. esperar   b. permitir   c. parar

Nuestros amigos hablan.

Paso 1 Las siguientes oraciones vienen de lo que dicen el Padre Aguilar y Leticia en **Así lo veo III.** Sin embargo, en cada oración hay una palabra o expresión que ellos no utilizan. ¿Puedes identificarlas?

1. Mientras,[a] los presupuestos sean[b] los menores para la ecología, […] no podemos[c] hacer nada.[d]

2. Por eso[a] iniciativa privada y gobierno necesitan[b] mucho que hacer[c] para salvar este[d] planeta.

3. Yo espero[a] que sea[b] posible[c] que toda la gente nos reunamos.[d]

4. Y cerrar[a] todo, completamente, hasta que[b] no pasen[c] los carros de basura.[d]

5. Y ojalá[a]... y el gobierno[b] nos apoye[c] para que podamos[d] hacer algo.

Paso 2 Ahora, escucha **Así lo veo III** para verificar tus respuestas y escribe la palabra o expresión que realmente utilizan nuestros amigos para cada oración del **Paso 1.**

1. _____   3. _____   5. _____

2. _____   4. _____

Gramática

EL FUTURO

A. El optimista. Completa las siguientes oraciones con la forma apropiada del futuro de uno de los verbos entre paréntesis.

1. En el futuro el mundo _____ (**tener/dejar**) paz.

2. Todos nosotros _____ (**viajar/comprar**) en avión en vez de viajar en carro.

3. El ser humano _____ (**odiar/pensar**) más en los demás que en sí mismo.

4. Todos los seres humanos _____ (**vivir/dejar**) en casas que consumen menos energía.

5. _____ (**Querer/Haber**) mucha menos contaminación.

6. Yo _____ (**encontrar/cerrar**) un buen trabajo.

7. El ser humano no _____ (**saber/conocer**) nada sobre la existencia de vida en otros planetas.

8. Todos los países _____ (**resolver/empeorar**) sus problemas económicos.

B. ¿Cómo ayudarás? Completa cada una de las siguientes oraciones con la forma apropiada del futuro de uno de los verbos entre paréntesis. Luego, indica si la oración propone algo para conservar los recursos naturales (**Sí**) o no (**No**).
Yo...

	SÍ	NO
1. (**tratar/pensar**) _____ de tomar una ducha más corta para ahorrar el agua.	☐	☐
2. (**usar/guardar**) _____ el dinero que me sobra para dárselo a los que lo necesitan.	☐	☐
3. (**leer/escribir**) _____ las noticias en la red en vez de comprar el periódico.	☐	☐
4. (**comprar/beber**) _____ agua corriente en vez de agua en botella de plástico.	☐	☐
5. (**comprar/inventar**) _____ un carro eléctrico barato.	☐	☐
6. (**disminuir/aumentar**) _____ mi interés por acumular posesiones y (**dar**) _____ los que no necesito a los necesitados.	☐	☐
7. (**producir/comer**) _____ productos de los granjeros (*farmers*) locales.	☐	☐
8. (**hacer/llevar**) _____ mis propias bolsas al hacer las compras en el supermercado, en vez de usar las bolsas de plástico.	☐	☐

C. El vecino entrometido. Tu vecino es muy metiche (*nosy*) y hace muchas preguntas sobre el nuevo vecino. Empareja las frases de las dos columnas para formar preguntas lógicas. Luego, complétalas con la forma adecuada del verbo entre paréntesis.

1. _____ ¿Quién _____ (**ser**)…

2. _____ ¿ _____ (**Tener**)…

3. _____ ¿ _____ (**Venir**)…

4. _____ ¿ _____ (**Querer**)…

5. _____ ¿Me _____ (**decir**) tú…

6. _____ ¿Dónde _____ (**estacionar**)…

7. _____ ¿ _____ (**Poder**)…

8. _____ ¿ _____ (**Hablar**) tú…

a. ser mi amigo?
b. lo que sabes de él?
c. con él y le hablarás de mí?
d. el nuevo vecino?
e. asistir a las reuniones de este barrio?
f. solo o con toda su familia?
g. su carro?
h. un buen empleo?

Así lo veo III **en resumen.** Completa el resumen de **Así lo veo III** con palabras de la lista. Usa la forma correcta de los sustantivos y adjetivos y conjuga los verbos cuando sea necesario. Los verbos se usan en el presente y el futuro. **¡OJO!** Algunas palabras no se usan.

VERBOS		SUSTANTIVOS		OTRAS PALABRAS
ayudar	ir	calentamiento	presupuesto	mientras que
colaborar	pasar	contaminante	solución	para que
esperar	poder	empresa	tiradero	
	ser			

En **Así lo veo III,** el Padre Aguilar y Leticia hablan de lo que esperan para que los problemas medioambientales se vaya resolviendo. El Padre Aguilar se enfoca más en la responsabilidad de las _____[1] grandes a nivel nacional, _____[2] Leticia se enfoca en lo que afecta a su propia comunidad. Según el Padre, las compañías grandes que emiten _____[3] deben tener un _____[4] para limpiar las aguas o el aire y para la educación de los niños. Leticia _____[5] que la gente de su comunidad se junte para poder cerrar el _____[6] que ensucia el aire y el agua donde ella vive. ¿Qué _____[7] en el futuro con el medio ambiente? ¿_____[8] posible reducir los efectos del cambio climático? ¿_____[9] (Nosotros) evitar más el _____[10] del planeta? ¿_____[11] los sectores públicos y privados para garantizar un medio ambiente más sano para nuestros hijos y nietos? Obviamente, las _____[12] no son fáciles, pero según dice Ruth, con sus propias palabras: «si yo, uno, voy a ayudar a, pues, a colaborar, [...] sacamos adelante al país».

Así lo veo yo preparación

Esta hoja te va a ayudar a organizar tus ideas para la composición que vas a escribir sobre el siguiente tema: **El medio ambiente y el futuro.** Sigue las instrucciones de cada uno de los **pasos** para completar el siguiente esquema. Luego, lleva esta hoja a la clase para escribir la composición.

Paso 1: La organización Cada uno de los párrafos de tu composición va a tener una idea principal. Escríbela en el cuadro apropiado. Si vas a escribir sólo dos párrafos, está bien. Si escribes más de tres, puedes usar una hoja más de papel. ¿Qué ideas secundarias o ejemplos te ayudan a apoyar o demostrar estas ideas? Apunta tres ideas o ejemplos en el esquema. ¿Mencionan nuestros amigos algunas ideas en el vídeo que puedes incluir en tu composición?

Paso 2: El vocabulario Repasa las secciones de vocabulario en el libro de texto y apunta las palabras o expresiones que quieres incluir para el argumento principal y las ideas que apoyan tu argumento.

Paso 3: La gramática Repasa las secciones de gramática y escribe dos oraciones con el futuro simple y el subjuntivo como ejemplos para incluir en la composición.

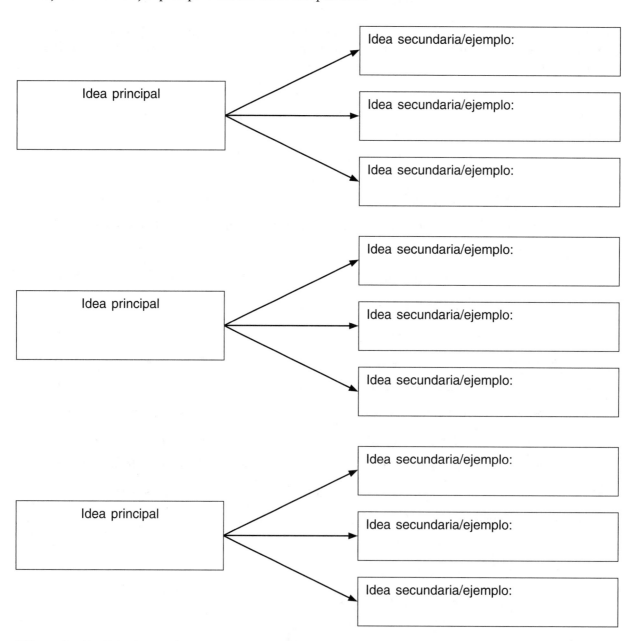

Answer Key

Antes de comenzar. **1.** la familia **2.** la religión **3.** edades **4.** por supuesto **5.** compartir

Así lo veo I

Vocabulario del vídeo. **A.** **1.** e **2.** h **3.** a **4.** f **5.** b **6.** g **7.** c **8.** d **B.** **1.** b **2.** c **3.** c
4. a **5.** c **6.** a **7.** b **C.** *Answers may vary.* **1.** a **2.** b **3.** a **4.** b **5.** b
Nuestros amigos hablan. **Paso 1** **1.** Me dan una clase que se llama análisis de texto. **2.** Nací en la
Ciudad de México. De profesión soy bailarín. **3.** Cuando una persona interactúa conmigo, soy lo que
transmito. **4.** Como somos muchas familias, vaya, vemos los problemas que tienen. **5.** Tengo una
tienda de ropa interior aquí en la Ciudad de México. **Paso 2** **1.** Ernesto **2.** Gustavo **3.** Yolanda
4. Ernesto **5.** Gustavo
Gramática. **A.** **1.** enseñan en las escuelas **2.** diseñan edificios **3.** juegan partidos deportivos **4.** defiende a sus clientes **5.** ponen la casa en orden **6.** oyen muchos problemas emocionales
7. atiende a sus pacientes **B.** **1.** Es; Ernesto **2.** Dice; Yolanda **3.** Recuerda; Ernesto **4.** Puede;
Gustavo **5.** Cuenta; Ernesto **6.** Entiende; Yolanda **7.** Cuenta; Gustavo **C.** **1.** me despierto
2. pide **3.** salgo, vuelvo **4.** muestras **5.** sabemos, vamos **6.** vienen **7.** pueden
Así lo veo I en resumen. *Answers may vary.* **1.** vive **2.** describe **3.** huraña **4.** actuación **5.** baile
6. en cuanto a **7.** familiares **8.** tienen **9.** trata de **10.** bailarín **11.** hace **12.** ropa interior

Así lo veo II

Vocabulario del vídeo. **A.** **1.** g **2.** d **3.** a **4.** f **5.** b **6.** c **7.** e **B.** **1.** se dedica **2.** atender
3. inventar **4.** hacer limpieza **5.** se dedica **6.** inventan **7.** atiende **C.** **1.** b **2.** a **3.** a
4. b **5.** b **6.** a **7.** a
Nuestros amigos hablan. **1.** soy **2.** una **3.** aprender **4.** admirarse **5.** nuevas **6.** ama de casa
7. Atiendo **8.** quehacer **9.** común y corriente **10.** soy **11.** me dedico **12.** hacer limpieza
13. vendo **14.** me describo **15.** trabajadora
Gramática. **A.** **1.** están en la piscina **2.** está en la biblioteca **3.** estamos en la iglesia **4.** estar en
la playa **5.** están en el bar **6.** estás en casa **7.** Estoy en el aeropuerto **B.** **1.** soy **2.** está
3. son **4.** estoy **5.** es **6.** es **7.** está **8.** están **9.** somos **C.** **1.** la; económica **2.** un; serio
3. mexicanos; la **4.** una; reservada **5.** Los; enérgicos **6.** el; entretenido **7.** la; izquierda / derecha
D. **1.** conservadores **2.** jubilada **3.** intelectual **4.** perezosas **5.** optimista **6.** mentirosos
7. generosa
Así lo veo II en resumen. **1.** sacerdote **2.** otras **3.** nuevas **4.** activa **5.** estar **6.** inquieta
7. Atiende **8.** que hacer **9.** trabajadora **10.** hace limpieza

Antes de comenzar. **1.** agresivo **2.** *Answers will vary.*

Así lo veo I

Vocabulario del vídeo. **A.** **1.** f **2.** g **3.** a **4.** c **5.** b **6.** d **7.** e **B.** **1.** F **2.** C **3.** C **4.** F
5. F **6.** C **7.** C **8.** F **C.** **1.** apoyar **2.** mantener **3.** apoyar **4.** soportar **5.** mantener
6. mantener **7.** apoyar **D.** **1.** b **2.** c **3.** a **4.** b **5.** b **6.** c **7.** c **E.** **1.** apoyar **2.** Hay que
3. meterse **4.** comunicarse **5.** exigirles **6.** Sobre todo **7.** respeto
Nuestros amigos hablan. **Paso 1** **1.** Yo siento que en una familia siempre debe haber mucha
unión. **2.** En mi opinión, una buena persona es alguien que respeta. **3.** Si entre hermanos se

respetan, se aman, se respetan, siempre vamos a tener buena convivencia. **4.** Puedes estar a la orden de las personas sin meterse, pues, mucho en la familia, en las familias de los vecinos. **5.** Una buena persona es alguien que se preocupa por su prójimo. **Paso 2** 2, 5, 4, 1, 3

Gramática. A. 1. nos amamos **2.** nos ayudamos **3.** me preocupo **4.** se preocupa **5.** nos respetamos **6.** me comunico **7.** nos apoyamos **B. 1.** c **2.** b **3.** a **4.** b **5.** c **6.** c **7.** a **C. 1.** b **2.** a **3.** a **4.** b **5.** a **6.** a **7.** b

Así lo veo I **en resumen.** *Answers may vary.* **1.** aman **2.** apoyan **3.** apoyo **4.** exigir **5.** respeto **6.** meterse **7.** ayudamos **8.** respetamos **9.** preocuparse **10.** comunicarse **11.** amor **12.** apoyar

Así lo veo II

Vocabulario del vídeo. A. 1. f **2.** c **3.** h **4.** d **5.** a **6.** b **7.** e **8.** g **B. 1.** F **2.** C **3.** F **4.** C **5.** C **6.** C **7.** F **C. 1.** b **2.** b **3.** b **4.** a **5.** c **6.** d **7.** a **D. 1.** a **2.** c **3.** c **4.** b **5.** a **6.** b **7.** c

Nuestros amigos hablan. *El Padre Aguilar:* **1.** significa **2.** seguir **3.** principios **4.** los cuales **5.** lo que **6.** lo que **7.** aquella **8.** otra **9.** fiel **10.** principios **11.** valores **12.** fiel **13.** credo **14.** fiel *Yolanda:* **1.** principios **2.** respetuosa **3.** moral **4.** moral **5.** hacia **6.** lo que **7.** aquella **8.** respeta **9.** sino **10.** entorno **11.** actualmente **12.** respeto **13.** hacia **14.** semejantes **15.** hacia **16.** los seres vivos

Gramática. A. 1. a **2.** b **3.** a **4.** b **5.** a **6.** b **7.** b **B. 1.** Lo que **2.** quienes **3.** lo cual **4.** lo que **5.** las que **6.** quienes **7.** el cual **8.** el cual **C. 1.** los cuales **2.** lo que **3.** lo que **4.** quien **5.** la cual **6.** lo cual **7.** las cuales

Así lo veo II **en resumen.** *Possible answers.* **1.** lo que **2.** principios **3.** aquellas **4.** fieles **5.** los cuales **6.** moral **7.** semejantes **8.** dirige **9.** principios **10.** credo **11.** respetuoso **12.** seres

Así lo veo III

Vocabulario del vídeo. A. 1. c **2.** a **3.** e **4.** h **5.** g **6.** d **7.** f **8.** b **B. 1.** Querido **2.** secundaria **3.** desperdiciar **4.** preparatoria **5.** corta edad **6.** lograr **7.** cumplirlo **C. 1.** un ser querido **2.** meter **3.** la paz **4.** los familiares **5.** desperdiciar **6.** un ser humano **7.** la preparatoria **D. 1.** conocí **2.** sabía **3.** sabía **4.** supimos **5.** conocimos **6.** sabía **7.** Sé

Nuestros amigos hablan. Paso 1 1. c **2.** d **3.** c **4.** d **5.** a **Paso 2 1.** haciendo **2.** desperdiciándolo **3.** defectos **4.** demás **5.** logrando

Gramática. A. 1. caminando **2.** pasar **3.** reportar **4.** Pagar **5.** usar **6.** Poniéndome **7.** Ser **B. 1.** Estudiando **2.** Sacar **3.** Conocerse **4.** Cumpliendo **5.** Llevándose **6.** Ser **C. 1.** c **2.** a **3.** d **4.** c **5.** d **6.** b **7.** b **D. 1.** me pongo **2.** se ponen **3.** me pongo **4.** me pongo **5.** pongo **6.** me pongo **7.** me pongo **8.** pongo

Así lo veo III **en resumen.** *Possible answers.* **1.** haciendo **2.** cumpliendo **3.** desperdiciar **4.** conocer **5.** limitantes **6.** lograr **7.** paz **8.** queridos **9.** siendo **10.** preparatoria **11.** secundaria **12.** preocupándose **13.** corta **14.** ser humano

LECCIÓN 2

Antes de comenzar. 1. cambian **2.** pararlas **3.** permanecen **4.** en cuanto a **5.** lo cual

Así lo veo I

Vocabulario del vídeo. A. 1. e **2.** h **3.** d **4.** a **5.** g **6.** c **7.** b **8.** f **B. 1.** se dio cuenta de **2.** realicé **3.** me di cuenta **4.** se dio cuenta de **5.** realizar **6.** Me doy cuenta de **7.** te das cuenta de **8.** realizar **C. 1.** autoestima **2.** se dedica a **3.** la manera **4.** la salud **5.** botella **6.** cambiar **7.** aumentar **8.** momentáneo **D. 1.** c **2.** b **3.** a **4.** b **5.** c **6.** a **7.** c **8.** a **E. 1.** a **2.** b **3.** c **4.** d **5.** a **6.** d **7.** d

Nuestros amigos hablan. Paso 1 1. Lo más importante para mí es Dios, después mi familia, después mi salud, después mi trabajo y hasta el último el alcohol. **2.** Empiezan a vivir de acuerdo a la escala de valores que tenían. **3.** Yo he tenido una dinámica con muchas personas, sobre todo con muchachos, jugando a una escalera. **4.** Enseñarle que el placer puede ser bueno, pero no es lo más importante. **5.** Después, vamos a poner a lo mejor a Dios o a tu familia y todo lo demás. **Paso 2** 4, 3, 1, 5, 2

Gramática. A. 1. c **2.** d **3.** b **4.** d **5.** a **6.** b **7.** a **B. 1.** hecho **2.** estudiado **3.** olvidado **4.** dicho **5.** practicado **6.** leído **7.** terminado **8.** comido **C. 1.** c **2.** d **3.** c **4.** a **5.** b **6.** d **7.** b **D. 1.** le **2.** se **3.** me **4.** les **5.** me **6.** nos **7.** le

Así lo veo I **en resumen.** *Possible answers.* **1.** dependencia **2.** se dan cuenta **3.** pensamientos **4.** brinda **5.** Dios **6.** salud **7.** consigue **8.** botella **9.** dejarse **10.** sentirse **11.** valiosa **12.** aumenta

Así lo veo II

Vocabulario del vídeo. A. 1. f **2.** e **3.** d **4.** h **5.** g **6.** a **7.** c **8.** b **B. 1.** b **2.** a **3.** a **4.** c **5.** b **6.** b **7.** b **C. 1.** comentar **2.** paso de los años **3.** a través de **4.** tranquilo/a **5.** tratar de **6.** personalidad **7.** carácter **8.** sensibles **D. 1.** a **2.** b **3.** b **4.** a **5.** b **6.** a

Nuestros amigos hablan. Paso 1 1. c **2.** a **3.** b **4.** d **5.** a **Paso 2 1.** no puede **2.** llegas **3.** hábitos **4.** te cambia **5.** se hace uno

Gramática. A. 1. a **2.** b **3.** c **4.** b **5.** c **6.** a **7.** d **B. 1.** hace; a **2.** me hago; b **3.** hace; a **4.** hace; c **5.** se hace; a **6.** hacer; c **7.** se hizo; b **C. 1.** se sigue **2.** se llega **3.** Se considera **4.** se dice **5.** se trata **6.** se hacen **7.** se adapta **8.** se necesita **D. 1.** se habla **2.** se permite **3.** Se trabaja **4.** se aprovechan, se vuelve **5.** Se va **6.** Se sale **7.** Se toma, se baila **8.** se cierra **9.** se vende **10.** se consume

Así lo veo II **en resumen.** *Answers may vary.* **1.** carácter **2.** personalidad **3.** nace **4.** adaptarse **5.** hábitos **6.** tratar de **7.** vive **8.** reglas **9.** forma de ser **10.** hábitos **11.** exigente **12.** drástica **13.** quitársele **14.** uno

Así lo veo III

Vocabulario del vídeo. A. 1. f **2.** d **3.** h **4.** a **5.** e **6.** g **7.** b **8.** c **B. 1.** F **2.** C **3.** F **4.** F **5.** C **6.** C **7.** F **8.** C **C. 1.** sino **2.** pero **3.** sino **4.** pero **5.** pero **6.** sino **D. 1.** de repente **2.** plática **3.** llanto **4.** brazo **5.** pareja **6.** además de **7.** homosexualidad **8.** curar

Nuestros amigos hablan. 1. Hace muchos años **2.** pareja **3.** crisis **4.** fuerte **5.** jalando **6.** pláticas **7.** maravillas **8.** de repente **9.** homosexualidad **10.** llanto **11.** llorar **12.** agarrar **13.** brazo **14.** corazón **15.** curarme

Gramática. A. 1. practicaba **2.** andaba **3.** nos mudábamos **4.** hacía **5.** iba **6.** obedecía **7.** daban **8.** jugaba **B. 1.** c **2.** d **3.** c **4.** b **5.** d **6.** a **C. 1.** tenía **2.** supe **3.** me sentí **4.** esperábamos **5.** sentó **6.** estaba **7.** descubrimos **8.** fue **D. 1.** era **2.** tenía **3.** empezaron **4.** dejó **5.** perdoné **6.** conocí **7.** estudiaba **8.** empezamos **9.** caminábamos **10.** gritó

Así lo veo III **en resumen.** *Possible answers.* **1.** problemas **2.** describió **3.** maravillosas **4.** recordó **5.** lloraba **6.** decía **7.** corazón **8.** pensaba **9.** necesitaba **10.** aceptó **11.** creía **12.** podía

LECCIÓN 3

Antes de comenzar. a. 3 **b.** 5 **c.** 1 **d.** 2 **e.** 4

Así lo veo I

Vocabulario del vídeo. A. 1. c **2.** e **3.** a **4.** b **5.** g **6.** h **7.** i **8.** d **9.** f **B. 1.** M **2.** B **3.** B **4.** M **5.** B **6.** B **7.** B **8.** M **C. 1.** sociedad **2.** pareja **3.** casarse **4.** ley **5.** regla **6.** conducta **7.** proteger **D. 1.** el fruto **2.** fruta **3.** la fruta **4.** fruto **5.** fruta **6.** el fruto, fruta

Nuestros amigos hablan. 1. fruto **2.** matrimonio **3.** pareja **4.** unión **5.** te casas **6.** unió **7.** naciendo **8.** sociedad **9.** sociedad **10.** dentro de **11.** reglas **12.** leyes **13.** Entonces **14.** Sean **15.** sean **16.** trabajen **17.** trabajen **18.** actitudes **19.** conducta **20.** proteger **21.** Por supuesto **22.** tratando de

Gramática. A. 1. es **2.** tenga **3.** ayude **4.** gusta **5.** ponga **6.** ayudamos **7.** seamos **8.** protejamos **9.** estar **B. 1.** a **2.** b **3.** b **4.** a **5.** b **6.** b **7.** a **8.** b **C. 1.** saque **2.** vea **3.** salga **4.** vayan **5.** sea **6.** estén **7.** proteja **8.** se olvide

Así lo veo I **en resumen.** *Possible answers.* **1.** fruto **2.** matrimonio **3.** pareja **4.** casa **5.** formar **6.** sociedad **7.** hay **8.** valen **9.** sean **10.** trabajen **11.** proteger **12.** conducta **13.** tratar

Así lo veo II

Vocabulario del vídeo. A. 1. e **2.** h **3.** g **4.** b **5.** i **6.** d **7.** f **8.** a **9.** c **B. 1.** amistad **2.** lazos **3.** ancianos, consejos **4.** consulte con **5.** crisis **6.** desapegarse **7.** A través de **C. 1.** trabajar **2.** sirve **3.** funcione **4.** sirvan **5.** trabajan **6.** funciona **7.** sirven

Nuestros amigos hablan. Paso 1 1. A veces se nos hace más patente cuando hacen los momentos malos porque es cuando lo necesitas. **2.** Muchas veces no te logras desapegar de tu familia de origen para hacer tu propia personalidad y tu propio núcleo. **3.** Debería de hablarle un poco más, pero tanto ella como yo o mi hermano siempre sabemos que estamos ahí. **4.** Debería tener la misma influencia que tuvo tu familia de origen en su momento. **5.** La familia es tu núcleo de donde tú, mamaste tu educación y tomaste todo. **Paso 2** 5, 4, 2, 1, 3

Gramática. A. 1. b **2.** a **3.** a **4.** b **5.** a **6.** a **B. 1.** llama **2.** conozca **3.** juegue **4.** estudian **5.** están **6.** ande **7.** está **8.** se queda **C. 1.** sea **2.** trata **3.** quiera **4.** sea **5.** tiene **6.** sea **7.** está

Así lo veo II **en resumen.** *Answers may vary.* **1.** lazos **2.** amistades **3.** puedan **4.** avanzar **5.** hacer **6.** apoya **7.** tiene/tenga **8.** separen **9.** consejos **10.** hable **11.** contar con **12.** logra

Así lo veo III

Vocabulario del vídeo. A. 1. f **2.** e **3.** b **4.** c **5.** d **6.** h **7.** a **8.** g **B. 1.** b **2.** a **3.** b **4.** c **5.** a **6.** b **7.** b **C. 1.** volvimos a **2.** volver con **3.** se había vuelto **4.** volver a **5.** volver a **6.** volviéndose **7.** devolver **8.** volvimos a **D. 1.** L **2.** G **3.** L **4.** L **5.** G **6.** G **7.** L

Nuestros amigos hablan. 1. Sí **2.** Sí **3.** No **4.** Sí **5.** No **6.** No **7.** Sí **8.** No

Gramática. A. 1. a **2.** c **3.** b **4.** a **5.** b **6.** c **7.** c **B. 1.** encuentre **2.** salga **3.** vaya **4.** tengamos **5.** tengan **6.** adoptemos **7.** compremos **8.** conozca **9.** establezca **C. 1.** se molesten, F **2.** estén, F **3.** visiten, F **4.** hablen, C **5.** juegue, C **6.** haya, C **7.** transmita, C **8.** sean, F

Así lo veo III **en resumen.** *Possible answers.* **1.** harte **2.** vuelva **3.** que nunca **4.** honesto **5.** uso de razón **6.** identifica **7.** transmite **8.** aconseje **9.** rompe **10.** viva **11.** esté **12.** transmita

LECCIÓN 4

Antes de comenzar. 1. una familia **2.** diversas **3.** del matrimonio **4.** exclusivamente **5.** anticuado

Así lo veo I

Vocabulario del vídeo. A. 1. e **2.** d **3.** g **4.** b **5.** a **6.** c **7.** f **B. 1.** les afecta **2.** cuestiona **3.** elegir **4.** sobrar **5.** ambos **6.** juntas **7.** está a gusto **C. 1.** pasar **2.** pasan por **3.** se pasan **4.** se pasa **5.** pasar **6.** pasar por **7.** pasarlo

Nuestros amigos hablan. Paso 1 1. Tanto el matrimonio como la unión civil son compromisos. **2.** El matrimonio no es exclusivo de mujer y hombre, porque, cada quien elige lo que quiere. **3.** Yo creo más en el compromiso, porque teniendo compromiso con alguien, ya un papel sale sobrando. **4.** Si dos personas van a estar bien, a gusto con esa relación, con esa unión, pues, adelante. **5.** Conozco muchas familias que simplemente están unidas de palabra, y tienen años y años de estar juntos. **Paso 2** *Yolanda:* 1, 2, 4 *Ernesto:* 3, 5

Gramática. A. 1. c **2.** b **3.** c **4.** a **5.** c **6.** b **7.** c **B. 1.** tenga **2.** continúe **3.** encuentre **4.** pueda **5.** siga **6.** conozca **7.** decida **C. 1.** viva / me divierta **2.** viaje a / visite **3.** me jubile / me case **4.** viva con / forme **5.** quiera/lleve **6.** necesite/busque **7.** prohíba / insista en **D. 1.** b **2.** a **3.** c **4.** a **5.** c **6.** b

Así lo veo I en resumen. *Possible answers.* **1.** compromisos **2.** esté regido por **3.** sean **4.** elijan **5.** a gusto **6.** afecte **7.** lujo **8.** siglo **9.** cuestionan **10.** estén **11.** juntos

Así lo veo II

Vocabulario del vídeo. A. 1. d **2.** a **3.** e **4.** f **5.** b **6.** g **7.** c **B. 1.** convivir **2.** falta **3.** legales **4.** herencia **5.** equivocada **6.** designar **7.** exigir **8.** derechos **9.** firmar **C. 1.** la herencia **2.** firmar **3.** la procreación **4.** ancestral **5.** estar equivocado **6.** obtener **7.** compartir **D. 1.** pregunta **2.** cuestión **3.** preguntas **4.** pregunta **5.** cuestión
Nuestros amigos hablan. 1. designar **2.** equivocado **3.** margarita **4.** flor **5.** ancestral **6.** legal **7.** social **8.** unión **9.** convivir **10.** procrear **11.** estaríamos **12.** matrimonio **13.** estaría **14.** refiero **15.** imagino **16.** inventos **17.** faltaría **18.** le pongan **19.** quede embarazado **20.** Llámale **21.** derechos **22.** unirte **23.** parejas **24.** confundes **25.** fortuna **26.** darle **27.** gana
Gramática. A. 1. b **2.** a **3.** b **4.** a **5.** b **6.** a **7.** a **B. 1.** tenga **2.** gane **3.** encuentre **4.** cumpla **5.** termine **6.** conozca **7.** termine **C. 1.** termine **2.** salí **3.** esté **4.** me gradué **5.** tenga **6.** estuve **7.** me gradúe **D. 1.** b: se casen, tengan **2.** a: bajen **3.** a: cumplan **4.** a: decidan **5.** b: tengan, quiera **6.** b: se lleven, tengan **7.** a: tengan
Así lo veo II en resumen. **1.** unión **2.** compartir **3.** convivir **4.** designar **5.** base **6.** pueda **7.** embarazado **8.** cuestión **9.** derecho **10.** muera **11.** herencia **12.** muere

Así lo veo III

Vocabulario del vídeo. A. 1. f **2.** d **3.** g **4.** b **5.** a **6.** c **7.** e **B. 1.** F **2.** C **3.** C **4.** F **5.** F **6.** F **7.** C **C. 1.** c **2.** c **3.** d **4.** a **5.** b **6.** d **7.** a
Nuestros amigos hablan. 1. hizo **2.** debemos **3.** debe **4.** existe **5.** puede **6.** sientan **7.** siento **8.** ha sido **9.** fue **10.** es **11.** existe
Gramática. A. 1. b **2.** d **3.** b **4.** c **5.** a **6.** c **7.** d **B. 1.** deba **2.** vaya a **3.** sea **4.** tenga **5.** necesite **6.** disminuya **7.** siga **C. 1.** b: puedan **2.** a: sea **3.** a: tenga **4.** b: quieran **5.** a: sean **6.** b: van **7.** a: esté
Así lo veo III en resumen. **1.** piensa **2.** es **3.** impacto **4.** acostumbrarse **5.** es **6.** exista **7.** es consciente **8.** ideal **9.** deban **10.** tienen **11.** puedan **12.** vaya

LECCIÓN 5

Antes de comenzar. 1. 1990 **2.** 2006; Chile **3.** intelecto

Así lo veo I

Vocabulario del vídeo. A. 1. e **2.** d **3.** b **4.** g **5.** f **6.** a **7.** c **B. 1.** H **2.** M **3.** H **4.** M **5.** M **6.** M **7.** H **8.** H **C. 1.** no **2.** sí **3.** sí **4.** sí **5.** no **6.** no **7.** sí **D. 1.** R **2.** I **3.** R **4.** I **5.** R **6.** R **7.** R **8.** I **E. 1.** fumar **2.** apariencia **3.** afeminado **4.** torpes **5.** suenan **6.** fijarse en **7.** sentido **8.** comportamiento **9.** señales
Nuestros amigos hablan. Paso 1 1. Una mujer va a tener movimientos más sutiles, más ligeros, más circulares. **2.** Tienen ese sexto sentido muchísimo más desarrollado que el de un hombre. **3.** Las mujeres son más reflexivas y más observadoras y más eh... más objetivas que un hombre. **4.** A lo mejor ocupa mucho tiempo en su arreglo personal. **5.** Siempre el movimiento de un hombre, desde el caminar hasta el hablar, es más torpe que el de una mujer. **Paso 2** 1, 5, 4, 3, 2
Gramática. A. 1. más **2.** que **3.** como **4.** más **5.** más **6.** que **7.** tanta **8.** como **9.** tan **10.** como **B. 1.** a **2.** b **3.** a **4.** c **5.** b **6.** c **7.** c **8.** a **C. 1.** más **2.** menos **3.** tanto como **4.** tanta **5.** tan **6.** como **7.** que
Así lo veo I en resumen. *Possible answers.* **1.** caminar **2.** más **3.** movimientos **4.** torpes **5.** se ocupan **6.** roles **7.** tanta **8.** afeminado **9.** menos **10.** que **11.** desarrollado **12.** cuadrados **13.** intuitivas

Así lo veo II

Vocabulario del vídeo. **A.** **1.** d **2.** g **3.** a **4.** f **5.** c **6.** e **7.** b **B.** **1.** Sí **2.** No **3.** No **4.** No **5.** Sí **6.** No **7.** Sí **C.** **1.** calidad **2.** cualidades **3.** calidad **4.** calidad **5.** cualidades **6.** calidad **7.** cualidades **D.** **1.** 1 **2.** 2 **3.** 2 **4.** 1 **5.** 2

Nuestros amigos hablan. **1.** indiscutible **2.** exista **3.** las hormonas **4.** existan **5.** tanto **6.** como **7.** vivencias **8.** se rige **9.** las hormonas **10.** cambios de humor **11.** nivel sangre **12.** carácter **13.** gruñonas **14.** la calidad de vida **15.** llevemos **16.** llevamos **17.** estresante **18.** estado de ánimo **19.** pésimo

Gramática. **A.** **1.** sean **2.** puedan **3.** hagan **4.** preocupen **5.** quieran **6.** piensen **7.** haya **8.** puedan **B.** **1.** se afeiten **2.** se maquillen **3.** se fijen en **4.** regale **5.** tomen **6.** quieran **7.** comenten **8.** se ocupen de **C.** **1.** a: esté, tienen **2.** b: pueda, empieza **3.** b: esté, se arregle **D.** **1.** b **2.** c **3.** d **4.** a **5.** b **6.** b **7.** c

Así lo veo II **en resumen.** *Possible answers.* **1.** indiscutible **2.** exista **3.** diversidad **4.** se rigen **5.** resulta **6.** humor **7.** puedan **8.** ánimo **9.** depende **10.** calidad **11.** se vistan **12.** se maquillen **13.** se cuiden **14.** agradar

Así lo veo III

Vocabulario del vídeo. **A.** **1.** e **2.** d **3.** a **4.** g **5.** b **6.** c **7.** f **B.** **1.** machista **2.** moderno **3.** machista **4.** moderno **5.** moderno **6.** moderno **7.** machista **8.** machista **C.** **1.** aun **2.** aún **3.** Aún **4.** aun **5.** aún **D.** **1.** a **2.** a **3.** a **4.** b **5.** b **6.** b **7.** a **8.** a **E.** **1.** paz **2.** quehaceres **3.** destacan **4.** aportar **5.** recoja **6.** abnegadas **7.** manda **8.** atienden

Nuestros amigos hablan. **Paso 1** **1.** Hay matrimonios que se quedan sin trabajo por los jóvenes. **2.** Me dio oportunidad mi esposo y la llevamos bien. **3.** El hombre mexicano siempre es el que manda, es el que aporta lo económico. **4.** Ahora destacamos mucho las mujeres también. **5.** Aquí en México ha cambiado muchísimo la conducta y la actitud del hombre y de la mujer. **Paso 2** 3, 1, 5, 2, 4

Gramática. **A.** **1.** cooperaban **2.** tenían **3.** trabajaban **4.** casó **5.** dio **6.** estudió **7.** trabajó **8.** ayudaba **9.** lavaba **10.** limpiaba **B.** **1.** b **2.** c **3.** b **4.** a **5.** d **6.** a **7.** d **C.** **1.** nació **2.** discutían **3.** creía **4.** iban **5.** salió **6.** estaba **7.** preparó **8.** salió **9.** se dio cuenta **10.** dijo **11.** notaron **12.** estaba **13.** preguntaron **14.** dijo **15.** sabía **16.** tenía **17.** podía **18.** tuvo **19.** llegó **20.** discutían

Así lo veo III **en resumen.** *Possible answers.* **1.** mandar **2.** abnegadas **3.** lavaban **4.** limpiaban **5.** cambiaron **6.** juventud **7.** quehaceres **8.** recoger **9.** estudiar **10.** casó **11.** permitió **12.** trabajó **13.** decía

LECCIÓN 6

Antes de comenzar. **a.** 2, en cuanto a **b.** 5, puedan **c.** 4, ocuparse **d.** 1, se tardó **e.** 3, fuerte

Así lo veo I

Vocabulario del vídeo. **A.** **1.** g **2.** f **3.** e **4.** h **5.** a **6.** d **7.** c **8.** b **B.** **1.** maltratar **2.** machote **3.** mentira **4.** semimuerta **5.** en seguida **6.** agarró **7.** campaña **8.** violencia doméstica **9.** proteger **C.** *Answers may vary.* **1.** b **2.** a **3.** a **4.** b **5.** b **6.** b **7.** b **D.** **1.** ganó **2.** batía **3.** batió **4.** golpearon **5.** batido **6.** batía **7.** ganan **8.** golpean

Nuestros amigos hablan. **1.** las **2.** ayuda **3.** golpea **4.** agarran **5.** la realidad **6.** semimuerta **7.** esposa **8.** en seguida **9.** diferencia **10.** gozando **11.** libertad **12.** dejó **13.** traumada **14.** Entonces **15.** el gobierno **16.** pétalo **17.** mentira

Gramática **A.** **1.** b **2.** c **3.** c **4.** a **5.** b **6.** b **7.** a **B.** **1.** sí: la **2.** sí: las **3.** sí: las **4.** no **5.** no **6.** sí: a la **7.** sí: los **8.** no **C.** **1.** el **2.** la **3.** la **4.** las **5.** La **6.** los **7.** la **8.** el **9.** el **10.** — **11.** la **12.** — **13.** los

Así lo veo I **en resumen.** **1.** destacarse **2.** cortar **3.** empresa **4.** los **5.** maltratan **6.** traumados **7.** las **8.** el **9.** mentira **10.** La **11.** los **12.** gozar

Así lo veo II

Vocabulario del vídeo. **A.** **1.** f **2.** g **3.** d **4.** h **5.** a **6.** e **7.** b **8.** c **B.** **1.** F **2.** F **3.** C **4.** F **5.** C **6.** C **7.** C **8.** F **C.** **1.** profesionales **2.** competencia **3.** doctorado **4.** ganan **5.** rechazar **6.** amazona **7.** acoso sexual **8.** impactar **9.** éxito

Nuestros amigos hablan. **Paso 1** **1.** Entonces, inclusive yo lo he visto a la hora de pedir trabajo. **2.** Yo como mujer y profesionista, sí, he encontrado muchas trabas, muchas diferencias. **3.** Finalmente la vida continúa y espero que eso no se haga realidad. **4.** Si un hombre te ve, te va a rechazar, porque eres exitosa. **5.** Me platicó que no podía encontrar pareja, porque los hombres la veían como competencia potencial. **Paso 2** 2, 5, 1, 4, 3

Gramática. **A.** **1.** c **2.** a **3.** d **4.** a **5.** c **6.** b **7.** d **B.** **1.** se destaque **2.** lleguen **3.** falten **4.** platiquen **5.** apaguen **6.** se traten **7.** trabajemos **C.** **1.** cambie **2.** haya **3.** pase **4.** vaya **5.** sirva *Correct sentence order.* 5, 2, 3, 1, 4

Así lo veo II **en resumen.** **1.** haya **2.** trabas **3.** competencia **4.** haya ocurrido **5.** maestría **6.** exitosa **7.** promedio **8.** éxito **9.** haya **10.** ganen **11.** rechacen **12.** continúa

Así lo veo III

Vocabulario del vídeo. **1.** c **2.** e **3.** h **4.** a **5.** g **6.** b **7.** f **8.** d **B.** **1.** 1910 **2.** 2010 **3.** 1910 **4.** 2010 **5.** 2010 **6.** 1910 **7.** 1910 **8.** 2010 **C.** **1.** demasiadas **2.** llevar **3.** rondar/conquistar **4.** darse **5.** conquistar/rondar **6.** conveniente **7.** tomar el mando **8.** tener atenciones con **D.** **1.** llevó **2.** trae **3.** llevar **4.** lleva **5.** traes **6.** trajeron **7.** llevo

Nuestros amigos hablan. **1.** sea **2.** conquiste **3.** tenga atenciones con **4.** lleve **5.** recoja **6.** ritual **7.** cambiado **8.** actuales **9.** ronda **10.** demasiados **11.** tomar el mando **12.** lleve la batuta **13.** topan **14.** pared **15.** convenientes **16.** se pueda dar

Gramática. **A.** **1.** a **2.** d **3.** a **4.** c **5.** b **6.** b **7.** d **B.** **1.** haya: C **2.** apruebe: F **3.** quiera: C **4.** estén: C **5.** tenga: F **6.** exista: C **7.** rechacen: F **8.** tenga: C **C.** **1.** Hay campañas para que los hombres no maltraten a las mujeres. **2.** Una mujer profesional puede encontrar pareja con tal de que el hombre no la vea como competencia. **3.** Muchos hombres y mujeres no pueden avanzar en su carrera a menos que su pareja los apoye. **4.** Es importante prevenir la violencia doméstica antes de que ocurra. **5.** Existe mucha violencia doméstica sin que la gente se dé cuenta. (Mucha violencia doméstica existe sin que la gente se dé cuenta.)

Así lo veo III **en resumen** **1.** conquiste **2.** ritual **3.** atenciones **4.** salga **5.** lleva **6.** tome **7.** sepa **8.** se topen **9.** pared **10.** es **11.** pueda

LECCIÓN 7

Antes de comenzar. **1.** la religión **2.** la espiritualidad **3.** Por supuesto **4.** nada **5.** corresponda

Así lo veo I

Vocabulario del vídeo. **A.** **1.** puros **2.** creencias **3.** El dolor **4.** encuentro **5.** ateo **6.** los mandamientos **7.** cree **8.** perdonar **B.** **1.** h **2.** g **3.** b **4.** c **5.** f **6.** e **7.** a **8.** d **C.** **1.** pronosticar **2.** predicar **3.** orar/rezar **4.** rezar **5.** pronosticar **6.** predicar **7.** rezar **8.** orar/rezar

Nuestros amigos hablan. **Paso 1** **1.** Para mí, son cosas diferentes, porque la espiritualidad es el verse interiormente. **2.** El camino concreto en que una persona trate de ocupar esa espiritualidad sería lo que yo llamaría religión. **3.** La espiritualidad es una comunión perfecta del ser humano, para mí, con Dios. **4.** Todos los humanos, incluso los ateos, tienen una espiritualidad que la pueden llenar con creatividad. **Paso 2** **1.** Yolanda **2.** el Padre Aguilar **3.** Ruth **4.** el Padre Aguilar

Gramática. **A.** **1.** b **2.** a **3.** a **4.** b **5.** a **6.** a **7.** a **8.** a **B.** *Answers may vary.* 3, 1, 4, 7, 6, 5, 3, 2 **C.** **1.** tratarían **2.** pasarían **3.** practicarían **4.** perdonarían **5.** pensaría **6.** dedicarían **7.** amarían **8.** prepararían

Así lo veo I **en resumen.** *Answers may vary.* **1.** necesidad **2.** hueco **3.** trataría **4.** tendrían **5.** podrían **6.** experimentarían **7.** meditación **8.** comunión **9.** se confesaría **10.** bautizaría **11.** sería

Así lo veo II

Vocabulario del vídeo. **A.** **1.** armonía **2.** huellas **3.** luna **4.** hipócrita **5.** sol **6.** temor **7.** soberbio **8.** considerar **B.** **1.** M **2.** T **3.** M **4.** M **5.** T **6.** T **7.** M **8.** M **C.** **1.** a **2.** a **3.** b **4.** b **5.** a **6.** b **7.** a **8.** a

Nuestros amigos hablan. **1.** temor **2.** respeto **3.** siento que **4.** armonía **5.** Entonces **6.** nada **7.** podría **8.** pueda **9.** nada **10.** algo **11.** nada **12.** alguien

Gramática. **A.** **1.** sí **2.** sí **3.** no **4.** sí **5.** sí **6.** no **7.** sí **8.** sí **B.** **1.** c **2.** b **3.** b **4.** b **5.** c **6.** b **7.** c **8.** c **C.** **1.** Nunca/Jamás; no **2.** ninguna; sí **3.** Nunca/Jamás, ninguna; no **4.** nada; no **5.** nadie; sí **6.** ningún; no **7.** Nunca/Jamás; sí **8.** nadie; no

Así lo veo II **en resumen.** *Possible answers.* **1.** ninguno **2.** nada **3.** tampoco **4.** soberbia **5.** ateos **6.** dejar **7.** nunca **8.** crecer **9.** algo **10.** algún

Así lo veo III

Vocabulario del vídeo. **A.** **1.** f **2.** d **3.** b **4.** a **5.** g **6.** c **7.** e **B.** **1.** creyente **2.** santo **3.** escoger **4.** pegados **5.** pedírsela **6.** revelar **7.** educar **C.** **1.** d **2.** c **3.** e **4.** b **5.** a

Nuestros amigos hablan. **Paso 1** **1.** c, Ernesto **2.** d, Leticia **3.** a, Gustavo **4.** b, Gustavo **5.** d, Gustavo **Paso 2** **1.** lo físico **2.** se murieron **3.** educaron **4.** ni una **5.** ninguna

Gramática. **A.** **1.** a **2.** a **3.** b **4.** a **5.** a **6.** b **7.** b **8.** b **9.** a **B.** 3, 6, 8, 1, 4, 5, 7, 2 **C.** **1.** tenía **2.** vivía **3.** Iba **4.** podía **5.** Pasaba **6.** consiguió **7.** nos mudamos **8.** podía **9.** tenía **10.** conocí **D.** **1.** estaba **2.** era **3.** decía **4.** llevaron **5.** sabía **6.** iba/íbamos **7.** llegamos **8.** hablaron/hablaban **9.** recibía **10.** necesitaba **11.** recordé **12.** estaba **13.** querían

Así lo veo III **en resumen.** *Answers may vary.* **1.** eran **2.** escogió **3.** En cambio **4.** creía **5.** confesó **6.** rezaba **7.** pidió **8.** pegada **9.** era **10.** Lo **11.** vimos **12.** De hecho

LECCIÓN 8

Antes de comenzar. **1.** no **2.** sí **3.** no **4.** sí **5.** no

Así lo veo I

Vocabulario del vídeo. **A.** **1.** e **2.** h **3.** a **4.** g **5.** b **6.** c **7.** f **8.** d **B.** **1.** guardar **2.** salvar **3.** salvar **4.** guardar **5.** ahorrar **6.** guardar **7.** ahorrar **8.** salvar **C.** **1.** salvar **2.** reino **3.** encarceladas **4.** fe **5.** alejarse de **6.** Tierra **7.** salvación **8.** radical **D.** **1.** b **2.** b **3.** a **4.** c **5.** c **6.** a **7.** b

Nuestros amigos hablan. **1.** sociedad **2.** había mencionado **3.** somera **4.** actúa **5.** de **6.** básicamente **7.** concuerdan **8.** practican **9.** vea **10.** aceptados **11.** sienten **12.** espiritualidad **13.** con respecto **14.** aparte **15.** tratar de **16.** mezclarla

Gramática. **A.** **1.** b **2.** a **3.** c **4.** d **5.** a **6.** c **7.** a **B.** **1.** no te olvides **2.** No llegues **3.** usa **4.** no bailes **5.** No conduzcas **6.** Practica **7.** No seas **8.** Sigue **C.** **Paso 1** **1.** Pague **2.** Busque **3.** Disfrute **4.** Vaya **5.** Lleve **6.** Escoja **Paso 2** 2, 4, 6, 1, 5, 3 **D.** **1.** recuerda **2.** No dejes **3.** no vayas **4.** sé **5.** Créeme **6.** ahorra **7.** llámame

Así lo veo I **en resumen.** **1.** alejarse **2.** mezclar **3.** Construyan **4.** Cumplan **5.** den **6.** vistan **7.** visiten **8.** encarcelados **9.** somera **10.** usen **11.** pastilla **12.** rígidas

Así lo veo II

Vocabulario del vídeo. **A.** **1.** b **2.** e **3.** g **4.** c **5.** h **6.** f **7.** d **8.** a **B.** **1.** evangélicos **2.** descuida **3.** rodea **4.** defienden **5.** sacerdotes **6.** solteros **7.** Desgraciadamente **8.** enriquecerse **C.** **1.** a **2.** b **3.** a **4.** a **5.** a **6.** b **7.** b

Nuestros amigos hablan. **Paso 1** **1.** Por una misa de tres años, ya piden hasta dos mil pesos, depende de cómo la quiera. **2.** Porque en otras religiones no exigen tanto como en la católica. **3.** Cuando nosotros lo necesitamos, no nos apoyan. **4.** Los sacerdotes ya están cobrando las misas bien caras. **Paso 2** 4, 1, 2, 3

Gramática. **A.** **1.** a **2.** d **3.** c **4.** c **5.** d **6.** c **7.** a **8.** a **9.** b **B.** **1.** en **2.** en **3.** de **4.** en **5.** de **6.** de **7.** en **8.** de **C.** **1.** se apagaran **2.** tuviera **3.** previniera **4.** se cayera **5.** fuera **6.** hiciera **7.** pudiera **8.** se enfermara **D.** **1.** llegara **2.** sucediera **3.** debiera **4.** estorbara **5.** hubiera **6.** apoyara

Así lo veo II **en resumen.** **1.** fanáticas **2.** echan **3.** tratar **4.** hace daño **5.** cambiar **6.** descuidar **7.** contar **8.** sacerdotes **9.** negocio **10.** cobran **11.** hábito **12.** piensan

Así lo veo III

Vocabulario del vídeo. **A.** **1.** d **2.** h **3.** a **4.** f **5.** b **6.** g **7.** c **8.** e **B.** **1.** c **2.** b **3.** a **4.** b **5.** a **6.** b **7.** c **8.** c **C.** **1.** consejeros **2.** causante **3.** guardan rencor **4.** juzgan **5.** detenerse **6.** encasillar **7.** estorbar **8.** crecimiento

Nuestros amigos hablan. **Paso 1** **1.** c **2.** a **3.** d **4.** a **5.** b **Paso 2** **1.** estresante **2.** lo mismo **3.** soporte **4.** negativo **5.** Espíritu

Gramática. **A.** **1.** b **2.** b **3.** d **4.** a **5.** d **6.** c **7.** d **B.** **1.** subieras **2.** regresaras **3.** comieras **4.** anduvieran/anduvierais **5.** pasaras **6.** hicieras **7.** fueran/fuerais **8.** participaras **C.** **1.** fuera **2.** ayudara **3.** me despertara **4.** saliera **5.** empezara **6.** estacionara **7.** tomara **D.** **1.** celebráramos **2.** conociéramos **3.** viajáramos **4.** compartiéramos **5.** hubiera **6.** estorbara **7.** pudiéramos **8.** gustara

Así lo veo III **en resumen.** **1.** religioso **2.** fuera **3.** estresante **4.** controlara **5.** encuadrara **6.** concepto **7.** enemigo **8.** consejero **9.** crecimiento **10.** vea **11.** vengativo

LECCIÓN 9

Antes de comenzar. **a.** 3, ilegales **b.** 2, minorías **c.** 1, racismo

Así lo veo I

Vocabulario del vídeo. **A.** **1.** g **2.** d **3.** e **4.** f **5.** a **6.** c **7.** b **B.** **1.** analfabetismo **2.** delincuencia **3.** pobreza **4.** vagabundos **5.** aislados **6.** alfabetización **C.** **1.** a **2.** a **3.** b **4.** a **5.** b **6.** b **7.** a **D.** **1.** se siente **2.** sienten que **3.** siento **4.** se sienta **5.** sentimos **6.** siente que

Nuestros amigos hablan. **Paso 1** **1.** Todavía hay mucho analfabetismo aquí en México. **2.** Las mismas regiones de que son analfabetas, son regiones que son mucho de pobreza extrema. **3.** Están invitando a personas para ir a la sierra a alfabetizar y yo siento que eso es muy importante. **4.** En México el problema social —que siento que está muy grave— es la educación. **Paso 2** 4, 1, 3, 2

Gramática. **A.** **1.** a **2.** a **3.** c **4.** b **5.** c **6.** a **7.** b **B.** **1.** quiere **2.** se puede **3.** empeore **4.** resuelve **5.** puede **6.** prevenga **7.** piense **C.** **1.** a, afectan **2.** a, quieran **3.** b, sea **4.** a, beneficie **5.** b, tiene **6.** b, es **7.** a, puede

Así lo veo I **en resumen** **1.** pueda **2.** vagabundos **3.** puede **4.** rescatables **5.** reubicar **6.** debe **7.** En cuanto **8.** menospreciados **9.** poblados **10.** esté **11.** causa **12.** sea

Así lo veo II

Vocabulario del vídeo. **A.** **1.** c **2.** d **3.** f **4.** a **5.** g **6.** e **7.** b **B.** **1.** b **2.** c **3.** a **4.** b **5.** b **6.** a **7.** c **C.** **1.** ahora **2.** en la actualidad **3.** Actualmente **4.** de hecho **5.** actualidad **6.** de hecho **7.** Hoy en día

Nuestros amigos hablan. **Paso 1** **1.** actualidad **2.** pobreza **3.** gobierno **4.** solventar **5.** inmediatos **6.** aprieta **7.** población **8.** muriendo **9.** hambre **10.** salario **11.** mínimo **12.** necesidades **13.** aguantarse **14.** conseguir **15.** dinero **Paso 2** **1.** sociedad **2.** la falta **3.** mina **4.** petróleo **5.** especies **6.** clima **7.** hambre **8.** se convierta en **9.** empresario **10.** tuviera **11.** tendría **12.** comprometidos **13.** país **14.** potencias **15.** mundiales

Gramática. **A.** **1.** d **2.** e **3.** f **4.** g **5.** b **6.** c **7.** a **B.** **1.** b **2.** c **3.** c **4.** b **5.** a **6.** a **C.** **1.** a, pusieran **2.** a, hubiera **3.** a, tuvieran **4.** a, estuvieran **5.** a, necesitara **6.** b, vivieran **7.** b, sufriera **D.** **1.** les enseñaría a leer. **2.** tuvieran recursos. **3.** le hablaría a la policía. **4.** pagaran salarios justos. **5.** los apoyaría en la agricultura. **6.** compraría los materiales para su construcción. **7.** hubiera muchos niños en la comunidad.

Así lo veo II **en resumen.** **1.** mayor **2.** solventar **3.** inmediatos **4.** salario **5.** aguantarse
6. petróleo **7.** cambiaría **8.** tuvieran **9.** pudieran **10.** estaría **11.** apoyara **12.** se convertiría

Así lo veo III

Vocabulario del vídeo. **A.** **1.** e **2.** c **3.** f **4.** b **5.** g **6.** a **7.** d **B.** **1.** matar **2.** soltar
3. expandirse **4.** amontonado **5.** concentrado **6.** cruzar **7.** huir de **C.** **1.** sobrepoblación
2. concentrada **3.** corruptos **4.** fronteras **5.** indocumentados **6.** huir **7.** apatía
Nuestros amigos hablan. **Paso 1** **1.** c **2.** b **3.** b **4.** c **5.** b **6.** b **7.** a **Paso 2** **1.** concentración
2. tendríamos **3.** concentrados **4.** amontonada **5.** matar a **6.** corruptos **7.** resolver
Gramática. **A.** **1.** hubiera, a **2.** habría, d **3.** habría, b **4.** hubiera, c **5.** hubiera, b **6.** habría, a
7. hubiera, c **B.** **1.** hubiera robado el dinero. **2.** hubiera decidido ir a la universidad.
3. hubiera invertido todo mi dinero. **4.** le hubiera dado algo de dinero. **5.** me hubiera casado con
ella. **6.** hubiera aceptado el dinero. **7.** hubiera sido honesto. **C.** **1.** ayudado **2.** habrían
3. habría sido **4.** hubiera interpretado **5.** habrían ganado **6.** servido **7.** habrían matado
8. ganado **9.** hubiera registrado **10.** habría pasado **11.** hubiera sido
Así lo veo III **en resumen.** *Answers may vary.* **1.** actual **2.** concentración **3.** amontonada
4. apatía **5.** cantidad **6.** corruptos **7.** maltrato **8.** matar **9.** hubiera dejado **10.** habrían
hecho **11.** resolver

LECCIÓN 10

Antes de comenzar. **1.** problema **2.** adecuada **3.** hambre **4.** trabajo **5.** deberíamos

Así lo veo I

Vocabulario del vídeo. **A.** **1.** e **2.** f **3.** g **4.** c **5.** a **6.** i **7.** b **8.** d **9.** h **B.** **1.** sí **2.** no
3. no **4.** sí **5.** no **6.** sí **7.** sí **C.** **1.** lecturas **2.** conferencia **3.** lecturas **4.** conferencias
5. lecturas **D.** **1.** compañerismo **2.** vínculos **3.** abstenerse **4.** enfrentamientos **5.** asesinatos
6. pandillas **7.** requisito
Nuestros amigos hablan. **1.** mejorando **2.** se acostumbró a **3.** meterse **4.** pasarse el alto
5. reeducarla **6.** mercadotecnia **7.** leyendas **8.** formidable **9.** he constatado **10.** había
11. enfrentamientos **12.** pusieran **13.** podía hacer **14.** habían tenido **15.** compañerismo
16. asesinatos
Gramática. **A.** **1.** b **2.** a **3.** b **4.** b **5.** a **6.** a **7.** b **B.** **1.** a **2.** b **3.** a **4.** a **5.** b **6.** a
7. b **C.** **1.** había revisado; P **2.** había hecho; N **3.** había trabajado; N **4.** había preparado; N
5. había estudiado; N **6.** había pensado; P **7.** había viajado; P **8.** había entregado; N
Así lo veo I **en resumen.** *Possible answers.* **1.** había experimentado **2.** se habían acostumbrado
3. intereses **4.** había visto **5.** enfrentamientos **6.** había asistido a **7.** abstenerse **8.** requisito
9. profundizar **10.** compañerismo

Así lo veo II

Vocabulario del vídeo. **A.** **1.** d **2.** f **3.** e **4.** c **5.** a **6.** b **7.** i **8.** h **9.** g **B.** **1.** b **2.** a
3. c **4.** d **5.** b **6.** a **7.** d **C.** **1.** e **2.** c **3.** f **4.** a **5.** d **6.** b **D.** **1.** provocar **2.** seguro
médico **3.** partidos políticos **4.** asistencia sanitaria **5.** liberales **6.** impuestos **7.** derecha
8. polarizando
Nuestros amigos hablan. **Paso 1** **1.** México salió de un partido político que gobernó durante tantos
años. **2.** Para mí, el ideal no sé si sería la derecha o la izquierda. **3.** Yo tengo la confianza de que
así sucederá ahí, que es porque se va a limpiar y se está limpiando. **4.** Yo no creo en el socialismo,
porque no somos iguales los seres humanos. **5.** Siento que falta como liquidez, como un poquito más
de dinero circulante. **Paso 2** 3, 1, 5, 4, 2
Gramática. **A.** **1.** para **2.** para que **3.** por **4.** Para **5.** para **6.** por **7.** por **B.** **1.** a: por
2. a: para **3.** b: para **4.** a: por **5.** b: para **6.** b: para **7.** a: por **C.** **1.** por, I **2.** Para, para, D
3. para, I **4.** por, I **5.** Para, por, D **6.** Por, D

Así lo veo II **en resumen.** *Possible answers.* **1.** da miedo **2.** para **3.** confiar en **4.** echarle ganas a **5.** partidos políticos **6.** polarizado **7.** socialismo **8.** Por **9.** para **10.** izquierda **11.** basarse en **12.** para

Así lo veo III

Vocabulario del vídeo. A. 1. b **2.** e **3.** g **4.** a **5.** h **6.** d **7.** f **8.** i **9.** c **B. 1.** ciudadanos **2.** reside **3.** obligada **4.** esfuerzos **5.** campaña **6.** colaborar **7.** sacar adelante **8.** explote **C. 1.** C **2.** F **3.** C **4.** F **5.** F **6.** F **7.** C **8.** C **D. 1.** no **2.** sí **3.** sí **4.** no **5.** sí **Nuestros amigos hablan. Paso 1 1.** d **2.** b **3.** a **4.** d **5.** c **Paso 2 1.** educación **2.** campaña **3.** coopero **4.** de colaborar **5.** algo **Gramática. A. 1.** d **2.** c **3.** b **4.** a **5.** d **6.** c **7.** b **B. 1.** comprometerse a **2.** se dedique a **3.** aprender **4.** se atreva a **5.** se acostumbran a **6.** evitar **7.** empiece a **8.** renunciar a **C. 1.** b **2.** a **3.** c **4.** a **5.** b **6.** c **7.** a **D. 1.** deben de **2.** debe **3.** se debe a **4.** debe **5.** se deben a *Así lo veo III* **en resumen.** *Possible answers.* **1.** se enfoca **2.** reside **3.** ayudar **4.** remunerados **5.** explotar **6.** confía **7.** esfuerzos **8.** humildes **9.** Sin embargo **10.** sacar adelante **11.** analfabetismo **12.** colaborar

LECCIÓN 11

Antes de comenzar. 1. cambio climático **2.** combatirlo **3.** acuerdo **4.** participan **5.** ambiental

Así lo veo I

Vocabulario del vídeo. A. 1. h **2.** j **3.** b **4.** g **5.** a **6.** c **7.** e **8.** f **9.** d **10.** i **B. 1.** sí **2.** no **3.** no **4.** no **5.** sí **6.** no **7.** sí **8.** sí **C. 1.** edificio **2.** departamento **3.** basura **4.** tiran **5.** se acumulan **6.** tiradero **7.** oler **8.** olor **9.** preocupante **10.** grave **D. 1.** D **2.** G **3.** G **4.** S **5.** D **6.** G **7.** S **Nuestros amigos hablan. Paso 1 1.** Cuando llueve y el olor, pues todo aquí se penetra, todo aquí en San Mateo huele horrible. **2.** Aquí del medio ambiente está grave porque, nosotros tenemos un tiradero que cuando... este... llueve, huele horrible. **3.** Eso nos daña no nada más a mí, a todos los que vivimos aquí. **4.** Antes no había tanto carro, estaba más tranquilo... ahora ya no ya hay mucha contaminación ya dondequiera tiran animales, o sea, que eso nos daña demasiado a nosotros. **5.** Vienen carros de basura a tirar acá al tiradero y todo. **Paso 2** 2, 4, 1, 5, 3 **Gramática. A. 1.** c **2.** a **3.** c **4.** d **5.** d **6.** b **7.** d **B. 1.** a **2.** b **3.** a **4.** b **5.** a **6.** b **7.** a **C. 1.** están **2.** está **3.** es **4.** estamos **5.** soy **6.** está **7.** están **8.** es **9.** está **10.** es **11.** está *Así lo veo I* **en resumen.** *Possible answers.* **1.** está **2.** cerros **3.** está **4.** graves **5.** es **6.** es **7.** olor **8.** quema **9.** tiraderos **10.** están **11.** es **12.** reducido **13.** inimaginables **14.** tóxico

Así lo veo II

Vocabulario del vídeo. A. 1. i **2.** f **3.** e **4.** b **5.** d **6.** h **7.** c **8.** g **9.** a **B. 1.** B **2.** F **3.** T **4.** T **5.** F **6.** B **7.** T **C. 1.** pescados **2.** pez **3.** pescado **4.** pez **5.** peces **6.** peces **7.** pescado **D. 1.** bisnietos **2.** contaminado **3.** botellas **4.** conservar **5.** gastar **6.** abrir la llave **7.** cierran el grifo **8.** modificar **9.** cristalinos **10.** peligro de extinción **Nuestros amigos hablan. 1.** precolombino **2.** cristalina **3.** organismos **4.** ajolotes **5.** camarón de río **6.** lleno **7.** contaminadas **8.** tejido **9.** percibir **10.** contaminado **11.** vías respiratorias **12.** mucosa **Gramática. A. Paso 1 1.** b **2.** a **3.** a **4.** a **5.** b **6.** b **Paso 2** 4, 1, 3, 2, 6, 5 **B. 1.** contaminando **2.** hablando **3.** limpiando **4.** consumiendo **5.** gastando **6.** aprovechando **7.** participando **8.** duchándose **C. 1.** juegan **2.** están compartiendo **3.** tomaron **4.** estaban usándolos **5.** estaban tristes **6.** estaban ocupando **7.** iban a volver, seguir jugando *Así lo veo II* **en resumen.** *Possible answers.* **1.** está acabando **2.** contaminado **3.** agua potable **4.** está colaborando **5.** está intentando **6.** están bebiendo **7.** precolombino **8.** Sin embargo **9.** está causando **10.** sangre **11.** conservar

Así lo veo III

Vocabulario del vídeo. **A.** **1.** e **2.** h **3.** a **4.** f **5.** i **6.** b **7.** d **8.** c **9.** g **B.** **1.** planeta
2. cambio climático **3.** agigantados **4.** capa de ozono **5.** glaciares **6.** derritan **7.** inundaciones
8. caos **9.** Tierra **10.** evitar/detener **11.** detener/evitar **12.** deterioro **C.** **1.** desgraciadamente
2. Vergonzosamente **3.** Vergonzosamente **4.** desgraciadamente **5.** vergonzosamente
6. Desgraciadamente **D.** **1.** a **2.** b **3.** a **4.** b **5.** a **6.** a **7.** b **8.** a
Nuestros amigos hablan. **Paso 1** **1.** las estrellas **2.** evitando **3.** — **4.** desgraciadamente **5.** —
6. a. — **b.** agigantados **Paso 2** *Answers will vary.*
Gramática. **A.** **1.** ser **2.** reciclar **3.** practico **4.** caminar **5.** recoger **6.** Hablando **7.** haciendo
8. evitamos **9.** destruir **B.** **1.** a **2.** b **3.** b **4.** a **5.** b **6.** b **7.** a **C.** **1.** entrar, E
2. reciclando, A **3.** caminando, E **4.** aminorando, E **5.** cerrar, A **6.** dormir, E **7.** mostrando, E
8. limpiando, E
Así lo veo III **en resumen.** *Possible answers.* **1.** estrellas **2.** acabando **3.** deterioro **4.** gastando
5. acelerando **6.** Tierra **7.** evitar **8.** aminorar **9.** cambio climático **10.** evidentes **11.** caos
12. detener **13.** acelerar

LECCIÓN 12

Antes de comenzar. **1.** tan **2.** como **3.** económicos **4.** el gobierno **5.** un individuo

Así lo veo I

Vocabulario del vídeo. **A.** **1.** b **2.** c **3.** c **4.** a **5.** b **6.** a **7.** b **B.** **1.** b **2.** a **3.** a **4.** b
5. b **6.** b **C.** **1.** ecología **2.** contaminantes **3.** impuestos **4.** microorganismos **5.** multa
6. kínder **7.** se enfermó **8.** manejar
Nuestros amigos hablan. **1.** lineamientos **2.** kínder **3.** respetáramos **4.** disminuiría **5.** tiro
6. se desintegra **7.** respiras **8.** escupe **9.** microorganismos **10.** se enferma **11.** falta de cultura
12. se profundiza
Gramática. **A.** **1.** pondría **2.** iniciaría **3.** tendría **4.** saldría **5.** aprendería **6.** vendería
7. diría **8.** podría **B.** *Answers may vary* **1.** c **2.** h **3.** b **4.** d **5.** f **6.** g **7.** a **8.** e
C. **1.** donaría, I **2.** sería, L **3.** iría, L **4.** diría, I **5.** haría, I **6.** podría, L **7.** tendría, I **8.** saldría, I
Así lo veo I **en resumen.** *Answers may vary.* **1.** podrían/pueden **2.** falta de cultura **3.** contribuir
4. Por eso **5.** pondría **6.** se da cuenta **7.** escupe **8.** enfermarse **9.** misma **10.** sobrepoblación
11. se profundiza **12.** medio ambiente

Así lo veo II

Vocabulario del vídeo. **A.** **1.** h **2.** f **3.** e **4.** c **5.** g **6.** d **7.** a **8.** b **B.** **1.** a **2.** b **3.** f
4. e **5.** g **6.** h **7.** c **C.** **1.** que **2.** que **3.** qué **4.** que **5.** qué **6.** que **7.** Qué, que **8.** qué
Nuestros amigos hablan. **Paso 1** **1.** Hay que dar educación tanto a los adultos, para que los adultos
eduquen a los más pequeños. **2.** Si no hay una educación ambiental, no van a haber buenos resultados en esos planes. **3.** Deberían de implantarse plantas de tratamiento, por ejemplo, o algunas... no sé,
algunos filtros para aminorar emisiones a la atmósfera. **4.** Hay que crear proyectos en donde la gente
se involucre, para que pueda obtener una educación ambiental. **5.** Se podría mejorar la calidad del
medio ambiente por... con varios planes o estrategias. **Paso 2** 5, 3, 4, 1, 2
Gramática. **A.** **1.** se gradúe, B **2.** llegue, M **3.** descomponga, M **4.** termine, B **5.** genere, B
6. tenga, M **7.** haya, M **8.** termine, B **B.** **1.** tengo **2.** me gradúe **3.** encuentre **4.** estudio
5. lleguen **6.** hago **7.** salgo **8.** termine **C.** **1.** c, estudies **2.** d, aprendas **3.** e, participes **4.** g,
se escape **5.** f, te cuides **6.** h, te vayas **7.** b, ayudes **8.** a, practiques
Así lo veo II **en resumen.** **1.** Sin embargo **2.** reduzca **3.** sigan **4.** En cambio **5.** haya
6. A diferencia de **7.** exista **8.** provoquen **9.** De hecho **10.** aparecen **11.** desaparecen
12. calentamiento

Así lo veo III

Vocabulario del vídeo. **A.** **1.** b **2.** d **3.** f **4.** e **5.** c **6.** a **B.** **1.** c **2.** a **3.** a **4.** b **5.** c **6.** b **7.** a

Nuestros amigos hablan. **Paso 1** **1.** c **2.** a **3.** d **4.** b **5.** b **Paso 2** **1.** podremos **2.** Así que **3.** juntemos **4.** para que **5.** la gente

Gramática. **A.** **1.** tendrá **2.** viajaremos **3.** pensará **4.** vivirán **5.** Habrá **6.** encontraré **7.** sabrá **8.** resolverán **B.** **1.** trataré; sí **2.** usaré; no **3.** leeré; sí **4.** beberé; sí **5.** compraré; sí **6.** disminuiré, daré; sí **7.** comeré; sí **8.** llevaré; sí **C.** **1.** d, será **2.** h, Tendrá **3.** f, Vendrá **4.** a, Querrá **5.** b, dirás **6.** g, estacionará **7.** e, Podrá **8.** c, Hablarás

Así lo veo III **en resumen.** **1.** empresas **2.** mientras que **3.** contaminantes **4.** presupuesto **5.** espera **6.** tiradero **7.** pasará **8.** Será **9.** Podremos **10.** calentamiento **11.** Colaborarán **12.** soluciones